【全彩插图精读本】

国 富 论

THE WEALTH OF NATIONS

[英] 亚当·斯密/著

Adam Smith

陈星/译

北京联合出版公司
Beijing United Publishing Co.,Ltd.

伏尔泰——贡献特殊
的社会劳动力 雕塑

分工的社会 摄影

聚集惊人财富的
埃及法老 雕塑

梳理羊毛 插图

目录

序论及全书设计

第一篇　论劳动生产力增进的原因，以及劳动

　　　　　　生产物自然分配给各阶级人民的顺序/8

第1章　论分工/8

第2章　论分工的原因/16

第3章　论市场范围对分工的限制/20

第4章　论货币的起源和作用/24

第5章　论商品的真实价格和名义价格，

　　　　或其劳动价格及货币价格/30

第6章　论商品价格的组成部分/42

第7章　论商品的自然价格和市场价格/48

第8章　论劳动工资/56

第9章　论资本利润/72

第10章　论工资和利润随劳动和资本的用途

　　　　不同而不同/80

第11章　论地租/96

经济学家魁奈 插图

第二篇　论资产的性质、积累和用途/132

第1章　论资产的分类/134

第2章　论作为社会总资产的一部分或
　　　　作为维持国民资本费用的货币/140

第3章　论资本积累或论生产性劳动
　　　　和非生产性劳动/159

第4章　论贷出取息的资产/169

第5章　论资本的各种用途/174

繁荣的城镇景观 油画

第三篇　论各国财富增长的不同途径/182

第1章　论财富的自然发展/182

第2章　论罗马帝国崩溃后欧洲
　　　　旧状态下农业受到的抑制/186

第3章　论罗马帝国崩溃后城市的兴起
　　　　和发展/190

第4章　城市商业如何对农村改良
　　　　作出贡献/194

来到殖民地掠夺财
富的白人 雕塑

机器与人的时代 摄影

汽车工业的出现 摄影

贩卖腌鱼 插图

波斯货币 钱币

受经济政策限制的
织厂学徒 插图

第四篇　论政治经济学体系/196

第1章　商业主义或重商主义的原理/197

第2章　论限制进口国内能生产的商品/208

第3章　论对其贸易差额被认为不利于我国
　　　　的那些国家的各种商品进口的特殊
　　　　限制/216

第4章　论退税/224

第5章　论奖金/227

第6章　论通商条约/242

第7章　论殖民地/246

第8章　关于重商主义的结论/260

第9章　论重农主义即把土地产物看作各国
　　　　收入及财富唯一或主要来源的政治
　　　　经济学学说/262

第五篇　论君主或国家的收入/276

第1章　论君主或国家的费用/276

第2章　论一般收入或公共收入的源泉/308

第3章　论公债/347

序论及全书设计

任何一国国民日常的一切生活必需品与便利品都来自他们自身每年中的劳动。这些用于消费的商品，或者是本国国民劳动生产的直接产物，或者是以这些产物从外国换回的商品。

本国国民的劳动产物与从外国换购回的商品之间的比例或大或小，而这一比例将会决定本国国民所需要的一切消费商品的供给情况的好坏。

对于任何一个国家的国民而言，这一比例都要受到以下两种情况的影响：一是从普遍上的意义来说，这个国家的国民运用劳动的熟练程度、技巧性与判断性；二是国内从事有用劳动与不从事有用劳动的人数比例情况。任一国家在土壤、气候和面积上或有差异，但国民需求每年供给的好坏，却必然是由这两种情况决定的。

除此之外，国民需求供给的好坏，似乎较主要地受前一情况影响。在以渔猎为主要生产方式的原始社会，所有具有劳动力的成员都或多或少地参与有用劳动，并尽可能以各种生活必需品供给自身和家族内因老幼病弱而不能参与有用劳动的人。但他们的生活依旧贫乏，甚至会迫不得已地杀害失去无劳动能力的亲人；或遗弃他们，使之听任老天安排的命运。而当人类社会进入文明繁荣阶段时，一些社会成员完全脱离了有用劳动，并且要消费比大多数劳动者多过十倍甚至百倍的劳动产物，但由于整个社会的生产能力极为强大，所有人的生活都能得到充分的满足，连处于社会最底层的劳动者，只要足够勤劳节俭，也能享受比野蛮人更优越安稳的生活。

　　劳动生产力究竟为什么会出现如此大的改良，劳动生产物，又是按照怎样的顺序自然而然地分配给社会的各个阶级？这就是本书第一篇所论述的主旨。

　　不论一个国家的国民运用劳动的熟练程度、技巧性与判断性达到怎样的程度，在这种程度继续运用的阶段中，国民需求每年供给的好坏，将由国内从事有用劳动与不从事有用劳动的人数比例情况来决定。在下文中我将要说明，有用的生产性劳动者的人数，在任何情况下，都与推动劳动的资本量及资本用途成比例。因此，本书第二篇，主要讨论资本的性质、积累资本的方法，以及不同用途的资本，所推动的劳动量亦不相同这几个论点。

　　当国民运用劳动的熟练程度、技巧性与判断性已达到较高层次，不同国家对于社会内劳动的一般管理或指导，曾采取极不相同的计划，而这些计划在促进增加全国劳动生产物时具有不同的影响力。有些国家特别鼓励农村的产业；另一些国家却特别鼓励城市的产业。没有一个国家会试图使国内的各种产业完全平均地发展。自从罗马帝国的分崩离析，欧洲各国的政策都比较不利于农业，而比较有利于城市的产业，即工艺、制造业和商业。这是本书第三篇即将阐述的，为什么人们会采用和规定这种以城市为主要发展方向的政策。

　　这些不同计划的实行，最初也许是因为某个特殊阶级的利益与偏见，他们不曾预见，甚至也不曾考虑这些计划将如何影响所有社会成员的生活。但是，这些计划却引起了见解差异极大的各种经济学说。有些学说认为城市产业重要；有的学说又极力阐述农村产业的重要性。这些经济学说各自发表的理论，不仅对学者们的意见产生了相当大的影响，而且各国君王和国家的政策亦因它们而有所变化。我将试图尽我所能，在本书第四篇中详尽并明确地解释这些学说，并说明它们在各个时代和各国中所产生的重要影响。

总之，本书的前四篇主要是力图说明社会中各个阶层的收入构成，以及供应各个时代各国国民每年消费的资源所具有的性质。至于第五篇，即最后一篇所探讨的，则是君主或国家的收入。在这一篇里，我要竭力在以下这几方面作出说明：一是什么是君主或国家的必需费用，其中哪些需要由全社会共同交纳的赋税负担，而哪些则应由社会某特殊阶级或成员负担；二是来自全社会所有纳税人的税款是以怎样的方式征收的，并分析不同征集方式的利弊；三是近代绝大部分的国家政府把收入的一部分作为担保来举债的原因，并说明这种债务，对于增加一个国家的财富（即社会土地和劳动的年产物）会产生怎样的作用。

第一篇

论劳动生产力增进的原因，以及劳动生产物自然分配给各阶级人民的顺序

第1章 论分工

劳动生产力上最大的改进，以及劳动时所表现的更多的娴熟程度、技巧和判断力，似乎都是分工的结果。

现在来考察一下个别制造业的分工状况，以方便大家理解社会分工所造成的结果。一般认为，只有微不足道的小型制造业分工才最精细。事实是：小型制造业的分工，并不比大型制造业更为精细。只是由于供给少数人小量需求的小型制造业，所雇用的工人数量必然不多，从而各部门工作的工人一般集中在同一工场内，使观察者能一眼看到。反之，那些大型制造业，由于要供给大多数人的大量需求，所以各部门都雇有大量工人，不可能把这么多工人集中在同一个工场里，观察者要同时看见多个部门的工人也不可能。所以，大型制造业尽管实际上比小型制造业分成更多的工作部门，只

工作的细化

一般来看，在制造业的车间中最容易看到分工的现象。雇主将一件完整的工作细化成几个步骤，由几个工人配合完成。这种人与人之间互相协作的方式，使得每个人都能专司其职，从而加快了工作效率。

是由于这种划分不像小型制造业那么明显，所以很少有人注意到。

　　制针业是一种小型制造业，它的分工常常引起人们的注意。现在拿它来做个例子。一个工人，如果没有受过这种职业（分工的结果，使制针成为一种专门职业）的相当训练，也不知道怎样使用它的机械（发明这种机械估计也是分工的结果），那么即使再努力工作，一天也许也造不出一枚针，当然更不可能造出20枚了。但是现代商业已经使这种工作成为专门职业，并且将这种工作分成若干工序，其中大多数也同样成为专门的职业。一个人抽铁丝，一个人将铁丝拉直，一个人截断，一个人削尖铁丝的一端，一个人磨另一端以便装上针头。制作针头，还需要有两三种不同的工艺。安装针头、表面涂白、最后的包装，都是专门的职业。这样，一枚针的制造要分为18道工序。有些工厂，这18道工序分别由18个专门工人担任。有时候一个人也兼任两三道工序。我见过的一个这种小型工厂，只雇用10个工人，所以在这个工厂中，有几个工人兼任两三道工序。像这样一个小工厂，虽然由于穷困，所使用的机械设备很简陋，但是工人们如果努力，一天也能造出12磅针。假设每磅针有4000枚，这10个工人每天就可以造48000枚针，也就是一个人一天能造4800枚针。如果他们不分工合作，不由每个人专门操作某道工序，那么不论他们怎样努力，一天也不可能造出20枚针，说不定连1枚也造不出来。他们不但造不出今天由适当分工合作而造成的数量的1/240，就连

1/4800，估计也制造不出来。

对其他各种工艺及制造业来说，虽然不是所有的都能做这样精细的分工，合作也没有这样简单，但分工的效果总是同样的。凡是能够分工的工作，一旦使用分工制，就能够相应地增加劳动的生产力。现在存在这么多不同的行业，似乎也是由于分工带来的好处。一个国家的产业和劳动生产力如果极高，那么各种行业的分工通常也都能达到极高的程度。在落后社会中由一人独任的工作，在进步社会中一般都由几个人合作完成。在进步社会中，通常农民只是农民，制造者只是制造者。而且，生产一种完全制成品所必要的工作，也往往由许多工人共同完成。以麻织业和毛织业为例，从亚麻及羊毛的生产到麻布的漂白、烫平，或者呢绒的染色和最后一道加工，有那么多不同的工艺！农业由于其特殊的性质，不能像制造业那样细密地分工，各种工作没有制造业那样截然分立。例如木匠和铁匠的工作，一般是截然分开的，但畜牧人和种稻人的工作，就不像前者那样完全分开。纺工和织工几乎都是分别的两个人，但锄耕、耙掘、播种和收割，却往往由一个人兼任。

农业的种种劳动随季节而变化，要让一个人只从事一种劳动事实上做不到。因此，农业生产力增进的程度总跟不上制造业生产力增进的，主要原因也许就是农业不能完全采用分工制度。最富裕的国家，在农业和制造业上都优于邻国，但制造业方面的优越程度必定大于农业方面。富国的土地通常都耕耘得较好，投在土地上的劳动与费用支出也比较多，生产出来的产品按照土地面积与肥沃的比例来说也较多。但是，这样较大的生产量，很少在比例上大大超过所花的支出。在农业方面，富国的劳动生产力未必都比贫国大很多，至少不像制造业的一般情况那

制造的工业 路易斯·尼弗森 雕塑 1960年

各种工艺及制造业是能够进行彻底分工的行业，越是劳动生产力发达的国家，行业中的分工就越精细———一个庞大机器的每一个零件，甚至一个螺钉都有专人制作。

样大很多。因此，品质同样优良的小麦，富国的市场售价未必都比贫国便宜。例如，就富裕和进步的程度而言，法国远远超过波兰，但波兰小麦的价格与法国小麦同样便宜。与英格兰相比，法国的富裕和进步程度可能稍逊一筹，但法国出产的小麦，品质完全和英格兰小麦同样优良，并且在大多数年份两者的价格也大概相同。但是英格兰的麦田耕种得比法国好，而法国的麦田据说耕种得比波兰好得多。也就是说，贫国的耕作尽管不及富国，但贫国生产的小麦，在品质及市场售价方面却能在相当程度上与富国竞争。贫国在制造业上就不能和富国竞争，至少在富国的土壤气候适宜于某类制造业的情况下，贫国不能和富国竞争。法国丝绸之所以比英国丝绸质量又好又便宜，就是因为丝绸业（至少在今天原丝进口税很高的条件下）更适于法国的气候，而不十分适于英国的气候。但英国的铁器和粗毛织物却远胜于法国，并且品质同样优良的英国货品在价格上比法国便宜得多。听说，波兰除了少数必需的粗糙家庭制造业外，几乎没有什么制造业。

有了分工，同样数量的劳动者就能完成比过去多得多的工作量。原因有三个：第一，劳动者的技巧因为专业而日益精进；第二，通常从一种工作转到另一种工作会损失不少时间，分工可以避免这种损失；第三，由于专门机械的发明，使一个人能够完成许多人的工作。下

乡路 保罗·塞尚 油画 约1872—1873年

虽然农民在各国都受到轻视，但他们所从事的工作其实远比在制造业中从事某一分工更加复杂和多变。农业生产力之所以总是较制造业落后的原因，也许就是农业很难完全采用分工制度。在静谧的乡间小路上，色调的跳跃变化显示出塞尚特有的勾勒矛盾气氛的才能。

面分别进行详细说明。

　　第一，劳动者娴熟程度的提高，必然增加他所能完成的工作量。分工的结果，每一个劳动者由于终生从事一种单纯操作，当然可以大大提高熟练程度。习惯使用铁锤而没有学习过制造铁钉的普通铁匠，一旦因为特殊事故必须制造铁钉时，我敢说他一天最多只能制出两三百枚钉子来，并且质量还很差。就算学过制钉，但假如不是以制钉为主业，就算他全力工作，也不会一天制造出800枚或1000枚以上的铁钉。而我曾看见过几个专门以制钉为业的不满20岁的年轻人，他们在全力工作时，每人每天能制造2300多枚铁钉。此外，制钉绝不是最简单的操作，同一个劳动者，需要鼓炉、调整火力，要烧铁挥锤打制，在打制钉头时还得调换工具。相较之下，制针和制造金属纽扣所需要的操作要简单得多，而以此为终生职业的人，其熟练程度一般也高得多。在这种制造业中，有几种操作的快速程度简直难以想象，如果不是亲眼看到，你绝对不会相信人的手能这样快捷。

　　第二，由一种工作转到另一种工作，通常要损失一些时间，而节省这些时间所得到的利益，比我们一般想象的要大得多。如果另一种工作需要使用完全不相同的工具，并且不在同一个地方进行，那么这种转换就不可能快速地进行。耕作小块田地的农村织工，由织机转到耕地，又由耕地转到织机，一定要浪费很多时间。如果这两种工作能在同一地方进行，那

（左图）机器与人 路易斯·海因 摄影 1920年

　　在庞大的机器面前，这个气管装配工的工作就是不停地检修每一个螺钉的松紧。熟练操作必然会带来工作效率的提高。

（右图）橘子摊儿 约翰·西门 摄影 1910年

　　分工提高了工作效率，每个人都能以自身生产的大量产物，换得其他劳动者生产的大量产物，别人所需的物品，他亦能给予充分供给。

么损失的时间无疑会少很多，但即便如此还是会有损失。劳动者从一种工作转到另一种工作时，通常要闲荡一会儿。在开始新工作的时候，很难立刻把全部精力投入工作，总难免心不在焉。在相当长时间内，与其说他是在工作，倒不如说他是在玩乐。闲荡、偷懒、随随便便这些恶习，对于每半小时要换一次工作内容和工具，而且一生中几乎每天必须从事20种不同工作的农村劳动者来说，可以说是自然会养成的，甚至可以说必然会养成的。这些坏习惯使农村劳动者总是散漫懒惰，即使在非常紧张的时候，也不能全神贯注地工作。因此，就算没有技巧方面的缺陷，仅仅这些习惯也一定会大大减少他所能完成的工作量。

第三，运用适当的机械能在很大程度上简化和节省劳动，这是大家都知道的。我在这里想说的只是：简化和节省劳动的那些机械，其发明看来也是由于分工。人类把精力集中在单一事物上比起分散在多种事物上，更能发现达到目标的简易、快捷方法。分工使人们把精力自然地倾注在一种简单事物上，所以只要工作上还存在改良的余地，各个部门的劳动者中，不久肯定会有人发现某种更加容易和便利的方法，来完成他的工作。所以，今天用于分工最

机械代替的人力

分工使劳动者的精力集中，也就更容易发现工作中尚需改良的地方。历史上从不缺乏劳动者为了简化和节省劳动而发明机器代劳的例子。图为19世纪末德国曼海姆一家大型的工厂，工人们与大型机械相互配合，有序地工作着。

精细的各种制造业中的机械，有很大部分都是普通工人的发明。他们从事最单纯的操作，当然会发明更加方便的操作方法。不管是谁，只要他经常去参观制造厂，一定会看到某些极方便的机械，这些机械就是普通工人为了使自己担当的那部分工作快速容易地完成而发明出来的。最早的蒸汽机，需要雇用一个童工按照活塞的升降不断开闭汽锅与汽筒间的通路。有一次，担任这项工作的一个童工因为想和伙伴游玩，于是用一条绳子把开闭通路的舌门的把手系在机械的另一部分，舌门就可以自动开闭。因为贪玩而想出来的方法，就这样成为蒸汽机的大改良之一。

在一个政治状况良好的社会里，各行各业的产量由于分工而大增，从而造成普及到最下层人民的那种普遍富裕情况。一个劳动者，除了满足自身需求的数量以外，还有大量产物可以出卖。每个人都能以自身生产的大量产物，换得其他劳动者生产的大量产物。他人所需的物品，他能够充分供给；自身所需的物品，他人也能充分供给。这样，社会各阶级普遍富裕。

考察一下文明、繁荣的国家的最普通劳动者的日用物品，你会发现，用自己劳动的一部分（虽然只是一小部分）来生产这些日用品的人的数量，是难以数计的。例如，他所穿的粗毛呢外套，就是许多劳动者合作劳动的产物。为制造这种产物，必须有牧羊的、剪羊毛的、梳羊毛的、染工、粗梳工、纺工、织工、漂白工、裁缝工，以及其他许多人，联合起来

个人的需要

在分工明晰的社会中，每个人都因效率提高而生产了大量自己无法消耗的产品，这就形成可互相交换的市场。个人可以提供他人所需的物品，而其自身所需的物品，也能由他人充分供给。

工作。这些劳动者居住的地方通常相隔很远，把材料由甲地运至乙地，该需要多少商人和运输工啊！染工所用药料，常常购自世界上各个遥远的地方，要把各种药料由各个不同地方收集起来，该需要多少商人和航运者，雇用多少船工、水手、帆布制造者和绳索制造者啊！为了生产这些最普通劳动者所使用的工具，又需要多少种类的劳动啊！复杂的机械，如水手工作的船、漂白用的水车或织工用的织机，姑且不论，仅就简单器械如牧羊人剪羊毛所用的剪刀来说，其制造就须经过许多种类的劳动。为了生产剪刀，矿工、熔炉建造者、木材采伐者、熔铁厂烧炭工人、制砖者、泥水匠、在熔炉旁服务的工人、机械安装工人、铁匠等等，必须把各种各样的技艺联合起来。同样，要是我们考察一个劳动者的服装和生活用品，如贴身穿的粗麻衬衣，脚上穿的鞋子，睡觉用的床铺和床铺上各种用品，烹饪食物的炉子，由地下采掘出来、并且经过水陆运输才能送到他手边供他烧饭的煤炭，厨房中一切用具，餐桌上一切刀子和叉子、盛放食物的陶制和锡制器皿，制造面包和麦酒的各种工具，能透过光线并能遮蔽风雨的玻璃窗，和使世界极北部成为舒适的居住地的大发明所必须借助的一切知识和技术，以及工人制造这些便利品所用的各种器具等等。总而言之，我们如果考察这一切东西，并且考虑到投在每样东西上的各种劳动，就会觉得，没有成千上万人的合作，一个文明国家里最微不足道的人，即便想按照他习惯的简单舒服的方式生活也不可能。

栖居的小屋

每个人的生活都需要经由他人的劳动才能得到最终满足。一栋外形再简单不过的栖居小屋，都要经过伐木工人、铁构件的生产者、玻璃生产者、建筑工人、油漆工人等等许多行业的从业者共同合作才能完成，供最终的使用者居住。

第2章 论分工的原因

分工有这么多好处，但它却不是人类智慧预见到它会带来普遍繁荣而主动选择的结果。它是人类天性中某种倾向的必然结果，虽然这种倾向发展得非常缓慢。这种倾向没有强烈的功利色彩，就是用一种东西交换另一种东西。

这种倾向是不是人性中暂时无法透彻解释的原始本能之一，或者它是否是人类的理性和语言才能的必然结果（这个似乎更有可能），不是我们现在要讨论的问题。人类都有这种交换的倾向，其他动物则没有。其他动物似乎不知道任何类型的交换或者契约。两只猎犬追逐同一只兔子，有时看起来像是在合作行动，每只猎犬都把兔子驱向它的同伴，或是在同伴把兔子驱向它时全力拦截。可是这并不是任何契约的结果，只是那个时刻猎犬们对同一目标的欲望偶然契合的结果。没有人见过一只狗用一根骨头和另一只狗公平而又慎重地交换另一根骨头。没有人见过一只动物用动作或叫声向另一只动物表明"这是我的，那是你的，我希望用这个交换那个"。当一只动物企图从人或另一只动物那里获得东西时，它除了向对方表示好感之外，没有

捕猎成功 岩合光昭 摄影

分工是人类社会中独有的一种现象。动物界虽然也偶尔会因对食物的欲望而合作捕猎。但这种合作是不稳定的。一旦失去了眼前的目标，这种合作关系便会在瞬间分崩离析。

其他的方法。为了得到食物，一只小狗向母狗摇尾乞怜，一只长毛垂耳狗做出种种姿态吸引饭桌前主人的注意。人对他的同类有时也使用相同的手段，当他没有其他办法使对方按照自己的意愿行动时，就开始花言巧语、卑躬屈膝。但是他不可能每次都这么干。

在文明社会里，任何人任何时候都离不开其他人的合作和帮助，而他一辈子也只能获得几个朋友。几乎所有其他动物，当个体长到成熟时都是完全独立的，在一般情况下不需要其他同类的帮助。可是人几乎离不开他的同类的帮助，而仅仅依靠人们的善意他是无法得到这些帮助的。假如他能诉诸对方的自利心，向对方说明，他要求他们所做的事情对他们自身有好处，他反而更有可能达到目的。任何一个想同他人做交易的人都是这样做的。给我那个我想要的东西，你就能得到这个你想要的东西，这就是交易的意义。正是通过这种方法，双方才得到了绝大部分自己所需要的帮助。我们的晚饭并非来自屠夫、酿酒师和面包师的恩惠，而是来自他们对自身利益的关心。我们不是向他们乞怜，而是诉诸他们的自利心。我们从来不向他们谈论自己的需要，而只是谈论对他们的利益。除了乞丐之外，没有人主要靠他人的慈悲来生活。并且乞丐也并不完全依赖他人的慈悲。乐善好施的人的确提供了乞丐的全部生存资源。但是，他能满足乞丐的一时所需，却不可能满足乞丐的随时所需。乞丐的大部分日常需要还是以

厨房中的女孩们 摄影 1905年

人的一切社会活动都要与他人合作才能完成，这种合作贯穿着每个人的一生。图中一些扎着小围裙的女孩子正在跟随老师学习家庭生活必需的基本技巧。

和其他人相同的方式满足的，就是通过契约、交换、购买来满足。他用路人甲给他的钱购买食物，用路人乙给他的旧衣服交换更适合自己的旧衣服，或者住所、食物、钱。

就像我们过去曾经在契约、交易或者购买的过程中获得需要的帮助那样，分工真正的性质也是如此，也是从类似的交换倾向中产生的。譬如原始游牧部落中的某个捕猎者，也许他发现自己在制造弓箭方面的才能远远超越了他人，于是他频繁地制造弓箭并以之与同伴交换牲畜和兽肉，长此以往，最终他会发现以这种交换方式得到的物品比他亲自到荒野中捕猎得到的更多。于是，出于利己的目的，制造弓箭会成为这名猎人日常最主要的工作。部落中的另外一个人或许以制造和搬迁茅屋为特长，他以这种技能为他人服务，他人也同样以牲畜或畜肉作为回报。更多的人通过类似的途径把自己不能消费的那部分劳动产品拿去与他人交换，并获得更多的利益，从而成为专门从事某项工作的人，并在此过程中继续培养和完善他们在这一领域内的才能或天分。

不同的人在天赋才能上的差别，事实上比我们所想象的要小得多。成年人从事不同职业所表现出来的不同寻常的才能，在多数场合，与其说是分工的原因，不如说是分工的结果。最不相同的两个人，例如一个哲学家和一个普通的街头搬运工，他们的差别似乎不是由于天赋，而更多地是由于习惯、风俗和教育造成的。他们来到这个世界上，在6岁或者8岁的时候，可能非常相像。他们的父母或游戏伙伴都看不出他们有任何显著的不同。而之后，他们开始从事迥然不同的职业。于是，才能的差别被人们注意到，并且逐渐扩大，直到最后，哲

施予药品的巫医

分工的现象早在原始社会就已出现。当一个人发现自己在某一领域具有特长时，他发现专门从事这一项工作，并以工作成果向别人换取自己需要的物品，可以给自己带来更大的利益。图中的一名巫医正向疾病缠身的妇女赐予药品，巫师的特长使他们在社会中享有极高的地位。

学家的虚荣心使他不愿意承认自己跟街头搬运工有任何相同之处。但是假如没有互通有无、彼此交换的倾向，每个人就不得不自己准备需要的一切必需品和便利品。如果每个人都有同样的责任要承担，有同样的工作要干，那么就不可能有职业上的不同，也就不可能有才能上的重大差别了。

正如交换倾向造成不同职业的人们在才能上的巨大差异一样，交换倾向也使这种差异可以利用。和人们在未受到风俗和教育陶冶以前所表现出来的天赋差异相比，许多被认为属于同族的动物的天赋差异要明显得多。一个哲学家和一个街头搬运工的天赋不同，远不及大猛犬之于猎犬、猎犬之于长毛垂耳犬或长毛垂耳犬之于牧羊犬。可是，这些动物虽然都属于同类，对彼此却没有任何可以利用的地方。大猛犬的力量并不能因为猎犬的迅速、长毛垂耳犬的伶俐或是牧羊犬的驯良而有任何的增加。这些不同的天赋和才能，由于缺乏交换的能力，不能变成共同的财富，向同类动物提供更好的方便。每个动物仍然不得不分别独立地养活和保护自己，它们得不到自然赋予它的同类的那些不同才能的好处。相反，人类之间的不同才能对彼此都有好处：他们各自才能的不同产品，通过互通有无、以货易货和交换的普遍天性，从而形成一种共同财富——每个人都可以交换到他所需要的其他人的才能所生产的产品。

煎饼过程 克什米尔手抄本 19世纪

人类拥有一种互通有无、物物交换和互相交易的倾向，它与动物的本能不同，而是出于这样一种发现，即分工可以使合作者获得比单独工作更多的报酬。

第3章 论市场范围对分工的限制

　　分工的原因是交换，所以分工的范围必然受到交换范围的制约，也就是市场范围的制约。当市场很小时，没有人能专门从事一种职业，因为他没有能力把自己劳动产品中超过自己消费的剩余部分，交换到他所需要的其他人劳动产品的剩余部分。

　　有些种类的工作，即便是最低级的一种，也只能在大城市里进行。例如，一个搬运工在其他地方就找不到工作维持生活。一个村庄对他来说太小了，甚至普通小镇也很少有大到足够使他拥有稳定的职业的。在苏格兰高地荒凉农村中的独户住宅或非常小的村庄里，每个农民必须兼任屠夫、面包师和酿酒师才能维持家庭生存。在这种情况下，一个铁匠、木匠或泥水匠，在周围20英里之内甚至很难找到一个同行。那些零落的人家彼此间最近的距离也有8英里到10英里，所以他们必须自己干大量的零活，而在人口众多的国家里他们就可以雇佣各种工人。几乎在任何农村，一个工人都会兼任大体使用同种材料的行业的所有不同工作。例如，一个农村木匠要做与木材有关的各种工作，他不但是一个木匠，还是一个细木工、家具制造者，甚至还是一个雕刻工、车轮制造者、犁杖制造者、手推车和四轮马车的制造者。一

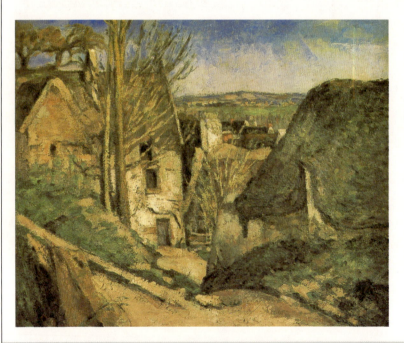

个农村铁匠要做与铁有关的各种工作，他的职业更是多种多样。在苏格兰高地的穷乡僻壤，就算是制钉人这样一种职业也不可能有。一个制钉人每天能造1000枚铁钉，一年工作300天，照这样计算他每年能造30万枚铁钉。可是在这样的环境里，他连全年中一天的工作

荒凉的小村 保罗·塞尚 油画 1873年

　　市场的发展对于社会分工的进化有着相当的影响，没有足够发达的交易空间，单独从事某一工作的劳动者就不能交换到充分的、满足其生活需要的物品。这也就是为什么在较偏僻、荒凉的地方，社会分工无法进一步细化的原因。

量，也就是1000枚铁钉也不可能卖出去。

　　水运为各种产业开辟了广阔的市场，这是仅靠陆地运输办不到的。所以，正是在海岸以及通航河道的两岸，各种产业自然地开始分工，并且得到改进——这种改进往往要经过漫长的时间才能推广到一个国家的内地。一辆4轮货运马车，2个人驾驭、8匹马拉，大概6个星期才能在伦敦和爱丁堡之间来回运送将近4吨货物。而在大概相同的时间里，一艘由6个或8个人驾驶的轮船，通常可以在伦敦和利斯港口之间来回运送200吨货物。可见通过水运，在相同的时间里，6个或8个人可以在伦敦和爱丁堡之间来回送由100个人驾驭、400匹马拉动的50辆4轮货运马车的载货量。从伦敦到爱丁堡陆运200吨货物，最便宜也要开支100个人3个星期的生活费，以及与这种开支大体相当的400匹马和50辆车的损耗。而水路运输同一重量的货物，只需开支6个或8个人的生活费，一艘载重200吨的船只的损耗以及保险费的差额（陆运保险和海运保险之差）。所以在这两地之间，如果除了陆运以外没有其他交通手段，那么除了与重量不大但价格非常高的物品之外，没有任何其他货物能从一地运往另一地。他们就只能从事现在在两地之间存在的商业活动的一小部分，也只能提供现在人们在各种产业中所得到的相互帮助的一小部分。依此类推，在世界各个遥远地区之间就不可能有多少商业，或者根本没有任何类型的商业。在伦敦和加尔各答之间，什么货物能负担得起昂贵的陆运费用呢？即使有某种货物贵重到足以负担这笔费用，又有什么办法能使货物安然通过那么多野蛮

圣彼得堡附近的河流 插图

　　水运的出现，使得两地之间的交易变得更为容易，开拓了比陆运所开拓的广大得多的市场，为细化分工提供了条件。18世纪初开始兴建的圣彼得堡紧邻波罗的海，涅瓦河从城市中流过，便利的水运使这座俄罗斯城市很快走向了繁荣。

民族的领土呢？但是，现在这两个城市互相进行着巨额的贸易。由于相互提供市场，它们对各自的产业提供了大量的帮助。

由于水运的利益这么大，工艺和产业的最初改进必然出现在这些便于向全世界开放、成为各种劳动产品市场的地方。而这种改进要推广到一个国家的内地总是晚得多——内地除非附近有海岸和通航的大河，否则不可能为自己的大部分货物找到长期的市场。所以内地市场的范围，必然在长期内与该地的富裕程度和人口数量成比例，工艺改进也必然总是落后于整个国家的改进。这也可以解释英国在北美的各殖民地，种植园通常建立在海岸或通航河流的两岸，很少扩展到很远的地方。

依据可靠记载，文明最早起源于位于地中海沿岸的国家。地中海是世界闻名的最大的内陆海，没有潮汐，通常很少有巨浪，岛屿众多且靠近邻近的海岸，所以非常有利于世界最初的航运事业。那时候没有指南针，造船技术也欠发达，所以人们不敢置身于大洋的惊涛骇浪中。越过海克力斯之柱（即直布罗陀海峡），在古代世界一直被视为最危险、最了不起的航行伟业。就算是最熟练的航海家、造船者，腓尼基人和迦太基人，也是许久以后才敢去尝试，而是他们尝试了很久之后，其他民旅才开始问津。

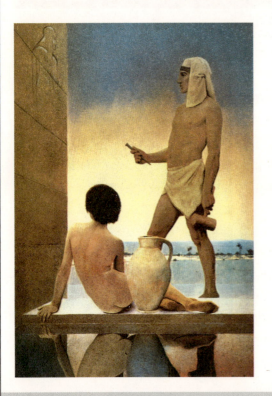

在地中海沿岸的诸多国家中，埃及好像是最早在农业和制造业两方面都有明显开发和改进的国家。埃及北部的繁盛地域都在尼罗河两岸数英里内。尼罗河在埃及南部分成无数支流，使埃及境内大城市、各重要村庄，甚至在农村的各农舍之间，只借助很少的技术就普遍实现了水运（就像现在荷兰境内的莱茵河和麦斯河一样）。内地航运的广泛和便利也许是埃及最早发展出文明的主要原因之一。

在东印度的孟加拉各省，以及在中国东部的某些省份，农业和制造业似乎也具有同样古老的历史（虽然没有得到住在我们这边世界的人所共信的历史权威的证实）。在孟加拉，恒河以及其他几条巨大的河流形成了大量可供航运的河道，就像尼罗河在埃及那样。在中国东部也有几条大河，通过各个支流形成众多的河道，彼

凿壁画的古埃及人 马克费尔德·帕里什 油画 1902年

古埃及文明是人类最早出现的灿烂文明之一，它有着如此快速的萌芽，与尼罗河流域天然形成的发达水运是离不开的。水运使交通趋于便利，加速了市场的形成。图中的古埃及雕刻师正在端详自己刚刚刻在法老陵墓墙壁上的一组图案。

此交叉，为内陆航行提供了比尼罗河或恒河甚至比两者相加更为广阔的河运网。但值得一提的是，不论是古代埃及人、印度人还是中国人，都不鼓励对外贸易，他们似乎都是从这种内陆航运中获得巨额财富的。

所有非洲内陆，位于黑海和里海北面遥远的亚洲地区，古塞西亚（即现在的鞑靼和西伯利亚），似乎一直处于野蛮和不开化状况，就像我们现在所看到的那样。这是因为，鞑靼海是不能航行的冰冻海洋，虽然有些世界大河流经鞑靼，却彼此相隔太远，在鞑靼的大部分地区不便于交通和贸易。在非洲，没有像欧洲的波罗的海、亚德里亚海或欧亚两洲的地中海和黑海这样大的的内海，也没有类似亚洲的阿拉伯、波斯、印度、孟加拉和暹罗（即泰国）的海湾，可以将海运带到内陆；而非洲的各大河流又彼此相隔太远，无法提供大量的内陆航运。一个国家如果有一条并不分成许多支流，而又在入海以前流经另一个国家领土的河流，商业绝不可能发达，因为拥有另外领土的那些国家往往尽力阻止上游国家和大海之间的交通。例如多瑙河的航运对巴伐利亚、奥地利和匈牙利几乎没有任何用处，而假如它们之中任何一个国家独占该河流入黑海以前的整个流域，情况就会大大不同。

陆运的缺陷

假使世界上只有陆运，则各僻远地区间的商业，一定会无法进行。因为相对于水运而言，陆运总是显得更为吃力和麻烦。至今仍处于野蛮未开化状态的一些国家，地理上不具备便利的水运条件似乎也是它们无法走向发达的重要原因之一。图为几名工人正在合作推车，以帮助司机驶过这条路况糟糕的小路。

第4章 论货币的起源和作用

　　一旦社会分工完全确立，一个人自己的劳动产品就只能满足他所需要的很小一部分。他把自己劳动产品的超过自己消费的剩余部分，用来交换自己需要的他人劳动产品的剩余部分，从而满足自己的绝大部分需要。这样，每一个人都靠交换来生活，在某种程度上就成为一个商人，而社会本身也逐渐成为一个完全的商业社会。

　　可是当分工出现之初，这种交换必然经常遇到各种妨碍和困难。假设，一个人拥有的某种商品比他自己需要的多些，而另一个人少些。于是，前者愿意卖掉多余的部分，而后者愿意购买前者多余的部分。可是，假如后者恰好没有前者需要的任何东西，他们之间的交易就无法进行。屠夫的店铺中有比自己所能消费的更多的肉，而酿酒师和面包师每人都愿意买一部分肉。但是他们除了各自行业的产品以外，没有其他东西可以用来交换，而屠夫又已经有了暂时需要的全部面包和啤酒。在这种情况下，他们之间就不能进行交易。为了避免这种情况，当分工确立以后，在社会的各个时期都会有聪明的人设法处理这种事情，就是除了他自己行业的特殊产品之外，随时随地保有一定数量的某种商品——这种商品交换他人的劳动产品时是没有人会拒绝的。

　　有许多不同的商品先后被想到并被用来达到这个目的。在未开化时代，据说牲畜曾被用来作为普遍的交换媒介。虽然牲畜是一种很不方便的交换媒介，我们却发现在古代常常用牲畜头数来决定某些东西的价值。例如《荷马史诗》说，戴奥米底的铠甲只值9头牛，而格劳克斯的铠甲却值100头牛。在阿比西尼亚，据说盐是交易的普遍媒介；在印度海岸的某些地区用一种贝壳；纽芬兰用干鳕鱼；弗吉尼亚用烟草；英国的某些西印度殖民地用糖；其他某些

中国北周铜钱

　　历史上出现过很多种类的货币，例如众所周知的贝壳、牲畜等等，而金属由于其便于携带、易切割、不易磨损等优点，成为最终通用的交换媒介。

国家用兽皮或皮革。现在在苏格兰还有一个村庄，我听说，那里的人们带着铁钉而不是货币走进面包店或是啤酒店。

然而在所有国家，由于不可抗拒的原因，人们最终决定选用金属来完成这种职能。没有任何商品比金属更容易没有损失地保存，还可以没有损失地分割成许多小块，又很容易把这些小块再熔合起来。这种性质是任何其他商品所不具备的，所以最适合作为商业和流通的媒介。例如，一个想要买盐但只有牲畜可以用来交换的人，必然要买入和整个一头牛或一头羊价值相等的盐。他不可能买得比这更少，因为牲畜无法不受损失地分割；如果他想多买盐，出于同样的理由，他就不得不买入双倍或三倍数量的盐，这些盐的价值相当于两三头牛或两三头羊。而如果他可以用来交换的不是牛或羊，而是金属，他就可以很方便地按当时需要的商品的精确数量按比例支付相应数量的金属。

不同的国家为此目的使用了不同的金属。在古代斯巴达人之间，普遍的交换媒介是铁；古代罗马人之间用铜；所有富裕的商业国家使用金和银。

用于这种目的的金属，最初似乎都是粗条，没有任何印记或币型。普林尼引用一位古代历史学家梯米尤斯的记载，在瑟尔维乌斯·图利乌斯时代以前，罗马人没有铸币，只有没有印记的铜条。这些粗金属条在当时起着货币的作用。

用这种粗金属条作为货币有两种很大的不便：第一是称量的困难；第二是化验纯度的困难。在贵金属中，数量上的微小差异会导致价值上的重大差异，而要进行十分准确的称量至少需要非常精确的砝码和天平。尤其是黄金的称量，是一种很精密的操作。当然，对粗糙的金属条来说，微小的误差没有多大关系。但是，如果一个穷人每次购入或售出一个法新（英国从前使用的铜

金属的妙用

在交换的历史中，世界各国不约而同地采用了金属作为普遍的交换物。当然，除了逐渐发展出的货币功能，金属还具有更广泛的实用功能。图中分别为安纳托利亚的旗杆顶饰（上左）、埃及的青铜剃须刀（上右）、埃及出土的镜子（中）、米诺人做饭用的平底锅（下）。

币，价值1/4便士，译者）的货物时，都得称一下这个法新的重量，这是非常麻烦的。化验纯度的操作更加困难、繁琐，除非使用适当的熔剂，把一部分金属在坩埚中完全熔化，否则得到的任何结论都不可靠。在铸币制度实施以前，除非通过这些繁难的过程，否则人们很容易受到欺骗——他出售货物换来的不是一磅重的纯银或纯铜，而是外表看来和纯银、纯铜一样，实际换了假的最粗糙、便宜的东西。为了制止这种行为，促进贸易，鼓励各种工商业，所有进步国家都发现有必要在通常用来购买货物的一定数量的特定金属上加盖官印。于是出现了铸币和叫做造币厂的这种国家机构。这种制度和麻布与呢绒检查官的性质完全相同，目的都是通过加盖公章，确保投入市场的不同商品的数量和质量。

最初加盖在这种流通金属上的官印，似乎只是用来确保金属的质量或纯度的。这种保证是最困难而又最必要的，就像现在加盖在银盘或银条上的纯银标记，或有时加盖在金条上的西班牙标记——只需盖在物件的一边，不必覆盖整个表面；用来确保金属的纯度，而不涉及其重量。《圣经》中亚伯拉罕称了400舍客勒银子交给以弗仑，用来支付麦比拉的田

价。据说当时商人通用的货币是银子，按重量而不是按个数来计算，就像现在的金条和银块那样。古代英格兰的撒克逊国王们的收入，据说不是用货币而是用实物，即各种各样的食物和饮料来缴纳的。征服者威廉采用了货币纳税的制度。不过，当时纳入国库的货币是按重量而不是按个数收缴的。

准确地称量和化验金属的不方便性使铸币制度得以产生，铸币的两面完全覆盖官印，有时边缘也有印记，用来确保金属的纯度，也

美国希伯尼亚银行

金属货币进入流通后，就迫切地需要为它制订一个通用标准，因为贵金属在分量上有少许差异，在价值上便会有很大差别。进步国家为了便利交易，便以官方的身份，负责货币的监管制造，于是就出现了铸币制度和称为造币厂的官衙。当它发展到极致，便成为现代意义上的银行。

用来确保重量。于是，铸币从此按个数流通，就像现在一样，省去了称量的麻烦。

那些铸币的名称，最初似乎是表示它们所含金属的重量或数量。瑟尔维乌斯·图利乌斯首先在罗马铸造货币。在他的时代，罗马的阿斯或庞多包含1罗马磅的纯铜。它像我们的特洛伊磅一样，分为12盎司，每盎司包含1盎司的纯铜。在爱德华一世时代，每英镑包含1陶尔磅重的一定纯度的白银。陶尔磅似乎比罗马磅重，比特洛伊磅轻。直到亨利八世第十八年，英格兰造币厂才开始使用特洛伊磅。法国的利弗在查理曼时代包含1特洛伊磅重的一定纯度的白银。当时香槟省的特洛伊集市是所有欧洲人常去的地方，大家因此而熟知并尊敬这个著名的市场的权衡。从亚历山大一世时代到罗伯特·布鲁斯时代，苏格兰镑也像英镑一样，包含1磅同样重量和纯度的白银。所有英国、法国和苏格兰的便士最初都包含十足1便士重的白银，即1盎司的1/20，1磅的1/240。先令最初也似乎是一个重量单位。亨利三世时一个古老法律规定，当小麦售价为每夸脱12先令时，则每块售价1法新的上等面包应重11先令4便士。然而，先令与便士、先令与镑之间的比例似乎不像便士与镑之间那样固定和统一。在法兰西前几位国王统治时期，法国的苏或先令在不同场合似乎含有5个、12个、20个或40个便士。在古代撒克逊人中，有时1先令似乎只含5便士。这种比例的变动，很可能与他们的邻居即古代法兰克人的情况相类似。从查理曼时起在法国人中，从征服者威廉时起在英格兰人中，镑、先令与便士的价值虽然有很大变动，但之间的比例似乎和现在完全一样。我相信，在世界上所有国家，君主由于贪婪而背弃自己的臣民，逐渐减少铸币中应有的金属含量。罗马的阿斯，在共和国之后的各个时代中，降到了原来价值的1/24，不再重1磅了，而只有半盎司重。英

国王的权威

在货币标准统一的过程中，国王及政府的权威起到了至关重要的作用。官吏将印有国王头像的官印盖在流通的金属上，表示经检验的金属已合乎标准质量或纯度。图为公元前两千年阿卡德国王萨尔贡的头像。

格兰的镑和便士现在只含大约1/3的原始值；苏格兰的镑和便士只含大约1/36的原始值；而法国的镑和便士只含1/66的原始值。很明显，君主和政府采用这些手段就能够用较少量的白银偿还他们的债务和履行他们的契约。

这样，债权人实际被剥夺了应收账款的一部分。国内的其他债务人于是也享有和君王、政府相同的特权，可以用同样面额的贬值新币偿还任何一种旧币债务。所以，这种办法总是有利于债务人，非常不利于债权人。有时它对私人财产造成的影响，比一场巨大的公共灾难还要巨大得多。

正是通过这种方式，货币在所有文明国家变成了普遍的商业媒介，所有各类货物通过它来进行买卖，或彼此交换。

下面，我将考察人们在用货物交换货币或用货物交换货物的过程中所遵守的自然法则。这些法则决定着所谓商品的相对价值或交换价值。

有必要注意，"价值"这个词有两种不同的含义，有时表示某一特定物品的实际用途，有时表示占有该物品所带来的对其他物品的购买力。前者可以称为"使用价值"，后者可以称为"交换价值"。具有最大使用价值的物品往往很少或根本没有交换价值；反之，具有最大交换价值的物品往往很少或根本没有使用价值。例如，没有什么东西比水更有用，但我们

查理一世行猎图 安东尼·范·代克 油画 1535—1538年

世界各国那些贪婪不公的君主，利用手中的权利，不断削减货币中金属的真实分量，而且政府也允许国内一切其他债务人，以新的贬值币偿还从前的债务。这种措施不但使各国君主更容易地追逐奢华放纵的生活，同时也在普遍意义上，使债务人受益，债权人的权利受损。

不能用它购买任何东西，也不会拿任何东西和它交换。相反，钻石虽然没有什么实际用途，但常常可以用它交换到大量的其他物品。

为了探讨支配商品交换价值的原则，我将努力阐明以下三点：

第一，交换价值的真实尺度是什么，或者说，构成一切商品真实价格的是什么；

第二，构成真实价格的不同部分是什么；

第三，是什么情况使商品的真实价格，有时高于、有时又低于它们的自然价格；或者说，是什么原因阻碍市场价格，即商品的实际价格，使之不能与商品的自然价格完全一致。

雅典执政官梭伦

阿拉贡市场 油画 19世纪

货币最终完成了统一，成为人们用于交易的普遍交换物，一个专工于某项工作的人至此可以方便地在市场中购买任何他需要的物品。图为雅典的阿拉贡市场，它依山而建，既是雅典市民从事民事活动的中心，也是雅典商业的枢纽。

第5章　论商品的真实价格和名义价格，或其劳动价格及货币价格

　　我们通常根据一个人所能享受的生活必需品、便利品和娱乐品的数量判断他是富有还是贫穷。然而，社会分工一旦完全确定以后，一个人自己的劳动就只能供应他所享受的上述物品的很小一部分，其中绝大部分必须从他人的劳动中获得。于是我们只能根据他所能支配或购买的他人劳动的数量判断他是富有还是贫穷。所以，任何商品的价值，对拥有它而又不想自己使用、想用来交换其他商品的人来说，等于该商品能使他支配或购买的他人劳动的数量。所以，劳动是一切商品交换价值的真实尺度。

　　一件物品的真实价格，对于想要获得它的人来说，是为了获得它付出的艰辛和烦恼。一件物品对于已经得到它而想处理或用来交换其他物品的人来说，它的实际价格，是它能为自己节省而又转嫁到他人身上的艰辛和烦恼。用货币买到的或用货物交换到的物品都是以劳动为代价，我们获得的物品和我们自身付出的劳动几乎是相等的。那些用来交换的货币或货物节省了我们的辛苦，是因为它们包含了特定数量的劳动，所以我们能够交换当时认为包含同等数量劳动的东西。劳动是购买一切东西付出的初始价格，是原始的购买货币。用来购买世界一切财富的，不是金或银，而是劳动；财富的价值，对于那些拥有它并想用它来交换其他物品的人来说，正好等

垦荒 手抄本

　　商品的实际价格一般不由劳动量来估定，因为劳动者付出的劳动量包括时间、困难程度、精巧程度等许多复杂因素，非常难以计算。垦荒的工作固然辛苦，可是教师，或者会计师这一类更为精细的工作在同样的时间里会获得更多的劳动量，故而人们宁愿以货币这种更为方便的形式来评定商品价格。

于它能使他们购买或支配的劳动量。

就像霍布斯先生所说的，财富就是权力。可是，获得或继承一大笔财产的人，不一定就能获得或继承民政或是军政权力。财产也许能够提供他获得民政和军政权力的手段，可是并不绝对能使他得到它们。财产能够直接提供给他的是购买的权力，即对当时市场上所有劳动或劳动产品的一种支配力。他的财产的数量和这种支配力的大小精确地成比例；或者说与他所能购买和支配的他人劳动，也就是他人劳动产品的数量，精确地成比例。一件物品的交换价值，必然总是精确地等于它对其所有者提供的这种支配力的大小。

虽然劳动是一切商品交换价值的真实尺度，可是商品的价值一般却不是用劳动来衡量的。确定两种不同劳动之间的比例往往是很困难的。仅靠支出在两种不同工作上的时间往往不能确定这种比例。工作的难易程度不同，所用的技巧不同，这些都必须予以考虑。一个小时的困难工作比两个小时的容易工作也许包含更大的劳动量；或者说，花10年才能学会的行业的一个小时的劳动比普通行业的一个月的劳动量可能更多。然而，很难找到精确衡量这种差别的办法。当然，不同种类劳动的不同产品相互交换时，一般也会考虑到劳动的难易程度和所需技巧，然而这不是用精确的尺度来衡量的，而是通过市场上的讨价还价，根据日常买卖的大概而不是精确计算的那种等价交换。

因为每种商品更经常地是同其他商品而不是劳动相交换，也就是和其他商品而不是劳动相比较，所以人们更自然地用其他商品的数量而不是用劳动的定量来衡量其交换价值。一般人更容易理解某一定量具体商品的价值而不太理解某一定量劳动的价值。前者是看得见、摸得着的具体物品；后者是抽象的概念，就算它能够被充分地理解，也不是那么显而易见的。

当物物交换结束、货币成为商业上的通用工具时，每件商品更经常地同货币而不是任何其他商品进行交换。屠夫不再带着他的牛羊肉到面包师或酿酒师那里去交换面包或啤酒。他把肉拿到市场上，用肉交换货币，然后用货币交换面包或啤酒。他用肉交换到的货币数量也

日本精选牛肉

　　某种商品的交换价值，市场的计算一般按货币量计算，很少按这商品所能换得的劳动量或其他商品量计算。在商品面前摆上已标注价格的标签，这是出于人们日常生活中交易便利的需求，毕竟货币的数值是人们可以看得到的，而劳动量的概念却是过于抽象了。

规定着他所能购买的面包或啤酒的数量。所以对他来说，更显而易见的是用货币的数量（即他用肉刚刚换来的商品的数量）来衡量他的牛羊肉的价值，而不是用面包或啤酒的数量（即他只有通过另外商品的介入才能交换到的商品的数量）来衡量。更确切地说，他拥有的肉每磅值3便士或4便士，而不是值3或4磅面包，或是3或4夸脱淡啤酒。所以一件商品的交换价值更多地用货币的数量来衡量，而不是用它所能交换的任何其他商品的数量来衡量。

但是，金和银像任何其他商品一样，价值是变动的，有时便宜些，有时昂贵些。特定数量的金银所能购买或支配的劳动，往往取决于当时已知的金银矿藏的丰富程度。16世纪，美洲发现了丰富的矿藏，使欧洲的金银价值比原来的价值下降了大约1/3。因为把这些金属从矿区送到市场所花费的劳动较少，所以它们所能购买或支配的劳动也较少。金银价值上的这次变动也许是最大的，但绝不是独一无二的一次。本身数量不断变化的自然尺度，像一步的长度、伸开两臂的宽度或一手所握之重，绝不能作为衡量其他物品数量的精确尺度。同样，自身价值不断变化的商品，绝不能成为衡量其他商品价值的精确尺度。相等量的劳动，在不

拾穗者 米勒 油画 1857年

尽管人们交换商品的真正标准是等值的劳动，但劳动毕竟难以简单明了地计算，于是看得见摸得着的货币取而代之，成为人们日常使用的交换媒介。三位巴黎近郊的农妇在麦田里捡拾麦穗，人物沉静的表情和动作使整个画面看上去像一首深沉的田园赞美诗。

同的时间和地点，对劳动者来说具有相等的价值。按照他的健康、体力和精神的自然状态，以及技能和娴熟程度，他必然总是付出相等程度的安逸、自由和幸福。不管他获得回报的物品的数量多少，他所支付的价格总是相同的。虽然这种劳动所能买到的物品的数量，可能时多时少，但是变动的是这些物品的价值，而不是购买它们的劳动的价值。在任何时间和地点，只要是花费大量劳动才能获得的物品，价格就昂贵，反之就低廉。所以，唯有本身价值绝对不变的劳动，才是最终的、真实的标准，一切商品的价值都可以随时随地拿它来衡量和比较。劳动是商品的真实价格，货币只是商品的名义价格。

可是，虽然等量劳动对劳动者来说价值相等，但在雇用他的人看来，其价值却似乎时大时小。他有时用较多量、有时用较少量的物品去购买同等数量的劳动，于是对他来说，劳动的价格也同其他所有物品的价格一样是不断变化的。在他的眼中，劳动似乎在某些场合贵些，在另一些场合便宜些。但是实际上，这只是在前一场合物品便宜了，在后一场合物品贵了。

所以，按照一般看法，劳动也像任何商品一样，具有真实价格和名义价格。劳动的真实价格就是为得到劳动而给予的一定数量的生活必需品和便利品。劳动的名义价格就是一定数量

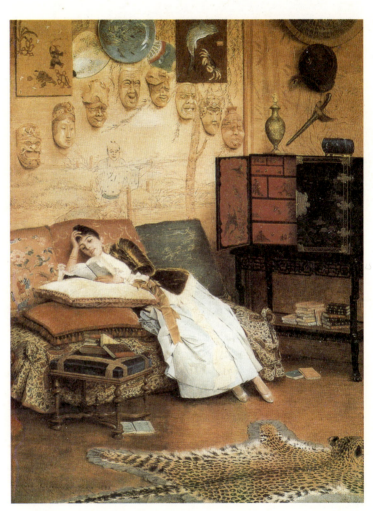

奇异的收藏

就像市场中的劳动力价格一样，商品的价格时常出现波动，不论何时何地，凡是难于购得或在取得时需花多量劳动的货物，价必昂贵；凡是易于购得或在取得时只需少量劳动的货物，价必低廉。如这位法国贵族女性房间中风格典型的东方收藏品，由于奇货可居，必然要付出高昂的代价才能获得。

的货币。劳动者是富有还是贫穷，报酬好还是坏，与他的劳动的真实价格成比例，而不是与名义价格成比例。

商品和劳动的真实价格和名义价格之分，不单纯是一件理论上的事情，有时在实践上也有重大的用处。相同的真实价格总是具有相同的价值，但是根据金银价值的变化，相同的名义价格有时具有非常不同的价值。所以，假设一个人要以永久租佃为条件出售地产，如果要使地租的价值永久不变，那就不能把地租定为一定数额的货币。如果用定额的货币规定，地租的价值难免会发生两种不同的变化：第一，由于同一面额铸币中在不同时代所含的金银数量不同而引起的价值变化；第二，由于同样数量的金银在不同时代具有不同价值而引起的价值变化。

一个国家的君王往往通过减少铸币中的纯金属含量而获得眼前利益，却从来想不到增加纯金属的含量。所以，我相信所有国家铸币的纯金属含量都在不断减少，而没有任何增加。这种变化总是逐步降低货币地租的价值。

美洲金银矿藏的发现使欧洲金银的价值降低。人们普通预测（虽然我不知道任何可靠的证据），这种趋势还会持续下去，并且会持续相当长一段时间。所以，根据这种预测，货币地租的价值只会减少而不会增加，尽管货币地租不是规定用一定数量某种面额的货币来支付（例如，多少英镑），而是用多少盎司的纯银，或一定成色的白银来支付的。

即使在铸币的面额没有任何变化的地方，用谷物规定的地租也要比用货币规定的地租更能保持地租的价值。女皇伊丽莎白在位第18年所颁布的一项法律条文规定：所有大学的土地

真实的标准 高登·帕克斯 摄影

无论以任何一种时间评估，我们都可极其准确地用一种物品所能换得的劳动量，来估定这物品的真实价值。图中这些精致美丽的瓷制器具，在写满历史沧桑的小镇中可能已流传了数百年，其中凝结的劳动价值是唯一一种能代表瓷器真实价值的价值。

地租，其中必有1/3是以谷物缴纳的，或者要按当时的市场时价把谷物折算成货币再缴纳。若是像布莱克斯博士那样做一番详细的计算，地租中谷物折算成的货币额度，最初可能只占地租总数的1/3，但现在已经普遍升至其他2/3以货币缴纳的地租的两倍。也就是说，各大学地租中以货币缴纳的那一部分，几乎已经降至原来价值的1/4，或者说，至少不会超过其原来所值谷物的1/4。就英国的情况而言，自菲力普和玛丽当政以来，铸币的面额几乎很少变动，各个时期以来同一数目的镑、便士和先令中包含了数量非常接近的纯银。所以说，英国各所大学地租价值的跌落，实质上全部要归因于白银价值的跌落。

当银价跌落和同一面额铸币的白银含量减少相结合时，损失就会更大。苏格兰的铸币面额比英格兰的铸币面额经历了更大的变化，而法国的铸币面额又比苏格兰的铸币面额经历了更大的变化，这样，一些地租昔日本来具有很大的价值，现在却几乎一钱不值。

在两段相隔很久的时间里，等量的劳动更可能用等量的谷物而不是用等量的金银购买

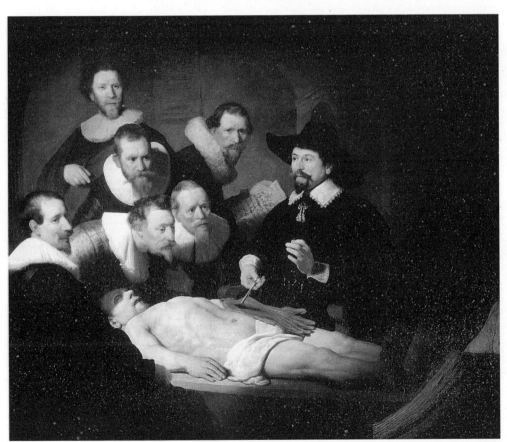

解剖课上 伦勃朗 油画 1632年

　　铸币的纯金属含量的减少会逐步降低货币地租的价值。于是英国曾一度规定向大学缴纳的地租必须有1/3是以谷物上缴，否则按照货币中金银含量的降低，大学在地租方面的收入将非常少。画家生动地描绘出在大学的解剖课上围着尸体的教授与学生脸上或好奇或畏惧的表情。

到。相等数量的谷物，在相隔很久的时间里，具有几乎相等的真实价值，能使持有者购买或支配几乎等量的他人劳动。但是我只是说，等量的谷物比等量的任何其他商品更有可能购买等量的劳动，因为就算是相等数量的谷物也不可能购得绝对等量的劳动。劳动者的生活资料或劳动的真实价格，正如我下面将要说明的那样，在不同的情况下是大不相同的。劳动者所享有的生活资料，在进步的社会比在停滞的社会多一些，在停滞的社会又比在退步的社会多一些。然而，每一种其他商品在某一具体时间所能购买的劳动量总是和它在当时所能购买的生活资料的数量成比例。所以，用谷物规定的地租，只受一定数量谷物所能购买的劳动量变化的影响，而用任何其他商品规定的地租，不仅要受一定数量谷物所能购买的劳动数量变化的影响，而且还要受一定数量的该种商品所能购买的谷物数量变化的影响。

虽然从一个世纪到下一个世纪来看，谷物地租真实价值的变化比货币地租要小得多，但是从一年到下一年来看却要大得多。正如我在后面将要说明的那样，劳动的货币价格并不逐年随着谷物的货币价格而波动。它不与谷物暂时的偶然价格相适应，而是与谷物的一般平均价格相适应。我在后面也将说明，谷物的一般平均价格，又受到银价的支配，受银矿的富饶程度，或受把银运到市场所必须雇用的劳动量的支配，所以也受所必须消费的谷物量的支配。可是，虽然银价从一个世纪到下一个世纪变动很大，但从一年到下一年却变动不大，往

荷兰的庭院 彼得·德·霍赫 油画 约1658—1660年

从长时间来看，谷物地租的变化要比货币地租的变化小，然而由于每年谷物产量的不稳定性，在年度之间比较，谷物地租的实际价值又具有较大的起伏。画家霍赫钟情于表现世俗生活，在这里他描绘了一个温馨美好的荷兰家庭的庭院。

往在50年甚至100年中保持不变，或几乎不变。所以，谷物的一般平均货币价格在相应长的时期内也保持不变或几乎不变。劳动的货币价格也是如此，只要社会在其他方面保持相同或大体相同。而这期间，谷物暂时的偶然价格却经常有很大波动，这一年比上一年高出一倍是常有的事，例如，从每夸脱25先令涨到50先令。但当谷价涨到50先令时，不但谷物地租的名义价值上升，谷物地租的真实价值也比从前高出一倍，或者说能购买双倍数量的劳动或大部分其他商品。在这些波动中，劳动的货币价格和大多数其他商品的货币价格保持不变。

因此，劳动是唯一普遍的、精确的价值尺度，是可以在任何时间和任何地点用来比较不同商品价值的唯一标准。我们不能用白银的数量来衡量不同商品从一个世纪到下一个世纪的真实价值，也不能用谷物的数量来衡量不同商品从一年到下一年的真实价值。但是我们可以用劳动量准确地衡量它们。从一个世纪到下一个世纪来看，等量的谷物比等量的白银更能支配等量的劳动，所以谷物是比白银更好的衡量尺度。反之，从一年到下一年来看，因为等量的白银比等量的谷物更能支配等量的劳动，所以白银是比谷物更好的衡量尺度。

区分真实价格和名义价格，对订立永久地租或者缔结长期租约有用，但是对人们日常生活的普通交易却用处不大。

在同一时间和地点，商品的真实价格和名义价格之间存在正比关系。比如，在伦敦市场上出售一件商品，你能卖得的货币越多，它在同一时间所能购买或支配的劳动就越多。所以，在同一时间和地点，货币是商品真实交换价值的正确尺度。然而唯有在同一时间和地点才是这样。

不在同一地点的商品的真实价格和货币价格之间不存在这种比例关系，从一地向另一地

生活中的享受 科尼利厄斯·德尔夫 油画 1597年

随着产业的进步，人们发现了同时使用数种金属铸币的便利，每种货币的价格都有其特定的波动规律，因此政府往往特别选定其中的一种作为主要的价值尺度。图中与女仆一起选购食品的荷兰主妇，正以不同色泽与金额的硬币与市场中的小贩作着交易。

贩卖货物的商人只考虑其货币价格，或者说，只考虑购入商品所用的货币数和卖出商品所得的货币数之间的差额。例如在中国广州，用半盎司白银所能购买的劳动或生活必需品与便利品，可能比在伦敦用一盎司白银所能购买的更多。所以对在两地出售同一种商品的人来说，在广州售价半盎司的商品，也许比在伦敦售价一盎司的商品更有价值。但是，如果一个伦敦商人在广州用半盎司白银买入一种商品，然后在伦敦以一盎司售出，他就获得了百分之百的利润——好像广州和伦敦的银价一样了。至于广州的半盎司白银比伦敦的一盎司白银能购买更多的劳动或生活必需品与便利品，对他来说无关紧要。他只关心在伦敦一盎司白银总能比半盎司白银购买双倍的劳动或生活必需品与便利品。

因为商品的名义价格即货币价格最终决定一切交易的合算与否，所以人们更重视名义价格而非真实价格也就不奇怪了。

然而本书有时候需要比较某种商品在不同时间不同地点的真实价值，或者说，它在不同场合赋予它的所有者对他人劳动的支配力。这时我们所要比较的，不是它出售所得的不同数量的白银，而是这些白银所能购买的不同劳动量。由于很难确切知道不同时间和地点的劳动时价，而谷物的时价由于历史学家和作家们的经常注意，却一般知道得比较清楚，所以我们就使用谷物的时价。这不是因为它总是同劳动时价保持完全相等的比例，而是因为它是我们所能得到的这一比例的最接近的近似值。

随着产业进步，各商业国发现同时使用几种铸币的好处。对于大宗交易，他们使用金币；中等交易使用银币；小型交易则使用铜币或者更贱的金属。在几种金属中，他们往往选用一种作为主要标准。并且他们往往选用最早用于交换中介的那种金属作为标准。即使后来有了其他的选择，他们也仍旧保持原来的选择不变。

据说古罗马人在第一次布匿战争前5年才开始使用银币，在此之前，他们一直使用铜币。后来虽然有了

15世纪的英国小贩 木雕

对于商人来说，低价买进高价卖出构成了他最终的利润来源，所以商人普遍只关心商品的货币价格。15世纪的英国小贩除了不得不走街串巷以销售商品之外，还必须担负沉重的赋税。

银币，但是仍旧采用铜作为价值标准。例如他们的货币阿斯和塞斯特斯，阿斯就是铜币的名称；塞斯特斯虽然是银币的名称，但是其含义却为2.5个阿斯，所以仍旧是铜本位。在古罗马，说一个人富有，往往称呼他是拥有很多铜的人。

在罗马帝国废墟上建国的北方民族，似乎只知道使用银币，此后多年也没有金币和铜币。在英格兰，一直到爱德华三世时，才开始有金币；而在詹姆斯一世前，连铜币也没有。也就是说，长期使用的都是银币。所以我相信在英格兰，以及其他现代欧洲国家，基于同样的理由，都是使用银子来记账。衡量一个人的财产时，我们不说他有多少几尼金子，而说他有多少磅银子。

我认为，各国最初认定的法定支付手段，都是作为价值标准的那种铸币。在英格兰，金币长期以来不被承认是法定货币，金币和银币的兑换关系，不是由法律公告规定，而是由市场交易决定。债务人如果用金币偿还债务，债权人可以拒绝；或者双方对金币约定一个市场价格。而铜币在今天早已不是法定货币，只能兑换一些小额的银币。在这种情况下，本位金属和非本位金属的区别，就不仅仅只是名义上的了。

阿姆菲斯镇的女人们 阿尔玛·苔德玛爵士 油画 1887年 私人收藏

　　古罗马的一切账簿，或一切财产价值，都以若干阿斯或若干塞斯特斯计算。阿斯一直是铜币名称。而塞斯特斯一词其意即为两个半阿斯，所以塞斯特斯虽原为银币，但其价值也常以铜币。大师苔德玛唯美地刻画了古罗马人的放纵与狂欢，而她们享受的奢华生活皆是建立在以铜为本位的经济体系之上的。

后来，随着人们逐渐习惯同时使用各种铸币，它们之间的比例关系也更为人熟知和接受；这时候，各国发现确定这种比例关系很容易，就颁布法律，规定多少重量和纯度的几尼可以兑换21先令。也就是规定本位金属和非本位金属之间的确定比例关系。这样，只要在这种法定比例一直有效的情况下，本位金属和非本位金属的区别，就只是名义上的了。

但是，如果这种法定比例发生变化，本位金属和非本位金属的区别，又不仅仅是名义上的了。在一切账目、债务都用银币计算的场合，如果1几尼金币的法定价格，上升为22先令或者下降为20先令，则如果用金币偿还债务，就会发生很大的变化。在上升为22先令的时候，所需要的金币就会少；在下降为20先令的时候，所需要的金币就会多。而如果仍旧用银币偿还债务，就不会有这种变化。这样，似乎是用银来衡量金的价值，而不是用金来衡量银的价值。这种差别完全是因为人们习惯使用银币记账，银是本位金属而金不是本位金属。

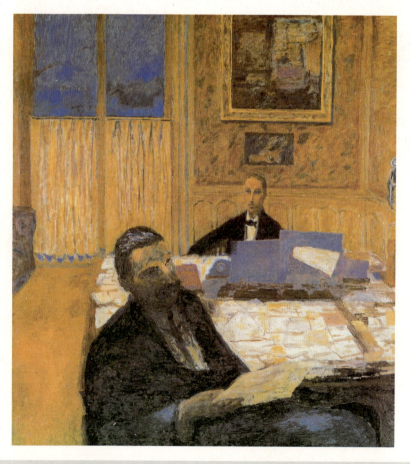

再例如一张德拉蒙期票，标明价值金币25几尼或者50几尼。法定比例发生变化后，若用银币支付，就会发生很大的不同。在这种情况下，又似乎是金的价值稳定而银的价值不稳，用金来衡量银的价值，而非用银来衡量金的价值。所以，如果人们都习惯用金币记账，那么金就成为本位金属而不再是银了。

班汉·德·菲勒兄弟肖像 皮埃·波纳尔 油画 1920年

商人在用货币进行交换时，可以使用本位货币，也可以使用非本位货币。国家规定了本位货币与非本位货币之间的法定比例，在市场中这种比例关系不时发生变化，采取不同的方式偿付就会产生明显的价值差异。图为商人菲勒兄弟在办公室里处理事务。

在某一种法定比例持续有效时，各金属铸币的价值，其实由最昂贵金属的价值决定。例如在英格兰，12便士铜币本应含铜0.5磅，但是由于磨损，或使用劣质铜，其实价值还不到7便士。但是法律规定12便士铜币兑换1先令银币，于是它在市场上就被看作值1先令银币，并且随时可以兑换成1先令银币。再说最近的金币改革。在此之前，金币，至少是伦敦以及附近周边流通的金币，比起大量磨损的银币来说，价值很少跌落到标准以下；金币改革之后，政府更模仿邻国，采取手段使金币尽量接近标准，并且规定政府部门只能按照重量接受金币——只要这个命令一直有效，就可以维持金币的价值不变。而银币则继续不断磨损。但是在市场上，21先令这种磨损的银币，仍旧能够兑换1几尼足值的金币。这样，这次金币改革显然抬高了能和金币兑换的银币的价值。

需要指出，对商品的货币价值，我总是理解为商品出售后获得的纯金或纯银的数量，而根本不在意铸币的名称。例如，爱德华一世时的6先令8便士，我认为等同于现在的1英镑，因为它们包含相等数量的纯银。

康普顿一景 本杰明·布雷肯奈尔·特纳 摄影 1853年

　　在大多数人的印象里，乡村中出产的谷物是价格最容易出现波动的商品之一，而金、银一类贵金属的价格则较为稳定。但实际上，金、银的市价不时地出现变动，而且就英格兰某种铸币所合不同金属的比价也处于不断的波动之中。图为英国康普顿乡间一景。

第6章　论商品价格的组成部分

在没有资本积累和土地私有的原始社会，人们交换物品的唯一标准，似乎是获得物品所需付出的劳动量的比例。例如，如果杀死一只海狸所需付出的劳动量是杀死一头鹿所需付出劳动量的两倍，那么一只海狸当然可以交换两头鹿。所以，两天或两小时的劳动所得价值是一天或一小时劳动所得价值的两倍，这是很自然的。

但是，假如一种劳动的难度比另一种劳动大很多，这个当然要予以考虑。一小时艰难劳动的所得，常常可以交换两小时简单劳动的所得。

如果一种劳动需要较高的技巧和智慧，那么出于对这种才能的尊重，也会对他的生产物予以较高的评价，而给以高于一般劳动时间的价值。这种才能往往是长时间实践的结果，所以给予其产品较高的价值，也是对获得这种才能所付出的劳动的合理的补偿。在现代社会，这种补偿往往以劳动工资的形式体现；在原始社会，也许也存在类似的补偿。

在原始社会，劳动的全部产出物都属于劳动者个人。一种物品所能交换和支配的劳动量，相等于生产这种物品所必须付出的劳动量。

某些人手里积累有资本以后，就会运用该资本，为其他人提供原材料和生活资料，以期通过售卖他人的劳动产品，获得原材料增值的利润。劳动产品的价格，除了足够支付原材料的价格和工人工资之外，还必须有相应的部分，作为企业家先期投入资本的利润。所以，工人劳动使原材料增加的价值，必

捕猎归来 水彩画 1896年 瑞士日内瓦历史与艺术博物馆藏

在人类初期最原始的野蛮社会，获取各种物品所需要的劳动量之间的比例，也许是各种物品相互交换的唯一标准。图中表现了居住在阿尔卑斯山脚下的瑞士人祖先正将猎回的羚羊等野兽运上茅屋前的平台。

须分成两部分：一部分用于支付工人的工资，一部分作为企业家的利润。如果企业家预期销售劳动产品的所得，少于他所垫付的资本金，那么他不会有兴趣雇佣工人；如果他的利润不能和资本金保持相当的比例，那么他只会进行小额投资而不会进行大额投资。

也许有人会认为，资本的利润，可以看作某种特殊劳动，即监督管理的劳动工资。但是，利润和工资是完全不同的，它们遵照完全不同的原则。资本的利润和监督管理这种劳动量、劳动强度、劳动技巧完全不成比例。利润完全受投入资本的价值支配，其大小与资本的大小成比例。例如，假设有某个地方，制造业资本的年利润一般为10%。有两个制造厂，分别雇用20名工人，每人每年的工资为15英镑，即每个工厂每年须支付的工人工资为300英镑。再假设一个工厂每年使用的粗糙原料价值为700英镑，而另一个工厂所使用的精细原料价值为7000英镑。那么，前者的投入资金为1000英镑，后者的投入资金为7300英镑。按10%的年利润计算，前一个企业家每年预期的利润只有100英镑，而后一个企业家的利润则为730英镑。他们的利润虽然如此不同，可是他们的监督指挥劳动却完全相同或基本相同。在很多大工厂里，这种劳动一般由一位重要的雇员担任，他的工资，在严格意义上表达了这种监督指挥劳动的价值。虽然在确定这个工资时，会考虑他的技巧和娴熟程度，以及他所肩负的责任，但是这仍旧不与他所监管的资本的大小成比例。而对资本的所有者来说，虽然几乎没有劳动，但是却仍然期望得到和资本成比例的利润。所以，商品的价格，包含资本利润和工人工资两部分。资本利润和工人工资完全不同，遵照不同的原则。

在这种情况下，劳动产品并不都属于劳动者个人，而必须与资本所有者共有。生产这种商品所必须付出的劳动量，也不能决定它所能购买和支配的劳动量。很明显，必须考虑垫付劳动工资和提供原材料的资本的利润。

一国的土地，如果成为私有财产，土地的地主，像其他人一样，都想不劳而获，于是对于土地的自然产出物，也想获得地租。森林中的树木、田野里的草、大地的各种自然果实，在土地共有时代，劳动者只需出力去采，就可以获得，现在却必须付出额外的代价。就是必须获得土地产出物的采集权：他劳动所得的土地产出物，必须拿一部分交给地主，作为地租。于是，地租，成为绝大部分商品的价格的第三个组成部分。

必须指出，商品价格的这三个不同组成部分，其真实价值由各自所能购买和支配的劳动量决定。劳动，不仅衡量商品价格中分解为劳动的那部分价值，并且衡量分解为利润和地租的部分价值。

在任何社会，商品的价格都分解为这三个部分或其一。在现代社会，绝大部分商品的价格都分解为这三个部分，只是比例不同而已。

例如，谷物的价格，一部分支付地租，一部分支付劳动者的工资以及耕畜劳动的费用，第三部分即农场主的利润。这三者，直接或者最终构成谷物的价格。也许有人说，农场主的资本补充，即耕畜以及其他农具的消耗，应该作为第四个组成部分。但是，耕畜以及其他农具的价格，其实也是由上述三个部分组成。例如耕马，就是养马场的地租、养马工人的工资以及企业家垫付地租和工资的利润。所以，虽然谷物的价格，还要考虑支付耕马费用的一部分，但是整个价格，仍旧直接或最终分解为这三个部分，即地租、劳动和利润。

面粉的价格，必须在谷物价格的基础上，加上面粉场主的利润和其雇工的工资。面包的价格，必须再加上面包房主和其雇工的工资。此外，把谷物运到面粉厂、把面粉运到面包房，还需要劳动；运输工人的工资，以及垫付这些工资的利润，也必须考虑入价格之中。

亚麻的价格，也同样可以分为这三个部分。亚麻的加工，需要梳理、纺、织、漂白各个工序，这些工人的工资，以及雇佣他们的厂主的利润，都

羊毛业行会会标 *卢卡·代拉罗比亚 15世纪*

绝大多数商品的价格都可分为三个组成部分：地租、劳动者工资以及投资者的利润。中世纪城市经济的发现，使得一些保护劳动者和雇主利益的行会纷纷出现，这个雕刻在赤土色陶器上的彩色浮雕便是佛罗伦萨羊毛业行会的标志。

必须计入亚麻的价格。

一种产品，越接近于最终完成阶段，其价格中的工资和利润的部分，相比地租部分来说，比例越大。在生产过程中，不仅利润的项目增加，并且后一阶段的生产者，比前一阶段的生产者，能够获得更多的利润，因为后者比前者需要投入更多的资本。例如，雇佣织工的资本，必然大于雇佣纺工的资本，因为不仅要支付雇佣纺工的资本和利润，还要支付织工的工资。利润对资本必然保持一定的比例。

然而，即便在最先进的社会，也会有少数的商品，其价格中只含有劳动工资和资本利润两部分，还有更少数商品，

价格只由劳动工资构成。例如，海产鱼类的价格，只有两部分组成：一部分支付渔夫的工资，一部分支付渔业资本的利润。有时这种价格中也会含有地租，但极其少见，我后面会说明。内河渔业的情况则截然不同，至少在欧洲大部分地区来说是如此。鲑鱼业一般都要支付租金——这种租金，虽不能严格称为土地地租，但是无疑却和渔夫工资和渔业资本利润一样，构成鲑鱼价格的一部分。在苏格兰某些地方，穷人在海岸采集被称为"苏格兰玛瑙"的小石头，雕石者付给他们的价格中就只含劳动工资，而不含地租和利润的部分。

总之，任何商品的价格，必定由这三部分，或者其中之一构成。在支付了土地的地租，以及生产制造、运送产品到市场的全部劳动工资之外，剩下的必定是利润。

推而广之，构成一国全年所有商品的价格，也必定由这三部分，或者其中之一构成。并且，按照工资、利润、地租，分配给不同的人群。社会每年的劳动所得，或者说所有产品的价格，最初就是按照这种方式在社会成员之间进行分配。工资、利润和地租是所有收入和一切可交换价值的三个根本来源，所有其他收入归根结底也都来自这三种来源的某一个。

任何人，只要他的收入不是凭空所得，必然来自他的劳动、资本或者土地。来自劳动

穿起来 罗伯特·F·哈默斯蒂尔 摄影 1994年
　　物品的制造越接近于完成，其价格中工资与利润的部分和地租部分相比较便越大。雇用织工的资本，必须大于雇用纺工的资本，而将衣料制成成衣的资本也必然大于纺织衣料的成本。

的收入称为工资。来自投资的收入称为利润。有资本不自用，而是转借他人，所得的收入称为货币的利息。出借人既然给借款人获得利润的机会，借款人自然要支付一部分利润作为出借人的利息。利息作为一种派生收入，借款人偿还利息所使用的款项，如果不是来自于借款投资的利润，必然来自其他收入。完全由土地获得的收入称为地租，属于地主。农场主的收入，一部分来自劳动，另一部分来自资本。对他来说，土地不过是使他能够获得劳动工资和资本利润的工具。一切赋税，一切来自于赋税的收入，如薪金、养老金和各种年金，归根结底都来自于这三项根本收入，都直接或间接从工资、利润、地租获得。

　　这三种收入，分属于不同的人时很容易区分，但是同时属于一个人的时候，就很难区分。

　　例如，耕种自己一部分土地的乡绅，在支付了雇工的工资之后，必然要以地主的身份获得地租，同时还要以农场主的身份获得资本的利润。但是，他习惯于把这些所得都称为利润，于是就把利润和地租混为一谈了。我国在北美和西印度群岛的种植园主，他们多数耕种自己的土地，我们经常听他们谈起种植园的利润，但是很少听他们提及种植园的地租。

墨西哥的金盏花农 班尼·列曼 摄影 1990年

　　图中的金盏花农，既是耕作者，恰巧又是耕作土地的主人，同时又对金盏花的种植投注了资金，他的收入中混合了工资、利润及地租这几种收入的构成成分，但人们往往把它们与单纯的利润混为一谈。

又例如，农场主一般很少雇佣监工来管理农场的工作，而是自己也参与大量的工作，如犁田、收割等等。所以，他的所得，在支付了地租之后，剩下的不仅有投入资本和资本的利润，并且也包含他作为监工和工人的劳动工资。但是，他往往把支付了地租和收回了资本以后，剩下的统统算作利润。这样，又把利润和工资混为一谈了。

再例如，一个独立的制造业者，他有足够的资本，来购买原材料，以及维持自己的生活，直到将产品送入市场。他的所得，不仅有作为工人的劳动工资，并且有作为老板的资本利润。但是，他的这些所得往往统称为利润。在这种情况下，又把利润和工资混为一谈了。

一个在自己的花园里亲手栽种植物的人，同时身兼三种身份：地主、农场主和工人。他的所得，一部分支付他作为地主的地租，一部分支付他作为农场主的利润，一部分支付他作为工人的工资。但是，他通常把所有收入都看作利润，于是，这又把地租、工资和利润混为一谈了。

在文明国家里，很少有商品其交换价值仅由劳动构成，大部分商品的交换价值中，地租和利润占到相当部分。所以，一国劳动的全年产出物，所能购买和支配的劳动量，远远大于生产制造和运输它们到市场所需要的劳动量。如果一个社会每年所能购买的劳动量，都用来再次投入生产，那么由于劳动量不断扩大的原因，后一年的产出物，其价值总是比前一年的大。但是，由于在任何国家，每年的劳动产出物，都不是仅用来供给劳动阶层，还有一个不劳动的阶层，消耗大量产出物。所以，一个国家的年产物的平均价值，是逐年增加，还是逐年减少，还是不增不减，要看这些年产物在它的两个阶层中的分配情况。

种植园主的收入 杰罗姆·利布林 摄影 1962年

工资、利润、地租这三种不同的收入，当它们属于同一个人（如种植园主）时，是非常容易混淆的。种植园主的收入对应于应支付给地主的地租、农业家的利润和劳动者工资，但他通常却把他的全部收入看作他的劳动所得。

第7章 论商品的自然价格和市场价格

在任何国家和临近地区，各种用途的劳动工资和资本利润，都有一个一般比率或者平均比率。我下面将说明，这种一般比率，一部分受社会一般情况，如贫富、进步或退步的影响，一部分受其特殊用途的影响。同样在任何国家和临近地区，地租也有一个一般比率或者平均比率，它一部分受社会一般情况的影响，一部分受土地的性质，如自然肥沃或人工改良的影响。

这种一般或平均比率，称为当时当地通行的工资自然率、利润自然率、地租自然率。如果一种商品，其出售价格，恰好等于按这种自然率生产、制造和运输这种商品到市场所需要支付的工资、利润和地租，那么就说这种商品是按照其自然价格出售的。

商品这样卖出，正好等于其实际价值，或者说等于商人的实际成本——包含其应得的利润部分。一般商品的进价中，并不含这一利润，然而如果他不能按照当时的自然率售出，那么他就承受了损失；而如果他把这笔钱用在其他的地方，就可以获得这一利润。他的利润就是他的收入，是他的生活资料的正当来源。他在将货物制造出来并送入市场的过程中，要垫付工人的工资，也同时垫付了自己的生活资料。这一部分生活资料，与他售出商品所得的合理利润，大体相

黑色乡镇 康斯坦丁·莫尼耶 油画 1893年

人们投资用于生产商品，所获的利润就是他们在投资过程中的收入，也是他们生活资料的正当来源。商品所获利润高于一般利润率，投资者将获得较高的回报。康斯坦丁在画中描绘了19世纪一个平凡小乡镇，在资本利润的驱动下，正日益转变为忙碌喧嚣的工业中心。

当。所以，售出商品如果不能获得相应的利润，他就等于没有收回付出的成本。

商品的自然价格（包含这一合理利润），虽然未必是一个商人肯出售这种商品的最低价格，但却是相当长时期内他愿意出售的最低价格。至少在能够随意变换职业的情况下是如此（因为他如果不能在出售这种商品上获得应该的利润，那么他就可以转而出售另一种商品）。

商品在市场上卖出的实际价格，叫做它的市场价格。市场价格有时候高于自然价格，有时候低于自然价格，有时候与自然价格相等。

商品的市场价格，决定于这种商品的实际供应量，与愿意支付它的自然价格的人的比例关系。愿意支付它的自然价格的人称为有效需求者，而这种需求称为有效需求——只有有效需求才可能使一件商品被售出。有效需求和绝对需求不同。例如，一个贫民，也有想拥有一辆6匹马拉的大车的需求，但是这并不是有效需求，因为没有一件产品是为了满足他的这一需求而被送入市场的。

市场上任何商品的供应量，如果不能满足所有有效需求，而某些有效需求者又不愿放弃这一需求，那么在他们之间，就会产生价格的竞争。竞争导致市场价格高于自然价格，其高出的程度，取决于商品匮乏的程度，以及竞争者富有和浪费的程度。但在同样富有和浪费程度的竞争者中，竞争的激烈程度，往往取决于这一商品对他们的重要程度。所以在城市受到

市场对价格的调节

商品出卖的实际价格，叫做它的市场价格，而这一价格经常会随市场供求的变化而产生波动。欧洲小镇中餐厅菜单的订价绝大多数时间都是固定的，但有时也会受菜蔬或海鲜时价变化的影响，而临时打出变更的告示。

封锁或者遭遇饥荒时，生活必需品的价格总是非常昂贵。

反之，如果商品的供应量大于有效需求的数量，那么必然有一部分商品不能按照自然价格出售，而只能按低于自然价格的价格出售。这必然会拉低整个市场价格，使市场价格低于自然价格。低的程度，取决于超出额在多大程度上能增加卖方的竞争，或者他们急于售出商品的程度。在超出程度相同的情况下，易腐烂的商品要比耐用品更容易引起激烈的卖方竞争。例如，输入柑橘过多，就比输入旧铁器过多更能引发激烈的卖方竞争。

如果市场上这种商品的供应量不多不少，那么市场价格等于或大体等于自然价格。所有的商品都能够以自然价格售出，但是不能售得更高的价格。竞争使得所有的商人都必须接受这一价格，但是不能使他们接受更低的价格。

市场上每种商品的供应量都会自动适应有效需求。因为，供应量少于有效需求，对卖方市场有利，供应量多于有效需求，对买方市场有利。

如果市场上某一商品的供应量大于有效需求，那么它的价格的某一组成部分必然会低于自然率。如果这一部分是地租，那么地主出于对自身利益的关心，就会收回一部分土地。同样，如果这一部分是利润或者工资，那么雇主和工人也会出于对自身利益的关心，收回一部分资本或者劳动。这样，商品的供应量不久就会适合有效需求，商品价格的各组成部分也会回升到各自的自然率，从而整体市场价格与自然价格一致。

反之，如果市场上某一商品的供应量小于有效需求，那么它的价格的某一组成部分必然会高于自然率。如果这一部分是地租，那么地主出于对自身利益的关心，就会投入更多的土

趋向平衡的市场 1814年

在英国约克郡的一个布匹交易大厅中，一些头戴黑礼帽的商人和布商正在谈论布匹的质量和价格。市场上的布匹供应量一旦超过它的有效需求，它的价格的某些组成部分必定会降到自然利润率以下，刺激生产者减少布匹的供应量。

地。如果这一部分是利润或者工资，那么雇主和工人也会出于对自身利益的关心，投入一部分资本或者劳动。这样，商品的供应量不久就会满足有效需求，商品价格的各组成部分也会回落到各自的自然率，从而使整体市场价格与自然价格一致。

这样，商品的自然价格就成为市场价格的中心，所有市场价格都受其吸引。虽然由于偶然因素，市场价格会高于或者低于自然价格，不能持久地稳定在自然价格，但是它总是趋向于自然价格。

每年为使商品投入市场所付出的劳动量，也尽量按照这种方式适合有效需求。目的是提供足够的产品满足有效需求，而又不提供过多。

在某些行业，相同的劳动量每年所产出的量可以大大不同，而在另一些行业，相同的劳动量每年的产出量都一样，或者相差不多。例如在农业中，同样的劳动量，在不同的年份，可以产出数量非常不同的谷物、葡萄酒、油类、啤酒花等等；但是在纺织业，同样数量的纺工和织工，每年的麻布和呢绒产量都差不多。就前一种行业来说，适合有效需求的生产量，其实是

红磨坊舞会 劳特累特 油画 1890年

　　各种商品的市场价格，虽说遵照着一条不断趋向自然价格的永恒趋势，但同时却又是非常容易受到种种因素影响的，就像这红舞坊中女人的舞步，时时刻刻都会出现令人难以捉摸的变化。

一个平均额，而实际生产量，则有时候极多，有时候极少，所以有效需求即使不变，市场价格还是会时高时低，频繁和大幅变动。在后一种行业，由于同样劳动量的产出基本相同，所以生产量能够更容易适合有效需求；在有效需求保持不变的情况下，市场价格也保持不变，基本跟自然价格相等。大家都有这种经验，即麻布和呢绒的市场价格，跟谷物相比，远没有后者变动那么频繁和大幅度。这是因为麻布和呢绒的市场价格只是根据有效需求变动，而谷物的价格，不仅要根据有效需求变动，并且要根据生产量的巨大、频繁变动而变动。

商品市场价格的偶然和暂时波动，主要影响价格中工资和利润的部分，地租部分受到的影响较小。以货币形式支付的地租，无论从价值还是比率来看，都不会受到影响。以谷物形式支付的地租，由于谷物的市场价格会年年波动，无疑会影响当年的价值，但是每年的比率则几乎没有影响。而在确定租约条件的时候，地主和农业经营者，都会按照所知，尽量使地租适合谷物平均和一般的价格，而不是偶然和暂时的价格。

商品市场价格的偶然和暂时波动情况，要看当时市场上积存商品或劳动的供需情况，或者说，要看当时已经完成的工作和等待完成的工作的多寡而定。例如，一次国丧会提高黑布的市场价格，因为这时黑布的数量往往不够，于是持有多量黑布的商人的利润就增加了。但是，增加的只是商人的利润，织工的工资则没有影响。因为市场情况是积存商品不足，而不

是积存劳动不足，是已经完成的工作不足，而不是等待完成的工作不足。但是，裁缝的工资会因此提高。因为在这种情况下，感到不足的是劳动，对于等待完成的工作，有效需求大于实际供应量。这次国丧还会降低彩色丝绸的市场价格，使持有多量彩色丝绸的商人的利润降低，也会降低制造彩色丝绸的劳动者的工资。因为这时候，对于彩色丝绸，以及制造彩色丝

织厂里的学徒

学徒法规是另一种意义上的垄断行为，织厂出现伊始对技术的保护使行业中所有产品的市价得以长久地超过自然价格，从而使劳动者及投资人都获得丰厚的回报。

绸的劳动者的需求量，都会暂时停顿半年甚至一年。这时这类商品和劳动的供应量都大于有效需求量。

商品的市场价格，虽然有向自然价格靠拢的趋势，但是，很多商品的市场价格，由于某种特殊原因，却能在相当长的时期内大大高于自然价格。

由于有效需求增加，某种商品的市场价格大大高于自然价格，这时，这种商品的供应者往往会小心地隐瞒这种供需情况。因为一旦大家都了解，丰厚的利润就会吸引大量竞争者投入资本生产这种商品，有效需求得到充分满足，市场价格就会回落到自然价格，甚至低于自然价格。当供应者远离市场的时候，往往能够保守这个秘密数年——但是得承认，不可能永远保守这个秘密，而在这个秘密还没有广为人知的时候，就可以维持较高的利润率。

制造业方面的秘密，往往能比商业上的秘密，保守更长的时间。例如一个染工，发现了一种染料制法，其价格只是一般染料的一半，只要他严守其口，往往能够终生享受这一得益，甚至能够惠及子孙。这种得益，来源于他个人劳动的高价格，在某种程度上，可以说这是他的高工资。但是由于他的资本反复地获得这一收益，并且这一收益和他的资本总额保持一定的比例，所以通常不说这是劳动的高工资，而说是资本的额外利润。

市场价格的这种抬高，显然是由于某种意外事件，而其作用往往可以持续很多年。

商业行会 约13世纪

在波罗的海哥德兰岛的维斯比港，商业行会内商人们组建的船队正在港内停憩。建立一个行会，要由它所在的城市执政官颁发许可。到14世纪时，一些行会已具备了相当的实力，不但拥有自己的货币和法律，还能直接与外国统治者协商并进行贸易。

有些自然产物，必须有特殊的气候和土壤条件，即便把所有符合条件的土地都使用上，也不能满足有效需求。所以，这种商品可以卖给愿意出特殊高价的人，这一价格大大高于自然价格。这种高价往往可以持续几个世纪。在其价格中，地租部分往往高于按自然率计算的地租，而劳动工资和资本利润部分则符合自然率。例如，法国那些土壤和位置优良的珍贵葡萄种植园，跟临近土壤和位置同样优良的一般产物种植地，地租就没有固定的比例关系。

市场价格的这种抬高，显然是由于自然原因，而其作用可能持续到永远。

给个人或者公司以垄断权，其作用类似于制造业或商业中的保守秘密。垄断者会故意造成供不应求，从而以大大超出自然价格的市场价格卖出商品。他们的报酬，无论是劳动工资还是资本利润，都大大超出自然率。

垄断价格在任何时期，都是可能得到的最高价格；自然价格，或者自由竞争的价格，在长时期内，都是可能得到的最低价格。垄断价格是向买者勒索的最高价格，或者认为买者会接受的最高价格；自然价格，或者自由竞争的价格，是卖者所能接受的最低价格，也是他能够继续从业的最低价格。

同业组织的排他特权、学徒法规，以及对特殊行业的人数限制，都是某种程度的垄断。这种垄断，往往使该行业的商品市场价格，长时期高于自然价格，其劳动工资和资本利润部分，也高于自然率。

政府首脑会议

1851年，德国政府首脑卡尔·乔格·马森（左二）等人在水晶宫召开会议。斯密在《国富论》中再三反对政府对经济的干预，他认为这种干预，特别是这种干预所带来的垄断，将使市场的经济规律失衡，使民众遭受不应有的损失。

市场价格的这种抬高，显然是由于某些法规，只要这些法规继续存在，这种作用就会持续下去。

商品的市场价格，可能长期高于自然价格，但不可能长期低于自然价格。价格中的任何一部分，只要低于自然率，与其有关的人马上就能感到损失，从而立刻收回相应的土地、资

本或者劳动投入，使进入市场的商品数量，恰恰只够满足有效需求，从而市场价格等于自然价格——至少在交易完全自由的地方是如此。

在制造业繁荣的时候，学徒法规或者其他垄断性法规，能够使从业者的劳动工资提高到自然率之上，但是当制造业衰微的时候，它又会使从业者的劳动工资降低到自然率之下。这是因为，在前一种情况下，它会阻止其他竞争者进入这一行业，在后一种情况下，它又妨碍从业者离开这一行业。但是，这些法规，对提高从业者的劳动工资能够起到相当长时间的作用，对降低他们的工资却不能够这么长久。对前者来说，这是因为这些法规能够起到相当长时间的作用；对后者来说，只要受到这些法规约束的人死去，而又没有补充者，学习这一行业的人就会越来越少，从而适应有效需求。但是对像古埃及和古印度那样，由于秉行父职受到教义的规定，否则就是触犯神灵，所以才能长时期使某一行业的工资或资本利润低于自然率。

关于商品的自然价格和市场价格，它们之间的差异以及相互关系，我要说的就这么多。

自然价格，会随着各组成部分，即工资、利润和地租的自然率变化而变化。而自然率，会随着一个社会的贫富、进步或衰退情况而变化。我将在下面4章里，竭力说明这些变化。

垄断对劳动力市场的影响

垄断的存在使劳动力的价格不再直接受市场需求影响，从各个方面都限制了劳动力的自由流动。图为一名建筑工人正在工地中检查拌制的水泥。

第8章 论劳动工资

劳动的产品构成劳动的自然报酬或自然工资。

在没有土地私有和资本积累以前的原始社会状态下，劳动的全部产品归劳动者所有，没有地主和雇主分享他的劳动所得。

这种状态持续下去，由于分工带来生产力的改进，从而提高劳动者的工资。所有产品都会越来越便宜，因为只需使用较小的劳动量就能把它们生产出来。

但是，虽然所有的物品实际上越来越便宜，但从表面上看，有些东西则比以前更贵。例如，假设在大多数行业中生产力提高到10倍，即在1天中能生产出过去10天才能生产的产品；而某一特定行业的生产力只提高到2倍，或者说1天的劳动只能生产出过去2天的生产量。由于等量劳动的产品能够互相交换，所以大多数行业1天的产品能够交换特定行业1天的产品。但以过去的标准比较，这相当于大多数行业10天的产品才能交换特定行业2天的产品，对前者来说，后者是以前的5倍。但是实际上，无论前者还是后者，都比以前便宜了很多。

劳动者独享所有劳动产品的这种状态，在出现土地私有和资本积累之后，便不存在了。远在生产力还没有重大改进之前，这一原始状态就已经结束。所以，探讨这种状态对劳动报酬或工资具有什么影响，就没有必要了。

土地一旦变为私有财产，地主就要求劳动者从土地的所有产出中分他一份。所以，地租成为劳动产品中首先要扣除的一份。

一般的耕田者都没有生活资料来维持他的生活到田产收获的时候，这些由雇佣

马铃薯 荷西－朱利亚 油画 1898年

在原始的劳动状态下，劳动者生产的一切都是他将收获的劳动成果，而一旦土地私有，农民劳动的一部分就被以地主以地租的形成分走，再之后又出现资本家从中分取利润，于是，劳动者自己的所得十分微薄，仅够维持起码的生活！

他的农场主预先垫付。如果农场主不能从耕田者的产品中获得利润，他就不会垫付这些生活资料。所以，农场主的资本利润，成为劳动产品中第二个要扣除的项目。

其实，扣除利润，不独在农业中如此，在一切其他行业都是如此。在手工业和制造业中，大多数工人都需要雇主预先垫付原材料、工资和生活费，雇主分享他们的劳动产品。雇主所分享的这一部分劳动产品，就是资本的利润。

一个独立工作的工人，有时候也有足够的资本，去购买原材料，并支付自己的生活费。这样，全部的劳动产品都归他所得。但是，他是以工人和雇主两种身份获得原材料的附加价值的，他的收益就是劳动的工资和资本的利润。

可是这种情况并不多见。在全欧洲，更常见的是，1个雇主手下有20个工人为雇主工作（大概比例如此）。并且，劳动工资这个词汇，一般都理解为，一个人为另一个人打工的劳动所得，一方为单纯劳动者，另一方为雇佣他的资本所有者。

在任何地方，劳动工资都取决于双方订立的契约。而双方的利益是绝对不一致的：劳动者希望多得，雇主希望少给。双方就在这样的利益基础上联合起来。

但在一般情况下，要预知在矛盾冲突中谁占上风谁处下风毫不困难。雇主的人数比较少，容易团结；劳动者不仅人数多，难统一，并且他们的联合被法律禁止。我们有很多法案禁止劳动者联合起来讨要较高的工资，却没有一项法案禁止雇主联合起来支付较少的工资。并且，在冲突中，雇主比劳动者更加能够坚持。地主、农场主、企业家等，他们由于有充足的资本，即便支持一两年不雇佣劳动者也没有关系；但是，很少有劳动者能够支持一个星期或一个月不工作，能坚持一年的几乎没有。所以从长期看，虽然雇主和劳动者同样需要对方，但是雇主对劳动者的需求程度没有劳动者对雇主的需求程度迫切。

人们经常听到劳动者联合起来讨

满足需要的神奇柜子

雇主们为使劳动工资不超过其实际工资率，随时随地都有一种秘而不宣的团结一致的结合。劳动者虽然痛恨资方的这种秘密结合，却往往无抵抗地屈服，因为他们缺乏足够的金钱与雇主持续对抗，生活必需的物质需求最终总是迫使他们成为作出让步的一方。

要高工资，却很少听说雇主们联合起来压低工资。但是，如果说雇主们从不联合起来，这就显得不通世故了。事实上，雇主们为了使劳动工资低于实际工资率，随时有一种秘而不宣的自然联合。只是由于这种联合没有公开说出来，所以一般感觉不到。此外，雇主们还有一种非常时期的秘密联合，这种联合就保持得更为隐秘，而很多劳动者虽然感到这种秘密联合，但是都无抵抗地屈服，从而其他人都不知道。

为了对抗雇主的联合，劳动者们也有自己的组织（例如工会），此外还有自发的联合，讨要高工资。他们所持的理由，要么是生活费昂贵，要么是雇主榨取的利润过高。无论是防御性联合还是进攻性联合都广为人知。为了得到迅速解决，他们高声呐喊，甚至使用可怕的暴力。他们处于绝望的境地，而铤而走险，要么自己被饿死，要么雇主们立刻满足他们的要求。而雇主们这时也高声呐喊起来，要求政府严格执行禁止劳动者联合的严酷法律。劳动者的这种暴动式联合很少有什么收益，他们要么由于政府的干涉，要么由于雇主们更能坚持，要么多数劳动者为了眼前生计而自己屈服，多数结果都是带头者被惩罚而一败涂地。

不过，虽然雇主们在劳资冲突中能够占到上风，但是似乎还是存在一个最低工资限度。

恋人游乐园酒吧 马奈 油画 1882年

　　酒吧女郎面带悲哀失落的表情，周围的环境一点也没有影响她落寞的心情。这是马奈给人们留下的最后一张杰作，几乎每一个细节都从内向外散发着迷人的美丽。从经济学的角度来看，有些社会尽管已相当富裕，其发展却陷入长期停滞，市场中的劳动力是无法从中获益，并享受幸福生活的。

在长时期内，即便是最低级的劳动者，他的工资也不能低于这一限度。

一个靠劳动以赚取工资生活的人，工资必须至少能养活他；在大多数场合，还得比这稍高一些，因为他除了养活自己之外，还必须赡养家室。肯迪隆先生说："最低级的劳动者，假如他还有一对子

女，那么他必须至少赚取双倍的工资，以供养自己和子女；至于他的妻子，由于要花精力抚养孩子，劳动所得仅够养活自己而已。再考虑到贫苦人家，小孩的夭亡率极高，那么他至少要养4个子女，才能保证存活2个。"但肯迪隆先生认为，养活4个孩子跟养活2个孩子所需的生活费差不多，都跟一个成年人必须的生活费相当。肯迪隆先生还认为，一个健壮奴隶的价值双倍于他的生活费，而一个最低级的劳动者，其价值至少不能低于一个健壮的奴隶。不管怎样计算，有一点是肯定的，即：一对最低级的劳动者夫妇，他们的工资，必须比他们的生活费稍高一些。至于高出多少，这个比例如何计算，我不想确定。

很明显，上述工资是符合人道标准的最低工资。在有些情况下，劳动者处于有利的地位，能够使自己的工资大大高于这个最低标准。

一个国家里，如果对于劳动者的需求很大，或者说，提供劳动者的就业机会非常多，那么他们就没有必要联合起来闹暴动。雇主们自己就会互相竞争用高价抢夺劳动者，他们之间的自然联合也就消除了。

很明显，这种对于劳动者需求的增加，与预计用来作为劳动者工资的资金的增加成比例。这种资金有两种：一种是超出必须生活费之外的收入，一种是超出雇主必须资本之外的资本。

地主、领取年金者、有钱人，如果他们的收入足以维持自身和家人的生活，那么他们一定会拿出剩余额来雇佣一些仆人。剩余额越多，雇佣的仆人也越多。

织工、鞋匠，这种独立工作的劳动者，如果他的资本，除了购买原材料，以及维持自己

小纺纱工

在较长一段时期内来看，劳动者的工资不可能低于一个最低限度，即劳动者的工资必须要能够维持自身及家人的生活。18世纪初，蒸汽机的出现推动了机器大生产时代的加速到来，大量妇女和儿童进入工厂，成为资本家原始积累的牺牲品。

生活必需之外，还有剩余，他一定拿它来雇佣帮工，以获取更多的利润。剩余额越多，雇佣的帮工也越多。

所以，对劳动者的需求，随着一国收入和资本的增加而增加。收入和资本不增加，对劳动者的需求也不会增加。一国的收入和资本，就是该国的财富。所以，对劳动者的需求，随着国家财富的增加而增加。国家财富不增加，对劳动者的需求也不会增加。

然而，使劳动工资增加的，不是国家财富的实际大小，而是国家财富的增值速度。所以最高工资不是出现在最富有的国家，而是在发展最快的国家。现在英格兰的确比北美殖民地总体而言要富有，但是劳动工资却没有北美殖民地高。在纽约，普通工人每天赚美币3先令6便士，折合英币2先令；造船的木工每天赚10先令6便士，外加值英币6便士

的一品脱朗姆酒，共合英币6先令6便士；建房的木工和泥瓦匠，每天8先令，合英币4先令6便士；裁缝工人，每天5先令，约合英币2先令10便士。全都高于伦敦的价格。据说其他殖民地的劳动工资跟纽约一样高。而在北美各地，谷物的价格都比英格兰低。北美从来没有发生过饥荒，即便在歉收的年代，也只是减少出口罢了，不会影响自身的使用。所以，北美殖民地劳动的货币价格，如果比母国高，那么它的真实价格，也就是劳动者购买和支配生活必需品、便利品的能力，肯定比母国更高。

中国一向是世界上最富有的国家，土地最肥沃，耕作最精细，人口最多也最勤劳。但是，中国似乎长期以来已经陷于停滞。500年前马可·波罗所做的游记，跟今天欧洲人到中国回来所写的笔记，描述几乎一样。也许早在马可·波罗之前，中国就已经发展到其制度所能允许的最大程度。旅行家们的记述虽然经常彼此矛盾，但是对于中国普通劳动者求生的困难，却是众口一词。中国的农民，虽然终日劳作，所得若能够买一点稻米，就会觉得很高兴。技工的处境更为困难：欧洲的技工可以坐在家里悠哉地等待顾客上门，中国的技工就不得不随身携带

纽约 乔德·科伯 摄影 1990年

人们为什么会竞相涌入大城市寻找机会？不用做精细的计算，只需一个简单的比较就可以使我们知道在城市中发展产业比在乡村要有利得多，城市中雇主对劳动者的需求量更大，竞争的存在使得城市的劳动者可以获得更加优厚的工资。

工具，到处寻找工作以求糊口。中国下层劳动者的贫困程度，远远超过欧洲最贫困国家的劳动者。据说在广州附近，有数千家贫民，没有陆上的住所，只能栖息于河道的小船。他们缺衣少食，甚至争夺欧洲船只抛弃的最肮脏的垃圾。腐烂的动物尸体，例如死猫或者死狗，已经一半溃烂发臭，他们也像得到了卫生食物一样高兴。此外，中国人鼓励结婚，并不是因为生儿育女有利，而是因为可以自由杀害他们。在大城市里，每天晚上都有婴儿被抛弃街头，或者像小狗一样被溺死。这种可怕的杀婴行为，据说是某些人公然自认的谋生手段。

不过，中国虽然长时期处于停滞状态，但还没有退步。在那里，没有被遗弃的城市，没有被荒废的土地。每年被雇佣的劳动量，仍是不变，或几乎不变。所以，指定用来支付劳动工资的资金，也没有减少。下层劳动者的生活资料虽然匮乏，但还能勉强支持下去，维持本阶层的正常人口不变。

在指定用来支付劳动工资的资金显著减少的国家，情况就迥然不同了。在这些国家，每一年各行各业所需要的劳动量，都比上一年减少。上层社会的职业者，也不得不到下层社会寻找工作。于是在下层社会，不仅本阶层的人难找到工作，还挤进了其他阶层的人。结果，寻找工作的竞争极其激烈，以致劳动工资降低到非常悲惨的地步，劳动者不得不忍受极少的生活资料。即便如此，还是有很多人找不到工作，他们要么被饿死，要么沦为乞丐，要么不得不铤而走险成为可怕的凶犯。贫困、饥饿、死亡，从下层社会逐渐向上蔓延，波及全国，直到该国的人口减少到收入和资本仅足以维持的程度。孟加拉，以及

老北京人

在西方学者眼中，中国的富庶在世界上几乎是无与伦比的，但由于它的经济发展已长久地陷入停滞，底层劳动者的生活十分清苦。

东印度的其他英属殖民地,情况大概就是如此。如果一个国家土地肥沃,人口已经大量减少,生活资料并不难于获得,但是每年仍旧有三四十万人因饥饿而濒于死亡,那么可以断言,这是因为用来支付劳动工资的资金迅速减少的缘故。英国保护和统治北美的政治结构,与压迫、压制东印度的商业结构比较,两者的不同性质,在此得到了极好的说明。

所以,丰厚的劳动报酬,是国家财富增加的必然结果,也是国家财富增加的自然征兆;而贫穷劳动者的生活资料不足,是社会停滞不前的征兆;劳动者处于饥饿状态,是社会急速退步的征兆。

社会下层阶级生活状况的改善,对整个社会来说是有利还是有害呢?这个问题的答案非常明显。在任何社会,下层阶级的人数都占整个社会的大多数,对社会大多数人有利的事情,绝不能对整个社会有害。而大多数人陷于贫困状态的社会,绝不能说是繁荣幸福的社会。并且,供给整个社会衣食住行的人,也应该从自己的劳动中获得一部分,满足自己的衣

一家三代的饥饿 乔·罗宾 摄影 1992年

几乎用同样的姿势,祖父、父亲和孩子同时用手捂住了脸,身体上的肌肉与热量一起消耗殆尽,露出嶙峋的骨骼。这是1992年的索马里,当一个国家用来维持劳动的资金正显著减少,甚至不足以维持下层劳动者的生活,就足以说明这个国家的社会与经济正处于急速的倒退之中。

食住行，这才是社会公正。

贫穷无疑会使人不想结婚，但是并不能阻止结婚。贫穷甚至还有利于生育。在苏格兰高地，一个处于半饥饿状态的妇女往往能生育20多个子女，而贵族阶级的妇女却经常不能生育，或者至多只能生育两三个子女。奢侈的生活，似乎能够激起妇女享乐的欲望，但是却削弱甚至破坏了她们的生育能力。

贫困虽不能阻止生育，但是却极其不利于抚养孩子。娇嫩的幼苗诞生了，但是在严酷的环境里却迅速枯萎死亡。我常听说，苏格兰高地一个生有20个孩子的母亲，她的孩子最后只能有一个长大成人。几个见多识广的军官告诉我，在军营出生的士兵的子女，就算是补充部队所需的吹鼓手，也嫌不够，可是在军营见到的可爱的孩子，却比其他地方都多。唯一的原因就是，他们还没等长到十三四岁，就纷纷地夭折了。有些地方，孩子不满4岁，就死去一半；很多地方，孩子在7岁前死去一半；孩子在9岁、10岁时死去一半，在各地的下层阶级中是普遍现象。下层阶级虽然生的孩子多，但是死亡率也很高，很少有孩子能够活到成年。因为他们不能像上层阶级那样注意抚养。在育婴堂，以及教区慈善会里收养的孩子，死亡率更加高。

各种动物的繁殖，都跟生活资料的多寡自然形成比例。没有一种动物能够超过这一比例繁殖。可是在文明社会，只有下层阶级才会因为生活资料匮乏而限制人类的繁殖。为了限制繁殖，他们只有忍心杀死自己多

盖普夫人

　　19世纪英国文豪狄更斯曾以他的生花妙笔描述了不少生动的社会底层人物形象，而盖普夫人则是《马丁·瞿述伟》中最受欢迎的一个。

晾衣服妇女 卡米勒·毕沙罗 油画 1887年

　　一旦下层劳动者所获的工资不足以抚养其子女甚至维持自己的生存需要，劳动力的供给就会立即显示出缺乏，从而使对劳动力的竞争趋向激烈。毕沙罗在这幅画中热切地尝试了印象派画家所标榜的"直觉的色感及奔放的画法"，刻画了19世纪社会动荡中的温馨场面。

子女婚姻所产生的大多数子女。

　　丰厚的劳动报酬，使劳动者能够改善子女的生长环境，养活更多的子女，从而突破上述限制。需要指出，上述限度突破的程度，也必然和对劳动者需求的程度相适应。如果对劳动者的需求增加，劳动报酬必然鼓励结婚和生育，使他们增殖人口，来供给劳动者。任何时候，要是劳动报酬不鼓励人口增殖，过不了多久劳动报酬就会因为劳动者的缺乏提高；相反，要是劳动报酬过分鼓励人口增殖，不久劳动报酬又会因为劳动者的过多而下降。在前一场合，市场上的劳动者供给不足，在后一场合，劳动者的供给过多，两者最后都迫使劳动价格回到社会适合的水平。所以，就像供需关系左右着市场上其他商品的生产一样，对人口的供需也决定着人类的繁殖。生产过于迟缓，就需要促进；过于迅速，就需要抑制。在世界各地，无论是北美、欧洲，还是中国，支配和决定人口繁殖的正是这种供需关系。它在北美，成为人口迅速增加的原因，在欧洲，成为人口缓慢而逐渐增加的原因，在中国，则成为人口不增不减的原因。

雇佣者

　　劳动者工资的增加对于雇佣者而言，未必是一件坏事。工资的增加意味着资本会随之增加。资本的增长则会促进劳动生产力的提高，以较少的劳动生产更多的产品。图中法国工人正在连接通话的电缆，电话是又一项使人类活动效率得到提高的伟大发明。

　　有人说，奴隶的生活资料由主人提供，而自由雇工的生活费用由自己支出。其实，自由雇工和奴隶一样，生活费用也由雇主提供。因为支付给各种雇工的工资，按照社会需求的增加、减少、不增不减，必须能够维持他们的生活。不过，虽然雇工和奴隶的消费都是由雇主支出，但是雇工却要比奴隶的消费少一些。因为奴隶的消费由主人或监工管理，雇工的消费却由自己管理。富人家的管理方式凌乱、挥霍无度，穷人家的管理方式则精打细算、小心谨慎。所以，奴隶的消费支出必然比雇工的消费支出要高。根据各个时期、各个国家的经验，我相信，一个自由人的产品，必然比一个奴隶的产品其价格要低廉，即便在波士顿、纽约、费城这些劳动工资普遍较高的地方也是如此。

　　所以，丰厚的劳动报酬，既是国家财富增加的结果，也是人口增加的原因。对丰厚的劳动报酬口出怨言，就是对社会繁荣昌盛的原因和结果口出怨言。

　　也许应该指出，不是在社会极度富裕的时候，而是在社会处于进步状态、逐渐走向富裕的时候，贫穷的劳动者——社会的最大多数成员的生活状态，才是最幸福、最舒适的。在社会发展静止的状态，生活是艰难的；在社会退步的状态，生活是悲惨的。进步的社会状态是

收拾鲜鱼的女仆 皮尔特尔·德·胡克 油画 19世纪60年代

　　劳动价格，即劳动者的工资，与食物的价格也不存在着简单的对应关系。劳动价格一方面受生活物资的价格影响，另一方面也被对劳动力的需求所左右。荷兰家庭雇佣的女仆，即使在物价低廉的时期，如果市场中可供雇佣的女仆较为稀缺的话，也能拿到较高的工资。

社会各阶层快乐兴旺的状态，静止是呆滞的状态，退步是悲哀的状态。

丰厚的劳动报酬鼓励人们生育，也鼓励他们勤勉地工作。高工资，是对勤勉工作的奖励。勤勉，也像人类的其他品质一样，受到奖励的激励。丰富的生活资料增强了劳动者的体力，增大他们改善生活状况的良好愿望；在丰衣足食中终其一生的良好愿望，促使他们更加勤勉地工作。所以，在高工资的地方，我们总是看到工人们更加快乐、勤勉、迅速地工作。比较英格兰和苏格兰，大都市和穷乡僻壤，就会看到这种不同。当然，有些劳动者如果能够在4天挣够一星期的生活资料，其余3天就懒散而无所事事，但是大多数人都不是这样。

但是，如果采用按件计酬的方式，就会有很多劳动者因为过度劳动而损害自己的健康。据说在伦敦以及其他一些地方，很少有木匠能够精力充沛地工作到8年以上。在工人按件计酬的各个行业，情况都是如此。例如在制造业，甚至普通工资比较高的农业，这种事情时有发生。几乎所有各类工匠，都因为劳动过度而患有轻重不同的某种职业病。有一位叫拉马齐尼的著名意大利医生，对这种疾病曾有专著。士兵，通常并不被认为是最勤勉的人群，但是他们在按件计酬进行某项特殊工程时，军官常常不得不规定他们一天所能获得的钱数，按某一报酬率，不得超过一定数额。在这一规定实施之前，士兵们经常因为希望获得更多的酬劳，而劳累过度，损害健康。

一星期4天的过度劳累，是其余3天闲散的真正原因，而世人对这3天的闲散，却横加指责、议论不休。人们在紧张的体力劳动或者脑力劳动之后，自然会需要休息、放松。这是理所当然的要求，除非受到某种强力的禁止，必须得到满足。自然的天性要求，在紧张工作之后，得到

来去匆匆的东京人 卡伦·卡斯玛斯克 摄影 1991年

　　相对于奴隶制而言，雇佣方式可以使雇主在经济方面的损失降至最低，因为缘自于懒惰、疏忽等因素的损失，在奴隶社会将归于奴隶主，而在雇佣的时代里，却归于被雇佣者自身。这正是现代人的生活节奏不断加快的根本原因。

适当程度的休息方式——或者是悠闲自在一会儿，或者是纵情娱乐一会儿。如果不这样，就会发生危险，甚至致命。不然，迟早也会得上某种职业病。如果一个雇主具有理性，并怀有人道主义，他就不应该鼓励劳动者勤勉地工作，而要他们适度地工作。我相信，在各行各业，如果一个人适度地工作，那么他不但能够长期健康地工作，而且能在一年中完成更多的工作。

有人说，在物价低廉的时候，劳动者比较懒惰，而在物价高昂的时候，劳动者比较勤快。他们由此得到结论：生活资料丰富，会使劳动者变懒，而生活资料匮乏，会使劳动者变勤快。说生活资料比往常丰富，会使一部分人变得懒惰不愿工作，这是不错的，但是要说这会使大部分人都变得懒惰不愿工作——或者说，人们在饿肚子的时候比在吃饱的时候工作好，在沮丧的时候比在快乐的时候工作好，在生病的时候比在健康的时候工作好，这却是大可怀疑的。有必要指出，对一般人民来说，饥馑的年代往往是疾病和死亡流行的时候，而疾病和死亡总会使生产物减少。

在物价低廉的时候，雇工往往离开雇主自己谋生。而物价低廉，使用雇佣工人的资金增加，

巴塞罗那市场 摄影 1962年

在劳动报酬特别优厚的情况下，劳动者身体的损耗往往更快，他们不能理性地看待人类身体的极限。因此，雇佣者应该设置最高收益的额度，从而使劳动力得到持久的使用。图为在巴塞罗那市场内，一名装卸工人正竭尽全力地调整着比他身高更高的装满货物的小车。

雇主就需要雇佣更多的工人。因为与其把谷物放在市场上低价出售，不如用来养活更多的工人来获得更大的利润。对雇工的需求增加，而雇工的供给却减少，所以劳动价格在物价低廉时上升。

在物资匮乏的年代，由于生计困难，自谋生路的工人们又急于获得原来辞去的工作。而谷物昂贵，又使雇主们用来雇佣工人的资金减少，从而需要减少雇工的数量。此外在物价昂贵的年代，贫穷的独立工人，不得不拿原来购买原材料的资金来购买生活资料，而沦为雇工。对雇工的需求减少，而雇工的供给却增加，所以劳动价格在物价昂贵时下降。

所以，各类雇主在物价昂贵的时候和雇工签订契约，比在物价低廉的时候更为有利。并且他们会觉得，雇工在物价昂贵的时候比物价低廉的时候态度更温顺、更依赖他们。所以雇主们会喜欢物价昂贵的年代，也是很自然的。此外，地主和农场主会喜欢物价昂贵的年代，还有一个原因，就是他们的地租和利润，大部分决定于谷物的价格。不过，要是以为人们为他人干活会比为自己干活卖力，那就太荒谬了。一个贫穷的独立工人，甚至要比一个按件计酬的雇工，工作更加勤勉。因为前者的劳动所得全由自己独享，后者却必须和雇主分享。大制造厂的雇工，常常会被恶友引诱而道德败坏，为自己工作的独立工人却不容易受到这种影

英格兰海岸上 威廉·霍尔曼·亨特 油画 1852年

在物资丰厚的日子里，劳动力的市场会表现出清淡的景象，这时更多的雇工会脱离他们的雇主，试图独立做些什么。譬如有些农民会选择自己畜养绵羊，而不再从事为他人牧羊的工作。威廉·霍尔曼·亨特是拉斐尔前派的代表性画家，这幅《英格兰海岸上》具有极度绚烂夺目的视觉效果。

响。工资以月或者年结算的雇工，无论干多干少都得到同样的工资，与之相比，一个独立工人的工作效率当然更高。物价昂贵的年代，倾向于提高独立工人对雇工的比例，而物价低廉的年代，则会降低这种比例。

麦桑斯先生是法国一个博学多才的作家，曾在圣·艾蒂安选举时担任税收官。他曾经比较过埃尔伯夫的粗毛纺织业、卢昂地区的麻纺织业和丝织业，这三种不同的制造业在物价低廉的年份和物价昂贵的年份的生产量和价值。他的报告表明，这三种制造业在物价低廉的年份都比在物价昂贵的年份，生产量和价值要大。这三种制造业都处于停滞的状态，也就是说，它们虽然一年和一年的情况不同，但是总体而言，既没有进步，也没有退步。

苏格兰的麻纺织业和约克郡西区的粗毛纺织业，同是正在发展中的制造业。它们虽然年年的情况都不一样，但是从生产量和价值两方面来说，都处于增长趋势。我曾经研究过它们公布的年度生产报告，没有发现产量和每年的物价低廉或者昂贵有明显关系。1740年是物质严重匮乏的一年，的确，这两种制造业产量都有大幅下降。但在物质同样严重匮乏的1756年，苏格兰的麻纺织业却比往年有更大的增长。而在同年，约克郡的粗毛纺织业却大幅下降，直到1766年废止美洲印花税法之后，产量才回升到1755年的水平。1766年及次年，约克郡的粗毛纺织业产量达到前所未有的程度，并且此后一直不断增长。

贩卖腌鱼

两个德国鱼贩正在核对青鱼的数量，并把它们放在木桶里用盐腌上，以便从海岸地区运走。这种远销外地的商品，其生产量必然会随需求地区的需求数量而变化，亚当·斯密据此指出：过于简单的对商品价格与生产量之间的关系作出判断是不可取的。

以远销异国为目的的大型制造业的生产量，与其说是取决于产地国每年物价的低廉或高昂，不如说取决于消费国每年的需求情况，取决于战争还是和平，取决于其他竞争制造业的兴衰，取决于主要顾客的消费心情好坏。此外，也许在物价低廉时期所制造的产品中，有大量并没有登记在制造业的公开记录上。离开雇主的雇工，成为独立工人。妇女回到父母家中，用纺织给自己以及家人制造衣服。甚至独立工人也不总是为大众制造商品，而是被邻居雇请制造家庭用具。所有这些经常没有登记，要么又登记得非常夸张，而我们的商人和制造业者，却往往根据这种不实记录，妄断最大帝国的盛衰。

虽然劳动价格的变动，不但不总是和食物价格的变动一致，并且经常是相反的，我们

却不能因此就认为，食物价格对劳动价格没有影响。劳动的货币价格必然受到两种情况支配：一是对劳动的需求，二是生活必需品和便利品的价格。对劳动的需求，决定着必须向劳动者提供的生活必需品和便利品的数量，而劳动的货币价格，决定于购买这些个数量所必需的金额。所以，虽然在食物价格低廉的地方有时劳动的货币价格已经很高，但是在食物价格昂贵的地方，劳动的需求保持不变，劳动的货币价格还会更高。

劳动的货币价格，在物质突然丰富的年份，由于对劳动的需求增加，而上升；在物质突然匮乏的年份，由于对劳动的需求减少，而下降。

在物质突然丰富的年份，雇主手中的资金，足够雇请到比往年更多数量的工人；但是却往往雇不到。于是雇主之间为了雇请工人而竞相抬价，从而提高了劳动的真实价格和货币价

四季的劳作 法国版画 15世纪

就总体而言在物价高涨时，雇佣者是更加喜欢这一时期的日子。首先，此时的劳动者对雇佣者的依赖更大。其次，雇佣者可从高涨的价格中获得更多的利润。法国版画《四季的劳作》描绘了劳动者在一年的12个月中辛勤劳作的景象。

格。在物质突然匮乏的年份，情况恰好相反。雇主手中的资金，不足以雇请到跟往年同样数量的工人，而大批工人因为失业，彼此竞价以获得工作，从而降低了劳动的真实价格和货币价格。例如在1740年的大荒年，很多人只要有口饭吃就愿意工作，而在之后的几个丰年里，要雇请到工人则很困难。

在荒年，食物价格昂贵，从而抬高劳动价格，但是在荒年，对劳动的需求减少，又会降低劳动价格。同样，在丰年，食物价格低廉，从而降低劳动价格，但是在丰年，对劳动的需求增加，又会抬高劳动价格。食物价格随着年收成时而跌落时而上升，而劳动价格却因为两种对立的趋势互相抵消，这也许就是劳动价格在任何地方，都比食物价格显得更稳定、坚挺的原因吧。

劳动工资增加，从而商品价格中工资部分的比例增加，从而抬高商品的价格，减少国内外对这种商品的消费量。但是，使劳动工资增加的原因，即资本的增加，又会增加劳动生产力，使较少的劳动量就能生产较多的产品，从而降低商品的价格。雇佣大量工人的资本家，为了自己的利益，必然尽量使工人生产出最多的产品。为此，他对工人进行最完善的分工，并提供他们所能想到的最好的机械。在一个工厂里所发生的事情，必然扩展到整个社会。劳动者人数越多，分工就越精密。更多人从事对先进机械的研究，先进机械就更容易发明出来。因为精密分工和先进机械的使用，使用较少的劳动量就能生产出更多的产品。这些劳动量的减少，抵偿劳动工资增加引起的商品价格抬高绰绰有余。

西班牙面包师傅 *弗尔南多·格里洛 摄影 1967年*

  法国人麦桑斯在其任职税收官时根据调查作出判断，物品的价格与其生产量恰好成反比。也就是说，物价低时，面包师傅倾向于做出更多的面包以弥补他的收入，而物价高时，他很可能因对自己的收入感到满意而并不想付出更多的劳动。

第9章　论资本利润

资本利润的增减，跟劳动工资一样，也取决于社会财富的增减。但是社会财富对两者的影响，却绝不相同。

资本的增加，提高了工资，而降低了利润。某一行业，当许多富商都投入资本时，由于彼此竞争，自然会降低这一行业的利润。一个社会的各种行业，如果资本都同样增加，那么竞争的结果必然会导致所有行业的利润都下降。

前面说过，要确定某一特定时间和地点的劳动的平均工资，非常不易，就算是能确定，也是最一般的工资。而相比之下，资本的利润就更加难以确定。利润极易变动，即便是专营某一行业多年的人，也不一定能说出他某年所获得的利润是多少。资本的利润，不但受到商品价格的影响，还受到竞争者以及顾客的影响，以及商品在运送和储藏中所发生的意外变故的影响。利润率不但年年变、日日变，甚至时时变。所以，要确定一国内各个行业的平均利润率，非常困难，至于要精确测定过去或现在的平均利润，那就更加不可能了。

虽然精确测定过去或现在的平均利润不可能，但是，我们却可以通过对货币利息的观察，略知其梗概。首先可以确定一个原则：凡是在货币使用能够得到较多利益的地方，利息也较高；凡是在货币使用不能得到较多利益的地方，利息就较低。于是可以确信：一个国家资本平均利润的变化，必然跟市场的平均利息率保持一致。利息高，则利润高；利息低，则利润低。所以，可以根据利息率的变化，略知资本利润的变化。

亨利八世第三十七年颁布的法律规定：一切利息不得超过10%。由此可以推断，之前的利息率有时高于10%。热心宗教的爱德华六世统治时期，由于受宗教影响，规定一律不得收取利息，但是这一禁令跟所有其他同样性质的禁令一样，都没有起到作用，而人们受高利贷的迫害，反而更深了。伊丽莎

难以确定的商业利润

相对于工资，利润似乎更加难以确定。尽管我们可以确定在某一行业内，资本的增加会导致竞争加剧，利润减少，然而毕竟还有商品价格、运输费用，甚至顾客在该阶段的购买欲望等诸多难以预料的因素在分别对利润形成影响。

白第十三年颁布的法律第八条规定，使亨利八世的法令又重新生效。自此，10%长期作为法定利息率，直到詹姆斯一世第二十一年，才改为8%；复辟后不久，降至6%；安妮女王第十二年时，再降至5%。这一切变动的时机，都极为适当：它们都是在市场利息率（即有良好信用的人借款的一般利息率）发生变动之后才跟着变的，而不是走在之前。自安妮女王时代以来，5%的利息率似乎高于市场利息率。在最近一次战争以前，政府曾经以3%的利息率借款。在王国的首都以及其他许多地方，信用良好的人一般按3.5%，4%，4.5%的利息率借款。

自亨利八世以来，英格兰的财富一直在增加，并且增加的速度越来越快。在这个过程中，劳动工资不断增加，而大多数工商业的资本利润则不断减少。

在大城市经营某一行业，通常需要比在乡村更多的资本。在大城市，由于各个行业都有大量的资金投入和竞争者，所以资本利润率比乡村的要低。但是，城市的劳动工资一般都比乡村要高。在繁荣的城市，拥有大量资本的雇主往往雇不到需要数量的工人，于是互相竞争，抬高劳动工资，而资本利润率下降。在偏远的乡村，由于缺乏大量资本雇佣所有的劳动者，于是他们互相竞争以获得工作，降低了劳动工资，而资本利润率提高。

在苏格兰，虽然法定利息率与英格兰一样，但是市场利息率却略高一些。在当地，信用良好的人，一般不能以少于5%的利息率借款。在苏格兰，几乎经营所有产业，需要的资本都比英格兰要少。所以苏格兰的一般利润率高于英格兰。前文已经说过，苏格兰的劳动工资

金字塔广场 吉赛柏·德·尼提 油画 1875年

同样经营一种产业，在大都市里不仅会遇到更多的竞争对手，就连雇佣工人也并非像乡村中那样容易和廉价。都市的繁华与不断涌现的机会形成许多人无法抗拒的吸引力，但只有当身处其中，才会清晰地体会到激烈的竞争与生存的危机。

比英格兰低。此外，苏格兰比英格兰穷得多，发展的速度也慢得多（虽然也处于明显的进步状态中）。

以领土面积和人口多少的比例而言，荷兰比英格兰富有。荷兰政府以2%的利息率借款，而信用良好的人以3%的利息率借款。据说，荷兰的劳动工资比英格兰高。大家也都知道，在荷兰从事任何行业所得的利润都比欧洲其他国家低。有人说荷兰的商业正在衰退，也许就某些行业来说确实如此，但是上述征候也表明，并没有全面衰退。利润率降低时，商人们很容易抱怨是商业衰退，但是其实这正是商业繁荣的自然结果，或者投入资本比以前更大的自然结果。在最近一次的英法战争中，荷兰人趁机获得了法国的所有运输业务，并且直到现在还有相当一部分掌握在其手中。而英法两国向荷兰所借的国债，也是荷兰的一笔大财富。据说，单是英国的国债，就有4千万英镑（但我认为这个数字过大）。此外，荷兰人还把巨额资金借给利息率较高的外国人。这些都表明，荷兰的资本过剩，或者说，他们的资本已经增加到不能在本国投资获得利润的程度，但是这并不表明商业衰退。正如经营某一特定行业所获得的私人资本，虽然增加到又能进行投在这一行业上的程度，但是这一行业仍在进步；一个大国的资本也可能这样。

在北美和西印度群岛的各殖民地，劳动工资、货币利息，以及资本利润，都比英格兰高。在各殖民地的法定利息率和市场利息率为6%到8%。不过，劳动的高工资和资本的高利

优越的荷兰 扬·斯滕 油画
　　较高的工资及较低的利润更能说明商业正处于繁荣的阶段。就如在亚当·斯密的年代，荷兰素以商业利润最低而闻名，但是其富裕程度仍远远超出英国。图为荷兰的一个普通中产家庭，画面传达出一种轻松而自在的氛围。

润，唯有在新殖民地的特殊情况下才存在，在其他地方是很少见的。在新殖民地，其领土与资本的比例、资本与人口的比例，与其他国家和地区相比都低。雇主的资本不足以在全部领土上投资，所以他们只投资于土壤最肥沃、位置最佳的沿海、沿河地区。所投入的资本往往比这些土地的自然出产物的价值要低，所以他们能获得极丰厚的利润，而支付高额的借款利息。迅速增值的资本，能使他们雇佣更多的工人，以至于很快当地的劳动者就数量不够雇用了，所以劳动者的工资就大大提高。但是，随着殖民地的扩大，资本的利润逐渐降低。肥沃、位置佳的土地占完了，就只能投资于相对较次的土地，因而资本的利润率降低，所需支付的利息率也降低。所以在本世纪，我国大部分殖民地的法定利息率和市场利息率都大大降低。随着财富、人口的增加，资本利润降低，劳动工资却不随着资本利润的降低而降低。只要资本增加，不管利润高低，对劳动的需求都会增加。资本利润虽然很低，资本却会继续增长，并且增长得越来越快。

就这一点来说，勤劳的国家和勤劳的个人一样。低利润的大资本比高利润的小资本增长更快。俗话说，"钱生钱"，已经有了小钱，获得大钱自然不难，难的是如何获得最初的小钱。这里，我对资本增长与有效劳动需求增长的关系，已经作了部分说明，更详细的说明，我将在后面讲到资本积累的时候说到。

新领土的获得或者新行业的发展，也会提高资本的利润率，从而提高货币的利息率。由于一国的资本不够投入新获得或者新发展所带来的全部业务，只能投入利润最高的行业。必然有一部分资本从原来的旧行业撤出来，投入更为有利的新行业。于是旧行业的竞争压力减小，商品供应减少，商品价格提高，从而资本

攫夺财富的殖民者 1878年

另一种获得高利润的方法，则是在压低劳动工资的同时，提高商品的价格。尽管这种状态在绝大多数时间内是不可能实现的，但殖民地的出现却为之创造了条件。殖民者对其殖民地上生活的人们施以恐怖的暴力统治，以期在短时间内获得巨大的资产。

利润率提高，货币的利息率提高。在最近的一次战争结束后不久，信用良好的个人，以及伦敦一些大商号，以5%的利息率借款，而在战争之前，他们没支付过高于4%或者4.5%的利息率。我国占领了北美和西印度群岛的殖民地后，我国的领土和商业都得到了增长，这一事实充分说明了上述论点，用不着假想不列颠的资本存量减少。旧资本需要应付那么多新业务，必然会减少对很多行业的投入，从而这些行业的竞争压力减小，利润必然增大。我相信，最近一次的战争，并没有使不列颠的资本存量减少，其原因我将在后面说明。

社会的资本存量，即维持产业的资金减少，可以使劳动工资降低，从而使资本利润率以及货币利息率提高。劳动工资降低，社会上剩余资本的所有者，就能够以比从前低的成本为市场提供商品，由于他们提供给市场的资本比以前少，所以能够以比从前高的价格出售商品。支出的少，获得的多，他们的利润从两方面增加，所以能够支付很高的利息率。在孟加拉以及东印度的其他英属殖民地，获得巨额财富是那么快、那么容易，这一事实可以证明这些地方的劳动工资非常低，而资本利润率非常高。货币利息率也相应地非常高。孟加拉的农场主往往以40%、50%或60%的利息率借入资金，而以下一次的收获物作为抵押。能够支付这种高额利息的利润，必然吞噬地主的几乎全部地租。这样高额的利息，也

必然吞噬利润的大部分。罗马共和国衰亡以前，各省在总督们竭泽而渔的暴政下，这样的高利贷似乎触目皆是。西塞罗的信件告诉我们，即便是有道德的布鲁塔斯也曾在塞浦路斯岛以48%的高利息放贷。

一个国家的财富，如果发展到它的土壤、气候，以及位置，所能容许的最大极限，陷于停滞，却还没有退步，那么它的劳动工资和资本利润，可能降到非常低的程度。一个国家的人口，如果已经多到领土以及资本所能供养的最大限度，处于饱和，那么就业竞争一定非常激烈，而使劳动工资降低到仅够维持劳动者人数的地步，由于人口已经饱和，劳动者的人数也不会继续增加。一个国家的资本，如果和国内所有必须经

新兴行业的利润

一个新兴行业在市场中必然缺少与之抗衡的竞争者，以大量的生产供应市场需求，同时获得高昂的利润。近代电视及电脑的商品化可以算作很好的例子，这些产品进入市场后所赢得的巨大利润几乎是人尽皆知的。

营的行业所需要的资本相比，已经达到饱和，那么这些行业所使用的资本，就达到该行业的性质和范围所能允许的最大程度。在这种情况下，各行业的竞争都非常激烈，从而使利润率降低到不能再降的程度。

然而，也许没有一个国家曾经达到如上所说的这种富裕程度。

一个国家法律上的缺陷，有时会使该国的利息率大大高于实际贫富程度所要求的程度。法律如果不能强制人履行契约，那么借款者的地位，就跟法制完善国家中破产和信用不良者的地位一样。出借人收回贷款的高风险，促使他向借款者索要高额的利息率。在侵略罗马帝国西部各省的野蛮民族中，履行契约长时期只是依靠双方的信义，没有裁判所干预，所以当时的利息率非常高，这恐怕也是一部分原因。

法律完全禁止收取利息，这也是不妥当的——实际也不可能做到。必然有人需要向他人借款，而出借人需要收取相应的利息作为报酬，此外，因为要冒违反法律的风险，还要多加一点利息。孟德斯鸠说："国家的利息率之所以高，不是因为国家穷，部分是因为法律禁止收取利息，部分是因为贷款难以收回。"

最低的一般利润率，除了补偿投资中可能遭遇的各种损失之外，还需要有一点剩余。这剩余的部分利润，就是所谓净利润或纯利润。一般所说的毛利润，除了含有净利润，还含有补偿投资中可能遭遇各种损失的部分。借款人所能够支付的利息，只与净利润成比例。

耶那桥下的塞纳河的雪景 保罗·高更 油画 1875年

在尚不十分发达的社会中，资本总额不高，因此有相对较多的机会可供投资，而一旦社会财富达到最高的状态，劳动者的工资与资本家的利润都降低到不能再低。画面中原始的平涂与极度复杂的塑形显然是高更惯用的绘画手法。

向他人出借资金，即便相当谨慎，也有遭遇意外损失的可能。所以，和一般利润率一样，一般利息率，除了补偿可能遭遇的各种损失之外，还必须有一点剩余。如果没有这点剩余，那么就只能是出于同情或者友情了。

在一个财富已经达到极限的国家，各行业的投入资本都达到其性质和范围所允许的最大程度，一般净利润率变得极低，从而所能负担的利息率也变得极低。其结果是，除了大富豪之外，任何人都不能依靠货币利息生活。所有小、中有产者，都不得不自己监管资本的使用，从而人人都成为商人。荷兰现在的情况，似乎就是这样。每一个荷兰人都是商人，都从事某种经营，经商成为时尚。而时尚影响风俗，正如衣着过时会惹人嘲笑一样，在荷兰不经商，也会惹人嘲笑。一个不经商的人在荷兰，就如一个文人在军营里一样尴尬。

最高的一般利润率，也许是这样：它占去商品价格中属于地租部分的全部，而剩下

只够支付生产制造和运输商品到市场的劳动的最低工资，即仅够维持工人生活的工资。因为要工人劳动，就必须养活他们，而地主则可以不给。东印度公司在孟加拉所获得的高额利润，大概跟这个差不多。

通常市场利息率与一般净利润率所应当保持的比例，必然随着利润的升降而变动。在大不列颠，商人们一般把双倍于利息的利润称作适中合理的利润。我把这理解为所谓毛利润。在一般净利润率为8%或10%的国家，借款来经营的人，支付利润的一半作为利息可能是合理的。资本的风险由借款人承担，他似乎为出借人买保险。在大部分行业中，4%或5%的利润率，足以抵偿他所冒的风险，也足以作为他辛苦所得的报酬。可是，在一般利润率过低或过高的国家里，就不可能有上述利息与净利润的比例关系。利润率过低时，也许不能拿出一半作为利息；利润率很高时，就能拿出一半以上作为利息。

财富迅速增加的国家，能够以低利润率补偿劳动的高工资，从而能够以同样低廉的商品价格，和周围不太发达、劳动工资较低的邻国进行竞争。

其实，高利润比高工资更会抬高商品的价格。例如，在麻纺织业中，如果洗麻工、纺工、织工等各种工人的工资每人每天提高2便士，那么一匹麻布价格所要提高的数额，只等于雇工的人数乘以他们的工作天数，再乘以2便士。商品价格中属于工资的部分，在所有制造阶段，只是按算术级数递次提高。但是，如果这些工人所有雇主们的利润都提高5%，那

奥福德电力汽车

　　财富雄厚的国家必须以较低的利润率来弥补高工资对商品价格的影响，从而以较低廉的商品与他国竞争。事实上，高利润对于商品价格的影响更甚于高工资，在制造业更是如此。图为1896年奥福德工厂推出的以电力作为动力的汽车，但它在速度方面无法与汽油驱动的汽车竞争。

么商品价格中属于利润的部分，在所有制造阶段，却会按几何级数递次提高。也就是说，洗麻工的雇主在售麻时，除了要求垫付的原材料以及工人工资外，还要求增加5%的利润率。纺工的雇主、织工的雇主，也都会在垫付的原材料以及工人工资外，再要求5%的利润率。这样，高利润对抬高商品价格的作用，就相当于复利对抬高债务的作用，而高工资对抬高商品价格的作用，只相当于单利对抬高债务的作用。我国的商人和制造业者，对高工资抬高商品价格，从而导致对外销量减少，总是牢骚满腹，但是对高利润抬高商品价格，则只字不提。他们对自己造成的恶果保持沉默，对他人造成的恶果却喋喋不休。

加工羊毛

　　在极度富有的社会里，一般利润率已降至最低限度，任何人都无法仅依靠借出资本收取利息生活。就像荷兰在18世纪几乎全民皆商的情况一样，人们必须兼取工资与利润两部分的收入，才能维持日常生活。图为一个荷兰家庭正在加工羊毛。

第10章　论工资和利润随劳动和资本的用途不同而不同

在同一个地方，虽然劳动和资本有多种不同的用途，但是它们的收益肯定都相等，或接近相等。假如有某一种用途有明显的不利因素，那么人们肯定会纷纷离开它，而转向其他有利的用途，到最后，所有的用途的收益肯定都差不多。在一个充分自由，每一个人都能自由选择自己的职业，并且能够随时改变职业的社会，情况必然如此。每个人出于对自身利益的关心，必然选择有利的用途，而避开不利的用途。

的确在欧洲各地，工人工资和资本家的利润，随着劳动和资本的用途不同而有很大差别，但这自有其特殊的原因。一种原因是各种用途本身的情况，这些情况抵消了促使其收益与一般收益平等的因素，例如本来某一行业只有微薄利润，一般情况下人们会离开这个行业而使之衰微，但是由于这一行业的某些特殊性，使其利润得以相当补偿，而维持了下来，反之对一些行业的高额利润则进行干预。另一种原因是欧洲各国的政策都不允许事物完全自由地发展。

本章就分两节来讨论这两种原因。

卖蜡烛的人 1966年

个人工资收入一般应与付出的劳动相匹配，但事实上往往并非如此。从事屠夫、刽子手等一些肮脏恶心、人人厌弃的工作，可能会得到意想不到的高额报酬，而如马德里街头蜡烛店里的这名店员一样，因为可以在整洁的环境中工作，并不会获得很高的报酬。

第一节　由于用途本身的性质所产生的不平等

　　根据我的观察，主要有以下5种情况抵消了促使某一职业的收益与一般收益平等的因素。第一，职业本身给劳动者带来的愉悦程度；第二，学习这种职业的难易程度，学费多寡；第三，这种职业的稳定性；第四，这种职业所承担的责任轻重程度；第五，在这种职业获得成功的可能性。

　　第一种：根据工作的难易程度、洁净程度，以及受到的尊敬程度不同，工资有高下之别。例如在大多数地方，缝工比织工挣得少，因为缝工的工作比较容易；织工比铁匠挣得少，因为织工的工作干净得多；铁匠工作12小时，没有普通煤矿工8小时挣得多，因为铁匠的工作没有煤矿工那么危险、肮脏。对尊贵的职业来说，荣誉是报酬的大部分，但是出于各种原因，这种职业的报酬一般都很有限。而对卑贱的职业来说情况正相反。屠夫的职

业既野蛮又讨厌，但在许多地方报酬都比大部分其他普通职业多。刽子手是最招人嫌恶的职业，可是与其工作量相比，他的报酬比任何普通职业者都多。

　　不愉快和不名誉对资本利润的影响和对劳动工资的影响相同。小旅馆或小酒店的老板不得不忍受醉客的蛮横无理，他们的职业既不名誉又不愉快，但是在普通行业中，很少有能像这样以小额资本得到大额利润的。

　　第二种：根据学习这种职业的难易程度，学费多寡，工资各不相同。我们购买高价机器，必然期望在机器毁损以前，依靠其特殊作业收回投下的资本并至少获得普通利润。一种

资格证书上的图章

　　欧洲的政策规定，把所有机械师、技师、制造业者的劳动都看成是技术劳动，而将所有农村劳动者的劳动都看作是普通劳动。劳动中的技术含量越来越关键性地影响工资的高低。图为欧洲第一个"工程师联合会"会员证上的图章。

费去许多精力和时间才学会的需要特殊技巧和熟练程度的职业，与这种情况类似的。这种职业者在工作时，必然期望除获得普通工资外，还收回全部学费，并至少取得普通利润。考虑到人的寿命极不确定，所以还必须在适当期间内做到这一点，正如考虑到机器的寿命那样。熟练劳动和一般劳动的工资差异，就基于这个原则。

资本的利润则不大受这一因素影响。这大概是因为，各种投资方法就其学习的难易程度而言，其实都差不多。国内或国外贸易的任何行业，投资难度都一样，谁也不比谁更难。

第三种：职业的稳定性不同，工资也不同。有些职业比其他职业稳定得多。大部分制造业的工人一年中几乎每天都有工作。而泥瓦匠在天气不好时就完全没有工作，天气好时有没有工作还得看顾客有没有需要。所以泥瓦匠可能常常没有工作。他们一旦有了工作，其工资所得必须能够维持他们没有工作时候的生活，并且必须对这种不稳定所带来的焦虑、沮丧予以补偿。所以泥水匠的工资一般都有制造业工人的1.5倍，甚至2倍。制造业工人可以算普通劳动者，他们如果一星期可以获得四、五先令，泥瓦匠往往可得七、八先令。在伦敦，前者如为九、十先令，后者常为十五到十八先令。但是在各种熟练工种中，泥瓦匠的工种似乎最容易学习。据说，伦敦的轿夫在夏天有时候兼做泥瓦匠。所以这种劳动者的高工资，与其说是工作熟练的报酬，不如说是工作不稳定的补偿。

在任何行业，资本的一般利润都不受行业稳定性的影响。资本是否稳定地使用，不取决于行业，而取决于从事这个行业的人。

第四种：职业所承担的责任轻重程度不同，工资也不同。在各个地方，金匠和宝石匠的工资，都比其他普通劳动者的要高，尽管后者可能比前者需要更多的技巧。这是因为被托付给他们的材料很贵重。

画室 李恩·约翰逊 摄影 1997年

精巧艺术和自由职业的教育更加冗长乏味和费用高昂。因此，画师和雕刻师、律师和医生的货币报酬应当更加丰厚，而事实也正是如此。

我们把身体的健康托付给医生；把财产，有时甚至是生命和名誉托付给律师。这么重大的信任绝不能随便托付给微不足道的人。医生、律师的重要的社会地位，使得我们放心把这些托付给他们。而他们为这一重要社会地位所接受的长期教育以及付出的巨额费用，必然使他们的劳动价格很高。

一个人只是使用自己的资本经营生意，那么牵扯不到信任问题。至于他能否取得他人的信任而获得贷款，不取决于他的行业的性质，而取决于他人对他的财产、正直和智慧的判断。虽然不同的行业有不同的利润率，但是这跟职业者所承担的责任轻重毫无关系。

第五种：工资随职业成功可能性的大小而不同。一个人能否在他的职业上取得成功，随职业的不同而结果大不相同。一个学习机械的人，成功率比自由职业者大得多。例如，送一个儿子去学习制鞋，送另一个儿子学习法律，将来前者依靠制鞋而活的机会，比后者依

玛瑙高脚酒杯 约公元9世纪 大英博物馆藏

金匠与珠宝匠在工作中担负的责任重大，因此他们所得的工资要比许多行业中的劳动者更高。

屋内的妇与子 保罗·马迪 油画

伦敦城区只能为单独工作的裁缝工提供极其稀少的工作机会，因此伦敦裁缝工的工资比起小市镇的裁缝工资要高出许多倍。在马迪笔下，母亲正在熨烫送洗的衣服，而站在门外的儿子似乎并没有意识到母亲的辛劳，只顾着将好奇与探究的眼神望向外面的世界。

靠做律师而活的机会，比例至少是20∶1。在完全公平的彩票游戏中，中彩者应该得到落彩者所失去的全部。如果一个职业，只有1个人能够成功而20个人不能成功，那么这个人就应该得到那20个人得不到的全部。所以，对一个要到将近40岁时才能有所成就的律师来说，他的报酬应该不仅补偿他多年教育来所付出的巨额费用，并且还足以补偿其他20个人所付出的时间和费用。所以，律师的收费虽然有时候显得很高，但是比较一下，就会知道他们应该的收费更高。计算一下某个地方的鞋匠或织工这类普通工人的一年总收入和总支出，就会发现他们的收入一般多于支出。再用同样的方法计算一下该地律师或见习律师的一年总收入和总支出，就会发现，就算尽量高估他们的年收入，并尽量低估他们的年支出，他

们的年收入也只是年支出的小部分。所以，律师这种职业，绝不是回报完全公平的职业。律师，以及许多其他受尊敬的自由职业，就其收入来说，显然不能补偿他们的实际付出。

但这种出路狭窄的职业仍旧受到人们的青睐，大家都争先恐后地向这里挤。鼓舞他们这样做的原因有两个：第一，这一行业的顶尖者，其显赫的地位和收入引人羡慕；第二，所有人对自己的才能和运气，都或多或少具有天然的自信心。

各种用途的资本，其一般利润率或多或少都随收益的不确定性而不同。一般来说，对外贸易比国内贸易的收益不确定，对外贸易的某些部门比另一些部门的收益不确定。例如，对牙买加的贸易比对北美的贸易收益不确定。一般利润率随风险程度的增高而增高，但增高的

程度和风险的大小似乎不成比例，也就是说，增高的利润不一定能完全抵偿所冒的风险。风险最高的行业破产最常见。最危险的行业要算走私。冒险成功时得利固然丰厚，但这种冒险在绝大多数城市导致破产。对成功的狂热欲望诱使许多冒险家去做这种危险的生意，他们的竞争又使利润减低到不够补偿所冒风险的程度。要完全补偿风险，其一般收益应在资本的一般利润外，还对冒险家提供一种与保险人利润同性质的利润。但是，如果一般收益能够提供这些，那么这些行业就不那么容易破产了，所以这是不可能的。

　　所以，使劳动工资产生差异的5种情况，只有两种影响到资本的利润，即第一种和第五种。就第一种情况而言，虽然大多数资本的用途不同，导致工作的愉悦程度不同，但是利润都相差不多。就第五种情况而言，资本的一般利润虽然随着风险的增高而增高，但增高的程度不一定和风险的大小成比例。所以可以推论，在同一个社会里，各种用途资本的一般或平均利润率，和各种劳动的工资相比，更接近同一个水平。事实也正是如此。普通劳动者和生意好的律

偷窃者

　　与工资不同的是，资本的利润率首先与其投入行业收益率是否稳定有关。如果某一行业所冒的风险非常巨大，那也就意味着会有相当高的利润回报。在这种丰厚利润的诱惑下，许多人会抑制不住地甘冒风险，因此才会有走私、偷窃屡禁不止的现象出现。

师（或医生）比较，其收入差异明显比两种行业的一般利润率的差异大很多。并且，由于我们未必能把工资和利润区别开，所以各种行业利润表面上的差异往往靠不住。

人们一般认为，药剂师的利润属于暴利。在大城市中，生意最兴隆的药剂师，全年所卖出去的药品，成本也许不过三四十磅，但是卖出的价格却是三四百镑，换句话说，以10倍的利润出售。但是，这种表面上很大的利润其实只是药剂师的合理劳动工资。药剂师比其他一切技工都需要更精巧的技能，他被付托的责任也沉重得多。所以，他的报酬理当和他的技能，以及所托付的责任相称，而这一般是包含在药品的价格中。他的合理工资，除了加在药品价格上，没有其他方法取得。所以他的绝大部分利润，其实是穿上利润外衣的真实工资。

零售商与批发商表面上的利润差异，在城市比农村小得多。如果一个地方零售业的总投资为1万镑，零售商的劳动工资对于这么大资本的真实利润来说，就是微不足道的小部分。所以在那种地方，富裕的零售商和批发商表面上的利润更趋于相同。所以，商品的零售价格，城市里一般和农村同样低廉，甚至更加低廉。例如，城市的杂货比农村低廉得多，而面包与家畜肉往往是同样低廉。这是因为，把杂货运往城市的费用和运往农村的差不多，而谷物和牲畜由于要从很远的地方运来，运往城市的费用比运往农村的大得多。杂货的原价在城市和农村都一样，所以附加利润少的地方货物价格就低廉。面包和家畜肉的原价，城市比农村高，所以城市的利润虽然低，但是这些物品的售价未必低，而往往是同样低廉。对面包和家畜肉来说，表面利润减少是因为其原价增加。市场扩大，一方面会由于所用资本增加而减少表面利润，另一方面又会由于从远方供货而增加原价。表面利润的减少与原价的增加，在多数场合几乎互相抵消。所以谷物和牲畜的价格虽然在王国各地很不相同，但面包和家畜

保罗·嘉塞医生 诺伯·裘诺特 油画 1891年

有些医生也可能以几倍的价格卖出他们手中拥有的药品。从外表上看，人们可能会以为医生在售出药品时获得了巨大的利润，而忽略了医生的收入本就部分来自于这些药品利润的事实。

批发贸易和零售贸易的利润差异

大都市批发贸易所获的利润比乡村中零售贸易的利润少，但是在大城市的投资往往很快就能回收资金，甚至赚取大把的金钱。因为在乡村狭小的市场范围中，贸易不可能随着资本的扩大而扩大，投资者获得的利润率虽然很高，但总额却依旧很少，无法获得更快速的积累。图为一名乡村农场主正在催促他的雇工快些将猪运走。

肉的价格在大多数地方几乎相同。

虽然零售商和批发商的资本利润，在城市一般比在农村小，但是在城市里经常可以看到以小资本开始经营而发大财的人，在农村却几乎看不到一个。由于农村市场很狭隘，资本增加了，贸易未必随之扩大，所以在农村，虽然个别商人的利润很高，利润的总额却不大，每年的资金积累也有限。相反，城市的广阔市场使贸易能随资本的增加而扩大，并且勤俭商人的信用比其资本增加得更快。所以，他的经营随他的信用和资本的增加而扩张，利润总额随营业的扩张而增加，每年所积累的资金随利润总额的增加而加大。

但是，即使在大城市，由于从事某种一般行业而发大财的也很少见，发大财主要是由于长时期的勤勉、节约和小心经营。的确，在大城市往往有从事投机生意而突然致富的，但投机并不是一般性的行业。投机商往往今年是谷物商，明年是酒商，后年又是砂糖商、烟草商或茶商。只要他预见到某个行业有超过一般利润的可能，他就马上加入，而一旦预见到那种行业的利润将要跌落，他又马上离开。所以他的利润和损失，不

股市交易所 爱德加尔·德加 油画 1878—1879年

希望在短时间内获得巨大的利润，这样的机会唯有在大城市才能获得，唯有在商业和通讯足够发达的地方才能提供这种大风险投资所需的信息。图为两个神色凝重的男人正准备步入股市交易所，投入新的一轮战斗之中。

能与一般行业的利润和损失相提并论。他可能由于两三次投机的成功而突然暴富，但也可能由于两三次投机的失败而破产。这种投机生意只有在大城市才能进行，因为只有在商业最繁盛、交易最频繁的地方才会有经营这种生意所需要的情报。

上述5种情况，虽然造成各种用途的劳动工资和资本利润很大的不平等，但是综合考虑各种用途的特殊情境，那么事实上并没有造成任何的不平等。这些特殊的情境，使一些用途较小的收入得到补偿，使另一些用途较大的收入得到抵消。

但是，要使各种不同用途的收入能这样平等，那么即使在最自由的地方也必须满足三个条件：第一，那些用途必须在当地众所周知而且已经稳定；第二，那些用途必须处在普通状态，即所谓自然状态下；第三，那些用途必须成为使用者的唯一或主要用途。以下进行分说。

第一，那些用途只有在当地众所周知而且已经稳定的情况下，才能够实现平等。

在其他情况都相同的地方，新行业的工资一般都高于旧行业。新行业当刚起步的时候，必须以高于其他行业或者本行业应该有的工资，才能把人吸引进来，而需要很长的时间才能把工资降低到一般水平。有一些商品，比如时装，必须跟随时尚的脚步随时变化，不能不变。而另一些商品，主要是生活必需品，其结构和外形可能历经几百年也没太大变化。所以

（左图）煤矿工人

煤矿开采历时几百年，已发展成为一种收入极为稳定的工业，工人所获的劳动工资相对要少一些。

（右图）海报的精心设计 诺沃 1900年

任何一个新兴的行业都意味着一场投机，而在新兴行业中工作的劳动者往往能获得相对较高的工资，当海报设计刚刚兴起时，一张优秀的设计可能会为设计者赚取一大笔钱。

前一种行业比后一种行业的工资一般要高。伯明翰的制造品大多属于前一种，设菲尔德的制造品大多属于后一种。据说这两个地方的工资差异跟它们制造品的性质差异也非常契合。

新行业，无论是属于工业、农业或商业，某种程度而言都是投机，经营者希望由此获得高额的利润。这种利润有时很大，有时不大，但是可以肯定地说，新行业的利润跟当地其他旧行业的利润相比是很不稳定的。这种行业如果成功，初期利润一般都很高。但是当大家都开始从事这个行业，也就是这个行业变得众所周知而已经稳定的时候，竞争就会使利润降低到与其他行业相同的一般水平。

第二，那些用途只有在处于普通状态，即所谓自然状态下时，才能够实现平等。

几乎各种劳动，其需求都有时跌时涨的时候。在跌的时候，劳动工资降到一般水平以下；在涨的时候，劳动工资升到一般水平以上。例如，在农村，农忙的时候工资总是高于农闲的时候。又比如说在战争中，原来为商船服务的海员很多不得不为国王服务，于是为商船服务的海员人数减少，工资由平常每月21～27先令上升到40～60先令。而制造业，虽然随着战争而凋敝，但是很多工人仍是不愿意放弃工作，所以工资虽然比平日低，还是感到满足。

资本的利润，随着商品的价格而变动。当价格升高时，资本的利润增加；当价格降低时，资本的利润下降。商品的价格总会有波动，但是一些商品的价格波动，往往比另一些商品的价格波动要大很多。我们知道，社会生产的目标是供需平衡，一般情况下社会的年产量，总是大概与年消费量持平。前面说过，有些行业，同样的劳动量总是生产出同样数量的商品。所以在这一行业，商品价格一般总是很稳定。例如国丧使得黑布的价格提高，但是素色麻布和呢绒的需求并没有太大变化，所以价格还是很稳定。而在另一些行业，同样的劳动量未必能够生产出同样数量的商品，所以在这一行业，商品的价格就不稳定，时常发生变化。例如在谷物、葡萄酒、啤酒花、砂糖、烟草业中，情况就是如此。经营这些行业的资本的利润，因此也极

壁炉前 15世纪
　　总体上，投入在不同行业内的劳动与资本总能获得大致相等的回报，然而，这种平等性偶尔也会被打破。在2月份，英国伦敦是非常寒冷的，如果不能保证薪柴的足够供应，薪柴的价格一定会飞涨，行业中的相关人员也就会获得较高的收入。

不稳定。而许多投机商人就参与其中，当商品的价格看涨时买进，而在看跌时迅速卖出。

第三，那些用途只有在成为使用者的唯一或主要用途的情况下，才能够实现平等。

一个人虽然从事某一项职业，但是只占据他平日很少的时间，那么他闲暇时就可以从事另一项职业，从而这项职业虽然工资低于一般水平，他也可以忍受。

第二节　由于欧洲政策所造成的不平等

上一节说，即使在最自由的地方，如果缺少上述三个条件之一，也会造成劳动和资本不同用途的利益不平等。但是，由于欧洲的政策不让事物有完全自由的发展，由此所造成的利益不平等就更加严重。

欧洲政策主要是以这三种方式造成不平等：第一，限制某些职业中的竞争人数，使想加入这一职业的人进不去；第二，增加某些职业上的竞争，使其超过自然的限度；第三，不让劳动和资本自由流动，使其不能随便从一个职业转移到另一个职业，从一个地方转移到另一

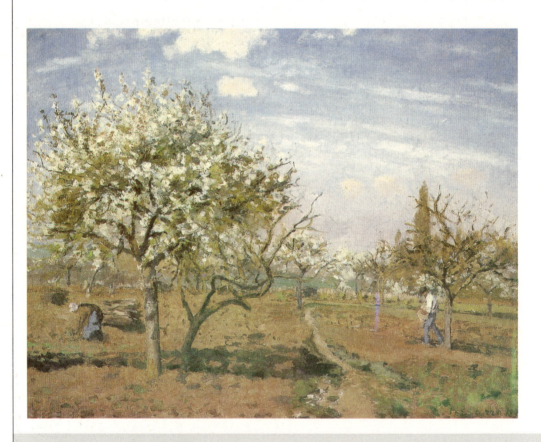

花开的果园 毕沙罗　油画　1872年

　　在另一种情况下，投入在不同行业内的劳动回报也会表现出不平等。研究者一度认为中世纪欧洲佃农的劳动价格远远低于其他行业的收入，但亚当·斯密认为这只不过是因为其工资并不占其收入的主要部分。毕沙罗笔下的果园具有一种单纯柔和的美。

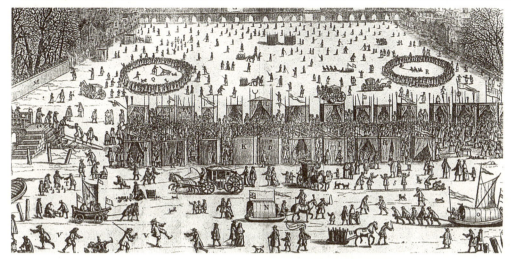

个地方。以下分别说明。

第一，欧洲政策限制某些职业中的竞争人数，使想加入这一职业的人进不去，从而使不同用途的劳动和资本利益严重不平等。

这一政策的主要手段是同业组织的排外特权。在有这种特权的城市，只允许同业组织内部进行自由竞争，组织外的人很难进入这个行业。加入这种同业组织通常必须在当地有资格的师傅门下做学徒。规定学徒的年限，有时还规定一个师傅只能带若干学徒。规定学徒的数量，可以直接限制竞争者的人数。规定学徒的年限，就是通过提高学习费用，而间接限制竞争者的人数。两者都同样有效。

一个人能够随意支配他自己的劳动，这种权利是一切其他权利的基础，所以这种权利是最神圣不可侵犯的。对

（上图）伦敦的繁荣 17世纪初

伦敦及许多欧洲城市为了保证持续的繁荣而在经济方面设定了种种保护政策，允许公会享有专有特权就是其中最有效的一种手段。

梳理羊毛的工人

公会特权的存在会极大地限制行业内的竞争，一些英国城市的行业公会规定了每个师傅教授学徒的数量，从而减少了进入该行业的人数。在14世纪的英国，纺织业是其财富的主要来源之一，图中一名学徒正在其师傅的指导下挤压和梳理羊毛。

一个穷人来说，他的体力和技巧，就是他所有的财富。不让他在不妨碍邻人的条件下使用自己的体力和技巧，很明显是对这一神圣财富的侵犯。这不仅妨碍劳动者的正当自由，并且妨碍雇主的正当自由。劳动者不能在他认为自己合适的行业里工作，雇主当然也雇不到他自己认为合适的劳动者。一个人合适不合适被雇佣，当然应该交给雇主自己来决定。现在政府越俎代庖地替雇主决定一个人合适不合适被雇佣，就是超过了自己的本分。

因为自由竞争必然会引起劳动工资和资本利润下降，所以行业组织，以及各种规则的设立，都是为了限制自由竞争，阻止这种下降。过去，欧洲多数地方，要成立行业组织，只需取得所在自治城市的许可。在英格兰，还要取得国王的特许状。不过，国王的这种特权，不是为了支持自由竞争，而是为了自己获得金钱。一般来说，只要向国王支付少许金钱，就可以取得这种特许状。没有特许状的行业组织，即所谓非法的行业组织，一般也不会遭到取缔，而只需向国王交付罚金，就可以继续存在。所有行业组织，以及它们所制定的所有规则，都由所在的自治城市监督。所以，管理一个行业组织的，不是国王，而是这个城市的更大的行业组织，所有附属公会都只是它的一部分或者成员。

自治城市的管理权当时完全掌握在商人和工匠手中。对于各个行业来说，为了自己的利益，就要防止自己的产品在市场上积压太多，所以需要保持供货不足的状态。为了达到

海德堡大学

在中世纪的欧洲，很多人将公会称为"大学"，将它看作是知识与身份的象征。德国的海德堡大学正是这些欧洲最古老的大学之一，由鲁珀特一世在1386年创立。

这个目的，各行业都急于制订各种规则，而只要让他们制订自己的规则，他们不介意其他行业也制订类似的规则。结果，市场上所有行业的产品，都不得不以高于规则制定以前的价格购买。自己向他人高价购买产品，自己的产品也可以高价售出，一买一卖保持平衡，所以对城市里的所有行业来说都没有损失。但是，在跟农村交易时，他们就可以从中得到很大的利益。使城市富裕起来的，正是这种不公平的城乡交易。

有人说，行业组织是出于管理行业的需要，这完全是无稽之谈。对劳动者真正

有效的监督，不是行业组织，而是顾客。劳动者担心失业，自然会兢兢业业地工作。而行业组织则削弱了这种监督。由于行业组织的排外，有一些劳动者不管好坏你都得雇佣。在有众多行业组织的城市里，这一弊端的严重性非常明显，以致就算在最平常的行业里也很难找到一个令顾客满意的劳动者。你想要真正质量好的产品？只有去远郊，那里的劳动者没有排外特权，只靠真本领。但是，你得把偷偷地把它们运进城市。

欧洲的政策，就是这样限制某些职业中的竞争人数，从而使不同用途的劳动和资本利益

伊丽莎白女王

伊丽莎白女王曾以其强硬有力的统治带领英国走向鼎盛的繁荣，然而她统治下颁布的《学徒法》，也是一份以限制行业竞争为目的的法律。由于受到法律的限制，人们一生只能从事有限的几项工作，最终大大阻碍了英国各行业的发展。

严重不平等。

　　第二，欧洲的政策增加某些职业上的竞争人数，使其超过自然的限度，从而造成另一种不同用途劳动和资本利益的严重不平等。

　　公费教育，使牧师和牧师助理这种职业的人数大大增加，超过其应有的程度，所以在一般教区，牧师和牧师助理的劳动工资，即他们每月所领取的圣俸，是非常低的。而在没有圣俸可领的律师、医生这些自由职业，如果也有这么多人接受公费教育，那么不久这些职业也会竞争非常激烈，从而大大削减他们的收入。这样，自费培养子女去从事这种职业就不值得了。结果会造成所有的律师、医生将由公共慈善机构所培养的人士充当，他们人数众多且贫穷，一般都满足于微薄的薪水。律师、医生这种职业所受到的尊敬程度也大大降低。

　　第三，欧洲的政策，不让劳动和资本自由流动，使其不能随便从一个职业转移到另一个职业，从一个地方转移到另一个地方，从而造成不同用途的劳动和资本利益的严重不平等。

　　学徒法令和行业组织的排外特权，甚至使劳动在同一个地方不能由一种职业转到其他职业，同一种职业不能由一个地方转到其他地方。

　　我们经常看到，一种行业处在发展状态，不断需要新的劳动者，劳动者因此获得高工资，另一种行业处在衰退状态，劳动者大量过剩，劳动者却不得不满足于最低的生活费不能离开。这两种行业虽然在同一城市或同一城市的邻近地方，相互间却由于学徒法令和排外的行业组织不能有丝毫的协助。有许多工作方法类似的不同行业，如果没有这种不合理的法规从中作梗，劳动者就能很容易由一个职业转到另一个职业。例如，织素麻与织素丝的技术几乎完全相同，织素羊毛的技术和它们只略有差别，麻织工或丝织工只要学习数天也能成为差不

玻璃工艺品

　　由于学徒制法规的种种限定，使得劳动力无法按照其自由意志移动，于是，像这样精致优雅的工艺品就只能以有限的数量供应人们的需求。

多的毛织工。所以，就算着这三种制造业中有任何一种陷入衰退状态，该行业的劳动者也可以转入其他两种繁荣的制造业中，他们的工资就可以保持平衡。而在实施学徒法令的地方，劳动者不能随便转行，衰退行业的劳动者只好请求社会救济，或者以生手的资格从事普通者劳动。

凡是阻碍劳动自由流动的东西，也同样阻碍资本自由流动。但是，行业组织对资本自由流动的阻碍相对劳动来说要小。在任何地方，一个富商获得经商权总比一个穷技工获得工作权要容易得多。

我将用下面的话结束这冗长的一章。过去，劳动工资由全国性的法律统一规定，各州郡再根据具体情况作出适量调整，现在，这两种办法都已经被废止了。伯恩博士说："四百多年来的经验告诉我们，把性质上不允许严格限定的事物非要严格限定，这种错误的做法该停止了。如果所有有同一行业的工人都领取同样的工资，没有了自由竞争，人们的勤劳才智也就停止了发挥。"

前面说过，社会的贫富，进步或退步、停滞的状态，不会影响不同用途的劳动和资本的不同工资率和利润率的比例。公共福利上的这种改变，虽然会影响一般工资率和利润率，但是由于它对所有不同的用途具有相同的影响，所以不同用途的工资率和利润率的比例仍旧会保持不变——至少在相当长的时期内不会因为这种改变而变动。

玻璃器皿的制造者

以今日的眼光来看，中世纪英国及欧洲其他各国所实施的行业法简直可以称得上是对人权的侵犯。个人劳动的权利作为其所有财产权的原始基础，是最神圣和不可侵犯的。而各种行业法在一方面妨碍了劳动者工作的自由，另一方面又妨碍了雇主按照自身需求雇用工人的自由。

THE WEALTH OF NATIONS

第11章　论地租

地租是租地人使用地主土地的代价。在决定租约条件时，地主都尽量使租地人获得最少的收益，也就是说，在土地的生产物中，只留给租地人用来补偿他所付出的农业资本（包括种子、耕畜和其他农具、工人工资）和提供他应得的当地农业资本的一般利润，剩下的地主全部拿走。所以，地租是租地人在不亏本的条件下所愿意接受的最小数额，是他按照土地实际情况所能支付的最高价格。这一数额就是土地的自然地租。自然地租是大部分出租土地应得的地租。有时候，出于仁慈或无知（后者比较多见），地主接受比这一数额略低的地租；有时候也出于无知（比较少见），租地人缴纳比这一数额略高的地租，也就是甘愿承受比当地农业资本一般利润略低的利润。

有人错误地认为，地租是地主付出资本改良土地的合理利润或利息。的确有些情况下是如此，但是大部分情况下并非如此。地主对于未经改良的土地也要求地租。并且有时候

秋获 杜比尼 油画 1851年

　　一般来说，地租的数额大致等于租地人按照土地实际情况，其预期收益减去购买生产资料以及基本生活资料的费用后所能支付的最高价格。尽管偶尔会有起伏，就长时间来看，这一数额是基本确定的。杜比尼所在的巴比松画派兴起于工业革命之后，热心于描绘具有田野风味的自然风光。

须纳地租的天然产品——海藻

在设得兰群岛附近有丰富的产鱼量，鱼是当地居民食谱的主料。渔民要打鱼，必须租借附近的土地居住。所以，该地地主的地租中，就不仅含有土地的收益，还含有海上的收益。地租和渔民由土地和海上两方面所得的利益成比例。地租是以鱼来缴纳的，所以鱼的商品价格中含有地租成分——这与地主何克尔普海藻收取地租一样，都是非常少见的实例。

改良土地的资本实际由租地人付出，但地主在续订租约的时候也要求增加地租，好像改良是由他出资的。所谓改良资本的利润或利息，其实只是原有地租的附加额。

地主有时候对根本不能人工改良的土地也要求地租。例如，在不列颠几个地方，尤其是苏格兰的沿海岸生长着一种叫克尔普的海草。这种海草一经燃烧即可成为制造玻璃、肥皂，以及其他用途所需要的碱盐。它生长在海水高潮时所能达到的岩石上，这些岩石每日被海潮淹没两次。所以，这种海草绝不是通过人力而增多的，但是地主对生产这种海草的海岸土地，也像对谷田一样要求地租。

所以，作为使用土地代价的地租，是一种垄断价格。它完全不和地主改良土地所付出的资本，或者地主所能收取的数额成比例，而是和租地人所能支付的数额成比例。租地人生产的越多，地主能收取的越多。

土地生产物的一般价格，必须至少能够补偿上市所预先垫付的资本并提供一般利润，否则不可能经常送往市场。超过这个价格，剩余部分就属于土地地租。正好在这个价格，货物虽然可以送往市

贫苦的渔夫 夏凡纳 油画 1881年

在人们无法自由得到土地的前提下，地主收取的地租是一种垄断价格，将尽其可能地榨取租地者的所有收益。譬如在产鱼丰富的设德兰岛附近打渔，地主收取的地租不仅包含土地收益的部分，还要按照海上收益的比例收取一定金额。

场，但是不能提供地主的地租。价格是否超过这个数额取决于市场需求。

有些土地生产物，由于市场需求使得其价格总能超过这个数额，所以总能给地主提供地租。有些土地生产物，市场需求使得其价格或者超过或者不超过这个数额，所以有时能提供地租有时不能。

所以必须注意，地租构成商品价格成分的方式是和工资与利润不同的。工资和利润的高低是商品价格高低的原因，而地租的高低却是商品价格高低的结果。或者说，商品上市所需要支付的工资和利润越高，商品价格越高；商品价格越高，能够支付给地主的地租越高。

第一节 论总能提供地租的土地产品

与一切其他动物一样，人类增殖的数量和生活资料的多寡相对应。人们为了获得食物而劳动，或者说，食物总能购买或支配一定的劳动量。虽然等量的食物不一定能支配等量的劳动，但是它总能按照某地的平均生活标准支配一定数量的劳动。

任何地方的土地，所产的食物都足以维持上市所需的劳动，并且还有剩余。剩余的量，不仅足够补偿雇佣劳动的资本及其利润，还可以支付地主的地租。

地租随土地肥沃程度以及土地的位置而不同。同样肥沃的城市附近和偏远地方的土地，前者比后者能提供更多的地租。两者同样肥沃，所以耕种所花费的劳动量相等，但是后者比前者偏远，运送产品到市场需要花费的劳动量大，所以总体而言，后者比前者需要更多的劳动量。同样的商品在同一个市场必定以同样的价格出售。劳动工资部分增加了，资本利润

和地主地租部分自然减小。前面还说过，偏远地方的资本利润率一般比城市附近高，所以留给地主的地租部分就变得更小。

良好的道路、运河或可通航河流，可以减少运输费用，从而使偏远地方和城市附近更接近同一水平。所

历史久远的葡萄园

农产品必须要被送至消费地，才能实现其价值，所以土地的位置对地租会产生很大影响。法国马赛附近的苏维安葡萄园是一家号称已有近千年历史的葡萄园，由于距离城区较近，酒的品质又好，一直是马赛城中最重要的供酒商之一。

以，交通改良是所有改良中最有效的。由于大多数农村处于偏远地方，所以交通改良可以促进广大农村的开发。

中等肥沃程度的谷田和最上等的同面积牧场相比，出产的食物也多得多。所以，耕种稻田虽然需要较大的劳动量，但是其产物在扣除所有农业资本后，剩余量也较牧场大得多。在农业发展的初期阶段，一磅面包比一磅鲜肉更值钱，或者同样值钱。所以，种植谷田比牧养牲畜更为有利，是农业家利润及地主地租的主要来源。

在所有大国中，谷田和牧场都是大部分耕地的用途。这种土地的地租和利润，决定其他一切耕地的地租和利润。如果有某块土地本来用于生产某种特殊产物，而地租和利润

比上述的少，那么马上就会被改作谷田或牧场。而如果地租和利润比上述多，那么很快就会有一部分谷田或牧场被改作生产这种特殊产物。

为了使土地适合这种特殊产物，一般都会需要比谷田或牧场更多的土地改良费用，以及每年更大的耕作费用。改良费用增加会提高地租，耕作费用增加会提高利润。所以，这样增高的地租和利润是较大费用支出的合理报酬。

从道理上讲，栽种啤酒花、果树及蔬菜的土地，应该比谷田或牧场能够提供更多的地租和利润。改良土地使其适合于这些作物，应该给予地主更大的地租。栽种这些作物需要更精心的照顾，应该给予农场主更大的利润。此外，由于这些作物（至少是啤酒花和果树）的收成很不稳定，所以在价格中还应该包括类似保险的利润，以补偿意外损失。但是，事实上种

簸谷的人 尚–法兰克斯·米勒 油画 约1866—1868年

    土地用于耕种或放牧等不同用途，其收益会出现明显的差异。但是用于耕种的土地相对要比放牧的土地具有更好的条件，因此地租也会相对提高一些。米勒善于运用巧妙的构思传达农民们在经年累月的辛苦劳动中麻痹的身心。

园者很少能获得上述的高收入。因为很多有钱人（他们本来应该是最好的顾客）为了自娱，都亲自种植这些贵重的作物，从而大大减少了市场需要。

所以，这些作物虽然比谷田或牧场能够提供更多的地租和利润，但是超出额如果仅仅够抵消较高的费用支出，那么其地租和利润实际上还受一般作物的地租和利润的支配。当然，有时候也会有特殊情况：适合栽种这种特殊作物的土地太少，产品不够满足市场需要。这时候，就会有人以高出市场一般价格的高价收购这种产品。这种高价超过按大部分一般耕地的地租、工资和利润率所计算的一般价格。在且仅在这种情况下，这种高价中除去改良及耕作的全部费用后，剩余的部分可以不和谷物或牧草的同样剩余部分保持正常的比例，而是可以任何程度超过。超过额的大部分都属于地主的地租。

上段中提到的"正常的比例"，如果以葡萄园而言，就是指普通葡萄园的地租利润对谷田和牧场的地租利润的一般比例。这种葡萄园除了生产状况良好，土壤质地一般，生产的葡萄酒也没有足以称道的特色。国内普通土地只能和这种普通葡萄园相提并论，和有特殊品质的葡萄园简直没有可比性。

所以，生产人类食物的耕地的地租，支配着大部分其他耕地的地租。特殊作物耕地的地租不可能长期低于食物耕地的地租，因为肯定会立即改为他用。要是特殊作物耕地的地租高于食物耕地的地租，那也是因为适合于这种作物的土地太少，不能满足有效需求，属于特殊的例外情况。

在欧洲，谷物是直接充作人类食物的土地生产物，所以在一般情况下，谷田的地租支配所有其他耕地的地租。英国不必艳羡法国的葡萄园和意大利的橄榄园，因为除非占有特殊位置，葡萄与橄榄的价值也由谷物价值规定，而英国的土地肥沃程度并不比这两国差。

如果有一个国家，人民一般爱吃的植物性粮食不是谷物，而是另一种植物，并且假设在这个国家的一般土地上经过和谷田耕作相同或几乎相同的耕作，所生产的这种植物量比最肥沃的谷田所生产的还要多，那么地主的地租肯定要大很多。也就是说，在扣除劳动工资、农场主的资本及一般利润后，剩余量肯定更多。不管这个国家劳动的一般工资是多少，较大的剩余量总能维持较大的劳动量，所以地主就能购买或支配更多的生活必需品和便利品。也就是说，地租的真实价值会更大。

啤酒花 弗兰兹·尤金·科尔 手绘图谱

　　最先将啤酒花用于酿酒的是德国的一名修道士，随着他的发现，这种植物被人们当作一种经济作物开始栽培。种植经济作物可以获得更高的地租和利润，但是相对于耕种和放牧，初期的投入也较巨大。

圆形谷仓

在一般情况下，谷物是欧洲市场上最主要的农业作物，所以谷田的地租对所有其他作物用地的地租起着支配性的作用。这座圆形谷仓已有近百年的历史，比传统的长方形谷仓更加利于面积的利用。

例如，稻田比麦田能生产出更多的食物。据说每英亩稻田，一般每年收获两次，每次产量30～60蒲式耳。虽然耕种稻田比耕种麦田需要更多的劳动，但是其产量除了维持劳动外的剩余量也多。所以，以大米为主要食粮的国家和以小麦为主要食粮的国家，前一个国家的地主比后一个国家的地主所得要多。在卡罗林纳和英国的其他殖民地，耕作者

一般兼有农场主和地主双重身份，所以地租和利润混淆在一起。当地的稻田虽然每年只收获一次，并且当地居民根据欧洲的习惯不以大米为主要食粮，但是也认为耕种稻田比耕种麦田更有利。

良好的稻田一年四季都是沼泽地，其中一季充满了水。它除了种稻以外，不适合作为任何其他用途——不适合种麦，不适合放牧，不适合种葡萄，等等。而适合种麦、放牧、种葡萄的土地也不能作为稻田。所以，就算在产米的国家里，稻田的地租也不能规定其他耕地的地租，因为其他耕地不能转为稻田。

亚洲的稻米之乡

在东亚的缅甸、越南、中国这些以大米为主要食粮的国家，由于稻田一年可以收获两次，年产量比普通麦田更高，所以地主可以获得更高额的地租。图中的两名缅甸妇女正在检拾稻米中的杂物。

第二节　论间或能提供地租的土地产品

在土地的各种生产物中，只有人类的食物肯定能够提供地租，其他生产物随情况不同间或能够提供地租。

除了食物以外，人类最需要的就是衣服和住宅。在原始自然状态下，土地生产的衣服及住宅材料比食物能供给更多的人。但是在进步状态下，前者就没有后者能供给的多了，至少就人们愿意支付代价这方面说。在原始自然状态下，衣服和住宅材料总是过剩，所以几乎没有任何价值。大部分衣住材料由于用不上而被抛弃，使用的那少部分，其价格只等于改造这些材料所花费的劳动。这种情况下，自然不能为地主提供地租。在进步状态下，这些材料往往缺少，供不应求，所以价值增大。对这种材料，总有人愿意出超过生产和运送到市场的劳动的价格来购买。所以这种情况就能为地主提供地租。

食物之外的需求

人类在食物以外，总还会产生其他的生活需求，而其中最迫切的莫过于更加体面的衣着和舒适的住宅。在这种情况下，衣服与建筑就能间接地为地主提供地租。图中的几位年轻人正在宽敞舒适的房间内玩着猜字谜的游戏。

一个国家的人口，不与衣住材料所能供给的人数成比例，而和食物所能供给的人数成比例。衣服和住宅问题比较好解决，而食物问题难以解决。在不列颠许多地方，一个人只需花费一天，就可以造成用来居住的简单建筑物，把兽皮制成简单的衣服，也花费不了太多的时间。对野蛮、未开化民族来说，全年99%的劳动都用于获取食物，还只勉强够用，而花费于获得衣服和住宅的劳动，只有全年的1%。

但是，由于土地改良和耕作进步的结果，少数人的劳动就足以生产供给全社会的食物，剩下的人就可以用其劳动来生产其他物品，满足人类的其他欲望和嗜好。衣服、住宅、家具，以及各种应用物品，就是这些欲望和嗜好的主要对象。富人所消费的粮食，并不比穷人所消费的更多。质的方面也许大不相同，但是量的方面几乎相同。但是比较一下富人的豪宅和穷人的陋室，以及两者的衣柜，那么其巨大的差异，无论在质还是量上都会使人感叹。人类的食欲受到胃的狭小容量的限制，但是对于衣服、住宅、家具、各种应用物品的欲望却似乎没有止境。所以一个人有剩余食物而又对其有支配权，肯定愿意拿它来换取其他物品来满足其他欲望。用满足

有限欲望的剩余物品，来换取无限欲望的满足。劳动者的人数随着食物的增多而增加，或者说，随着土地改良和耕作进步而增加。再由于他们的工作容许极度分工，所以他们能够加工的原料比他们的人数增加得更多。于是，人类对能够用在衣服、住宅、家具、各种应用物品上的原料都有了需要，甚至包括土地中的化石、矿产、贵金属和宝石。

所以，土地改良和耕作进步，不仅是食物能够提供地租的原因，能够提供地租的土地的

自动冲水的马桶

在粮食的供给已经远远超出社会需求的条件下，越来越多的劳动投入在满足人类各种各样、难以捉摸的欲望的方面。图为1894年英国厂商为其自动冲水的马桶产品所做的广告，广告中宣称该设计可以避免臭味的散发，而其装潢具有皇家般的奢华特色。

其他生产物，其价值中相当于地租的部分也是源自于此。但是，这些后来才能提供地租的其他土地生产物，并不总是能够提供地租。即便在土地改良、耕作进步的国家，对这些土地生产物的需求，未必都能够使其价格在除了支付工资、偿还资本并提供资本一般利润之外，还能有剩余。这类土地生产物是否能够提供地租，要视具体情况来定。

例如，煤矿能否提供地租，既要看它的产出力，又要看它的具体位置。矿山的产出力决定于使用一定数量劳动、从矿山所能采出的矿物量。跟使用等量劳动从其他大部分同类矿山的采出量相比，哪个大产出力就大。有些煤矿虽然位置很便宜，但是产出力过小，产出物不够偿还费用。这样的煤矿既不能提供利润，也不能提供地租，所以不能开采。

有些煤矿的产出物仅够支付劳动工资，偿还开矿资本并提供一般利润。企业家能由这种煤矿得到若干利润，地主却不能由此得到地租。所以，这种煤矿只有地主投下资本亲自开采，可以得到一般利润，其余任何人都不能经营得利。苏格兰有许多煤矿就由地主亲自经营。这些煤矿不能由他人经营。因为地主不会允许任何人不付地租就开采，也没有人会赔本支付地租。

苏格兰还有些产出力很大，但是位置不好的煤矿不能开采。这些煤矿虽然只需使用一般劳动量或比一般少的劳动量就能开采出来，但是因为人口稀少、缺少公路或水运，而无法运到市场卖出。或者说，产出量只够补偿采矿的资本和利润，而不够补偿运输的资本和利润。

即使有些煤矿能够提供地租，其价格中地租部分一般也比其他大多数土地产出物的要小。土地的地面产出物的地租，一般等于总生产额的1/3。这个比例很稳定，不太受意外变

间或可提供地租的煤矿业

煤矿是否能提供地租，与其自身的诸多条件皆有关系，经综合评价后，唯有那些在偿付劳动工资、预付资本，并使投资者获得利润的煤矿，才能够为地主提供地租。自19世纪起，采煤技术出现了大幅度的飞越，单矿产量的提升使得投资者对煤矿业的发展愈来愈看好。

故的影响。但是煤矿的地租，一般只有总生产额的1/10，要是有1/5就是非常大的地租。并且这个比例极不稳定，很容易受意外变故影响。这种意外变故的影响非常大，以至于在认为是购买田产的一般价格是30倍年租的国家，10倍年租也被认为购买煤矿的高价。

对煤矿的价值来说，产出力和位置具有同等重要的影响。但是对金属矿山的价值来说，产出力比位置具有更大的影响。由矿石分离出来的金属，尤其是贵金属，价值都很大，足以补偿长途水陆运输的费用。其市场不局限于矿山邻近国家，而是遍及全世界。例如日本的铜在欧洲出售，西班牙的铁在智利和秘鲁出售，秘鲁的银不仅在欧洲出售，并且通过欧洲卖到了中国。

各个矿山所产的各种金属，其价格都受到当时世界上产量最大的矿山产物价格的支配。大部分矿山所产的金属价格，仅够偿还开采费用，不能提供很高的地租。在贱金属价格中地租只占很小部分，在贵金属价格中这一比例就更小。金属价格的大部分都是由工资和利润构成。

康沃尔锡矿以产量丰富著称于世，据矿区副监督波勒斯说，它的平均地租高达总产量的1/6。他还说，有些矿山的地租超过这个比例，有些则不及。苏格兰由许多产量很丰富的铝矿，其地租也占总产量的1/6。

贵金属的最低价格，也就是它在市场上所能交换的其他货物的最小量，跟一切其他货物一样，受同样的原理支配。这种最低价格，决定于使贵金属从矿里开采出并运到市场通常所需投下的资本，或者说所消费的食物、衣服和住宅。最低价格必须足够偿还所费的资本，并提供资本的一般利润。

贵金属的最高价格只取决于本身的

（左图）青铜火盆

这是庞贝古城中发掘出的一个烤火盆，古罗马人在冬天要烧煤以抵御寒冷。

（右图）美国亚利桑那州出产的金块

相对于煤矿而言，贵金属矿是否有能力提供地租与其所在位置关系较小。贵金属体积小，运输方便，而其自身的高昂价值完全可以抵消地处偏远、交通不便带来的些许损失。

实际供给情况，而不受其他任何货物的价格支配。煤炭的价格受木柴的价格支配，木柴的缺乏能够使煤炭价格上涨。贵金属则不是这样。如果黄金稀缺到一定程度，那么最小的一块黄金也会比一颗钻石还贵重，能交换到更多的其他货物。

　　人类对贵金属的需求，部分出于其实用性，部分出于其美质。除铁以外，也许任何其他金属都没有贵金属有用。贵金属不易生锈和受污，所以如果餐桌和厨房用具能够用金银制造，将更讨人喜欢。银制的煮器比铝、铜或锡制的煮器清洁，金制的又比银制的清洁。不过，贵金属的价值更在于其美质。这种美质使其特别适宜作衣物和家具的装饰。没有任何颜料或染料，其色彩能像金银的闪光那样美丽。贵金属的这种美质，又因为其稀缺而大大增加。大部分富人都喜欢炫耀财富，自己具有别人没有的象征富裕的决定性标志，就是最大的炫耀。如果有一些物品非常稀少，收集这种物品需要付出很大的劳动量，而这么大的劳动量只有他们才能支付，于是这些物品的价值大大增加。也有些普通的物品比这种物品更美丽、更有用，但因为太常见而不稀罕，就比不上这种物品更有价值。实用、美质、稀少，是贵金属之所以贵的原因，解释了其为什么能到处换得很大数量的其他货物。贵金属并不是在作为货币之后才具有高价值，它本身就具有高价值，它也是因此而适宜作为货币。但是需要指

提炼白银的过程

　　从矿砂中提炼白银是一项非常艰苦的过程，首先要仔细地清洗矿砂，然后再将矿砂倒进盐、粪和水银的混合物中用力踩踏，最后再将得到的混合物加以冲洗并加热提炼得到纯银。安第斯山脉一带蕴藏着丰富的矿脉，银矿的开采大大促进了西班牙殖民地的经济发展。

出，贵金属的这种新用途，由于减少了能被用于其他用途的数量，从而更增加了其价值。

　　人类对宝石的需求全由其美质。除了作为装饰物，宝石没有其他功能。美质的价值，因为稀少而大大增加。因为采掘困难、采掘费用浩大，所以大多数情况下，宝石的高价格几乎全部由工资和利润构成。除了产出力最大的少数矿山外，地租在宝石的价格中几乎不占任何部分。宝石商塔弗尼埃曾考察戈尔康达和维沙波尔两地的钻石矿山，据他所听来的，当地矿山都为国王的利益而开采，国王命令，除产出力最大、所产钻石最美的矿山外，其他一切矿山全部关闭。在国王看来其他一切矿山都不值得开采。

　　贵金属及宝石的价格在世界各地都受产量最丰富的矿山产物价格支配。所以，贵金属或宝石矿山能给所有者提供的地租，不与其绝对产出力成比例，而和其相对产出力成比例，也就是说，和该矿山对其他同类矿山的优越程度成比例。如果新发现的银矿比波托西矿山优越，正如波托西矿山比欧洲矿山优越一样，那么银价就会下降，以至于波托西矿山也无利可图。在西班牙属西印度群岛被发现前，欧洲产出力最大的银矿，也许已经能对所有者提供像今天秘鲁产出力最大的银矿对其所有者所能提供的地租。当时全世界的银量虽较现在少得多，却可以交换到与今天等量的其他货物，矿山所有者所得的份额，也能够交换和今天等量的劳动量。矿山产物和地租的价值，即它们为公众和所有者提供的真实收入，今昔可能一样。

　　最丰富的贵金属或宝石矿山，对世界的财富也不能增加多少。因为这类产品的价值正在于其稀少，要是多了价值必然降低。那时候，世界能从这种丰富供应中所得的唯一好处就是，金银餐具及其他衣服家具的华丽装饰，能用比以前少的劳动量购买到。

　　地面的产出物则与此不同。土地的生产物及地租，其价值不和相对产出力成比例，而和绝对产出力成比例。生产一定数量衣食住的土地，总能为一定人数供给衣食住。而且，不论地租占多大的比例，地主总能因此支配相当比例的劳动。最贫瘠的土地，其价值并不会因为附近最肥沃的土地而减少，相反常常因此而增加。肥沃土地养活的众多人口，给贫瘠土地的生产物提供了市场，而贫瘠土地的生产物，本来在自己产物维持的人口中是找不到市场的。

　　任何东西，只要能使生产粮食的土地产出力增加，就不但增加了该土

金制盐盒 切利尼
　　人类对于贵金属的追求缘于对其华美外形的追求。贵金属的最低价格由其耗费的生产资本决定，而最高价格只决定于市场上的实际供求情况。图为巧匠切利尼于1543年为法国国王制作的金制盐盒，以黑檀木为底座。

地的价值，并且使生产其他产物的土地的价值也增加。由于土地改良和耕作进步，剩余的粮食增多了，人们对贵金属和宝石等土地的其他产物的需求也增多了；对于衣服、住宅、家具和其他一切便利品、装饰品的需求也增多了。食物不仅构成世界上财富的主要部分，并且由于食物的丰富而使许多其他各种财货具有了价值。西班牙人刚发现古巴和圣多明各的时候，当地的贫苦居民经常用小块黄金作为头饰和服饰。他们看这小块黄金，正如我们看比一般略美的小鹅卵石一样，或者说，值得拾取，但是有人要时却不值得拒绝。所以当新来的客人请求得到黄金时，他们毫不犹豫地赠与，并不认为赠与了客人非常珍贵的礼物。他们对西班牙人那么热切

非洲土著的黄金饰物

　　贵金属与宝石的罕有价值仅可在人类生活资料已极大丰富的社会中才体现得出来。当西班牙人刚刚发现古巴和圣多明各时，当地盛产黄金，但由于生产力落后与食物的匮乏，那里的居民几乎无法理解西班牙人为什么会对这些不必需的装饰品怀有极度的热情。右图中戴着王冠的人像是安第斯山北部穆伊斯卡民族以金和铜的混合物制成的祭品，而左图的垂饰装饰有两只巨嘴大鸟，来自南美洲的泰罗纳地区。

托莱多的埃利诺及其儿子的肖像 油画 1545年

　　人类对宝石的需求更是全部建立在其美丽的外观上，除了作为饰物，宝石几乎没有任何其他的实用功能。这幅油画中所绘的人物是意大利最富有的美第奇家族的第一夫人埃利诺与她的儿子，埃利诺佩带的项饰与腰饰都是当时难得一见的珍品。

地希望获得黄金感到非常惊讶。由于他们的食物总是匮乏，所以他们想不到世界上还有这样的国家，那里的人民拥有那么多丰富的食物，以至于愿意用足够供养全家好几年的大量食物来交换小量这种会发亮的玩意儿。要是他们能理解原因何在，他们对西班牙人的黄金热也就不会奇怪了。

第三节　论总能提供地租的产品与间或能提供地租的产品价值间比例的变动

不断的土地改良和耕作进步，使得粮食产量日益丰富，这必然增加人类对其他仅供实用及装饰用的非食物的土地生产物的需求。前者肯定能提供地租，后者间或能够提供地租。在整个过程中，可以肯定这两种生产物的相对价值只有一种变动，那就是后者的价值不断增长。随着技术和产业的发展，人们对衣服和居住材料、土地中有用的化石和矿物、贵金属和宝石的需求越来越大。这些物品所能换得的食物越来越多，也就是其价格越来越高。这是大部分事物在大多数场合的情况，要是不出意外使某种物品的供给大大超过有效需求的话，它就适合于所有情况。

例如，石灰石矿的价值，必然随着国家的不断改良和人口增长而上升，尤其当附近只有这一个石灰石矿时。但是银矿就不同，即使周围千里没有第二个银矿，其价值也不一定会

修枝白牡丹 马内　油画　1864年

随着种植技术的不断改良，粮食产量也随之越来越丰富，这使市场中对非食物类的土地生产物需求持续增长，产品价格也越来越高。譬如仅供插瓶玩赏的珍稀花卉并非生活必需品，但其价格足以与大量粮食相交换。

随着国家的改良而增加。这是因为，石灰石的市场很少扩展到周围数英里以外，所以其需求一般和小区域的改良与人口增长成比例。白银的市场却可以扩展到全世界，所以除非全世界都改良，各处人口都增加，否则需求不会随银矿附近某一个国家的改良而有所增加。即使全世界都有了改良，但是如果在这过程中又发现了更丰富的新矿山，那么虽然白银的需求会增加，但是由于供给增加得更多，所以银的真实价格反而可能会下降。一磅白银所能支配或购买的劳动量，或者说所能换得的劳动者生活资料（即谷物）的数量可能反而会减少。

白银的大市场是全世界有商业文化的地方。如果白银市场的需求随发展而扩大，但是供给却不能按同一比例增加，那么白银的价值就会相对于谷物的价值增加。一定量的白银所能换得的谷物量将增加，谷物的平均货币价格将下降。相反，如果由于某种意外，例如发现了新的大银矿，供给在好多年内都大于需求的增加，那么虽然有这些进步，白银的价值也会跌落。一定的白银所能换得的谷物量将减少，谷物的平均货币价格将增加。又如果白银的供给和其需求几乎按同一比例增加，那么一定量的白银就能继续换得几乎相同数量的谷物。就是说虽然一切有了改良，谷物却继续保持着同样的平均货币价格。

以上三种假设包括了改良过程中可能发生的一切组合。我们以过去400年中在法国和英国发生的事实来判断，这三种组合似乎都在欧洲市场上发生过，并且发生的顺序和我上面所说的大致相同。

在露天咖啡座的女子 德加 油画 1877年

国家经济整体的发展和技术改良对生产矿石的矿场影响很大，这是由于矿厂所能占据的市场不会特别大，而银矿则完全不同，它的市场是面向整个世界的，因而仅是较微弱地受到供求关系的影响。画中的几名女子正在露天的咖啡座中消闲，德加特有的视角带给人们一种静静的窥视感。

关于过去四个世纪中白银价值变更的离题论述

第一阶段

在1350年以及之前的数年，在英格兰，每夸脱小麦的平均价格大约都不低于陶衡银4盎斯，约合现在的货币20先令。这以后，小麦的平均价格跌落到2盎斯，约合现在的10先令。我们认为，每夸脱10先令是16世纪初估定的小麦价格，直到1570年还是这么多。

白银相对于谷物的价值提高，也许是因为供给不变而需求增加，也许是因为需求不变而供给减少。这两者同时作用还是部分作用不能肯定，但是以下事实是可以肯定的。15世纪末叶及16世纪初，欧洲大多数国家的政局都比过去数世纪安定。政局安定，百姓安居乐业，当然使土地改良和耕作进步的程度增高，对贵金属及其他一切装饰品、奢侈品的需求也随着国家财富的增加而增加。社会年产物增加，为了流通这些年产物，市场上需要更多的铸币。富人数量增加，需要更多的银器和银制装饰品。但是当时供给欧洲市场的银矿，由于多数是从古罗马时代起就开采的，已经采掘将尽，所以开采费用增加是很自然的。

大部分作家在提到古代的商品价格时，都错误地认为，从诺尔曼征服时代起，甚至从恺撒侵略时代起，白银的价值都在不断降低。之所以有这种看法，我想，一部分是由于他们对谷物及其他土地生产物

对自然的改善

土地的改良与耕作的进步意味着社会年产物的大幅增加，为了流通这些年产物，市场上需要更多的铸币，而人们对于贵金属的渴望也越来越强烈。当时供给欧洲市场的银矿，多数是从古罗马时代起就开采的，已经采掘将尽，这种供不应求的状态很可能是中世纪白银价格走高的原因之一。

价格的观察，另一部分则是由于一种通俗说法——这种说法认为，一切国家的银量自然地随财富的增加而增加，其价值由于供过于求自然跌落。

在他们观察谷物价格时，似乎常有以下三种情况使他们走入迷途：

第一，在古代，几乎所有的地租都是以实物，即一定数量的谷物、家禽、牲畜等支付的。可是有时候地主也规定，地租可以用代替实物的一定数额货币支付。在苏格兰，把这种以一定数额货币代替实物缴纳的价格称为换算价格。因为选择要实物还是要货币的权力在地主手中，为了保护佃户的利益，换算价格一般都定得比平均市价略低。例如在许多地方，换算价格都比平均市价的一半稍稍多些。苏格兰大部分地方直到今天还对家禽沿用这种换算办法，少数地方对牲畜沿用这种换算办法。要不是由于公定谷价制度废除了这种换算办法，那么对谷物恐怕也会沿用这种办法。所谓公定谷价，就是由委员会作出判断，对各个种类不同品质的谷物，每年依照各州实际市场价格而定的一个平均价格。这种制度在换算谷物地租时，都按照当年的公定价格而不是市场实际价格，所以佃户的利益得到保障，地主也觉得方便。但是搜集往年谷物价格的研究者，往往把换算价格误认为实际市场价格。弗利伍德就自认曾经犯过这种错误。由于他当时是为某一特殊目的而从事著述，所以在他把这种换算价格用了15回以后才敢承认错误。那时换算价格是每夸脱小麦8先令。在他研究的第一年即1423年，8先令所含的银量与现在16先令所含的相同，但在他研究的最后一年即1562年，8先令所含的银量与现在8先令所含的相同。

第二，某些关于法定价格的古代法令，或者是由懒惰的抄写人马虎地抄写

午憩 凡·高 油画 1889—1890年

人们通常认为一直以来银价在不断跌落，这可能是缘于他们对古代文献记录数据的误读。所谓的公定谷价是根据各地的实际市场价格估算出的一个平均价格，却并不能代表谷物真正的市场价格。两位农人安适地躺在稻草堆上午憩的形象暗示他们仍是紧紧与土地结合在一起的。

的，或者是由立法当局草率地制定的，这些都使研究者受到误导。

第三，在古代，有时候小麦以极低的价格出卖，这也使研究者产生误解。他们觉得，既然当时的小麦最低价格比后代的小麦最低价格低得多，那么其一般价格肯定也比后代低得多。但是，他们没有发现，有时候古代的小麦最高价格，也比后代的小麦最高价格高得多。例如在1270年，弗利伍德提到每夸脱小麦的两种价格：一种是当时的货币4镑16先令，合今币14镑8先令；一种是当时的货币6镑8先令，合今币19镑4先令。这么高的价格，在15世纪末叶或16世纪初叶都见不到。虽然谷物的价格在各个时期都会变动，但是在动乱的时期变动就更剧烈。这时候商业和交通都被中断，使得国内甲地丰富的粮食不能救济贫乏的乙地。12世纪中叶到15世纪末叶，英国由金雀花王朝统治，当时国家很混乱，一个地区也许很富饶，但相距不远的另一个地区却可能由于季节灾害或邻近豪族侵入而陷于饥馑，如果有某个敌对贵族的领地介于这两个地区之间，那么前者就不能援助后者。但是在15世纪后半叶和16世纪，由于都铎王朝的强力统治，没有一个贵族强大到敢于扰乱社会秩序。

要随时牢记，劳动才是决定白银及其他一切商品价值的真正尺度，不是任何一个商品或任何一类商品。

在人口稀少、土地几乎荒芜的国家，自然生产的家禽、牲畜和各种猎物，往往比居民所

制炭者 恩佐·塞尔罗 摄影 1963年

在不同的历史时期，白银与谷物的价格在不断波动与变化，然而一定要牢记，劳动才是决定白银及其他一切商品价值的真正尺度。图中的几名制炭者正在将制好的木炭收集起来，他们投注在木炭中的劳动是决定其价值的重要因素。

能消费的还多。这时供给超过需求。所以，在不同的社会发展阶段，这些商品代表或等于的劳动量大不相同。

在任何一个社会发展阶段，谷物都是人类劳动的产物。由于各种劳动的平均产量大体上总是和其平均消费量相适应，也就是说，平均供给和平均需求相当。又由于无论在任何发展阶段，在同一土壤同一气候中，生产同样数量的谷物都需要花费几乎相等的劳动量（这是因为，虽然耕作改良了，但是劳动生产力的不断增加被农具价格的不断增加所抵消）。所以，可以确信：在一切社会发展阶段中，等量谷物都比等量其他土地生产物能更加正确地代表或交换等量劳动。正因为如此，我们才说谷物是比任何其他一个或一种商品更正确的价值尺度。所以，在各个发展阶段，我们用谷物与银相比，比用其他任何一个或一种商品与银相比，更能正确判断银的真实价值。

此外，在各个文明国家，谷物或其他植物性食物，都是劳动者生活资料的主要部分。农业发展使各国土地所生产的植物性食物都比动物性食物多得多。劳动者总是以最便宜、最丰富的食物为主要生活资料，所以除了最繁荣的国家或劳动报酬非常昂贵的地方，动物性食物都只占劳动者生活资料的很小部分。在法国，甚至在劳动报酬较高的苏格兰，一般贫民除非在节日或其他特殊场合，很少尝到肉味。所以，劳动的货币价格，在极大程度上取决于谷物的平均货币价格，而不是取决于家畜肉或其他土地生产物的平均货币价格。所以，金银的真实价值，在极大程度上取决于金银所能购入的谷物量，而不是所能购入的家畜肉量或任何其他土地生产物量。

不过，上述对谷物和其他商品价格的粗劣观察，不可能使那么多聪明的作家陷于迷途。

农人的七月 手抄本

在任何一个社会发展阶段，生产同样数量的谷物所耗费的劳动量都几乎是相等的。因此，等量谷物都比其他等量土地生产物能更加正确地代表或交换等量劳动。要判断白银在不同历史时期的涨落，谷物也是最好的标准。这幅插图描绘了北欧农夫在7月里剪羊毛和收获庄稼的情景。

他们还受到另一个流行见解的影响。当时普遍认为，国家的银量自然地随财富的增加而增加，所以白银的价值随之减少。这种见解毫无根据。

在任何国家，贵金属数量的增加可能由于以下两种原因：第一，供给贵金属的矿山的产量增加；第二，国家财富增加，即社会年产物增加。第一种原因的确会减少贵金属的价值，但是第二种原因则与之无关。

新的丰富矿山的发现，会使市场上具有更多数量的贵金属，但是生活必需品和便利品的数量如果跟从前一样，那么等量贵金属所能换得的商品量肯定比从前减少。所以，第一种原因必然减少贵金属的价值。

相反，国家财富增加，即社会年产物增加时，一方面，更大量的商品流通需要更大量的金银铸币，另一方面，人民由于买得起金银器皿，出于虚荣心而对金银器皿的需求增加。精美的雕像、绘画及其他各种奢侈品，由于同一原因也可能增加。雕刻家、画家在富裕繁荣时代所获的报酬不可能比贫穷萧条时代低，同样，金银的价值也不可能比贫穷萧条时代低。

所以，14世纪中叶到16世纪中叶这段时期，虽然不列颠及欧洲其他国家的财富都不断增长，但是不管贵金属的数量如何增大，都不可能减少贵金属的价值。搜集古代商品价格的作家，既然没有理由根据对谷物或其他物品价格的观察推断这个时期里白银的价值减低，那么就更没有理由根据国家财富的增加推断这个时期里白银的价值减低。

第二阶段

不管学者们对第一阶段银价变动的意见有多么不同，他们对第二阶段银价变动的意见却全体一致。

从1570年左右到1640年左右，大约70年的时期里，白银价值和谷物价值的走势完全相

贵族的婚礼庆典 波提切利 壁画 1483年

在贵金属矿的产出量增加或国家总体财富增长的情况下，市场上会出现更多的贵金属。前者会使贵金属的价值降低，而后者则至少会使贵金属的价值维持在原有水平上。图为两个意大利家族正为其子女的婚礼大肆庆祝。

反。白银的真实价值降低了，或者说所能交换的劳动量比从前少了，谷物的名义价格上升了，从前每夸脱小麦售价是2盎斯银，约合今币10先令，这时售价是每夸脱6盎斯或8盎斯银，约合今币30先令或40先令。

　　大家一致认为，美洲丰富矿山的发现，是这时期白银对谷物的比价降低的唯一原因。对这一事实和原因，从未发生过争执。这一时期，欧洲大部分产业都大

（上图）向塞尚致意 莫利斯·德尼斯 油画 1900年

　　国家财富的增加，会促使人们对于金银器皿、精美的雕像与绘画的需求增加。图为鲁东·维亚尔等巴黎画家们正众星捧月般地围着塞尚的静物作品。

（下图）印加的黄金 1200年

　　从1570年到1640年间，白银对应谷物的价值有所降低，美洲殖民地上银矿的丰富出产是直接原因。图为金制的秘鲁印加民族的至上神印提。

幅进步，对白银的需求随之增加，但是供给的增加远远超过了需求的增加，所以银价反而低落。有必要指出，美洲银矿的发现对英格兰的物价直到1570年以后才有影响，而这时已经距离发现波托西银矿20多年了。

第三阶段

发现美洲矿山所导致的银价低落，大概在1630年到1640年之间，或在1636年左右就已经停止。自那之后，银价似乎就开始上升。到本世纪，银价已经上升，而这种趋势在大概上世纪某时期就已经开始。

据记录，从1637年到1700年，即上世纪最后64年间，温莎市场上最优质小麦的平均价格，约为每夸脱2镑11先令1/3便士。这个价格比16年前的平均价格仅高1先令1/3便士。而在这60年间发生了2个事件，使当时谷物的缺乏远远超过收成不好所造成的程度。仅这2个事件就足以说明谷物价格这时略微上涨的原因，而不必以为银价又进一步下跌。

第一个事件是内战。它阻害耕作，妨碍商业，结果使谷物价格上升到大大超过当时收成情况所造成的程度。内乱的影响波及到不列颠的一切市场，而伦敦市场由于完全依靠远方给养，所受影响尤其惨重。所以，根据记录，温莎市场上最优质小麦的平均价格，1648年为每夸脱4镑5先令，次年为4镑，这两年的谷物价格大大超过1637年前16年的平均价格2镑10先令，总计3镑5先令。要是把这3镑5先令在最后64年中分摊，就足以解释为什么这么多年谷价只有稍稍上升。这两年的价格虽然是最高价格，但是内战所引起的高价格无疑不只是这些。

第二个事件是1688年颁布的谷物输出奖励法令。有人设想，这种奖励金会促进耕作，从而能增加谷物产量，使国内市场的谷价变得便宜。奖励金究竟能在多大程度上促进谷物

Israel ex. Curri Priuil. Reg.

内战中抢劫农舍的士兵

宗教内部出现的分歧不仅成为英格兰，也同样成为欧洲各国国内战乱的起因。在这期间，战乱与劫掠使农业遭受了严重破坏，使得谷价稍有上升，这也是为什么一些人误认为银价在下降的原因。

生产，减低谷物价格，我下面将会说明，但是我现在只想说，在1688年到1700年间，并没有发生这种预期效果。这个时期，奖励金的唯一效果是，曾经使丰年的剩余不够补偿灾年的歉收，反而抬高了国内市场上的谷物价格。1693年到1699年，英格兰普遍感到谷物缺乏。主要的起因是当时年成不好，整个欧洲都是如此，并不仅只英格兰这样。但是，由于政府继续鼓励对外输出谷物，确实增加了谷物缺乏的程度。所以，1699年曾有9个月禁止谷物输出。

在上述两件事发生的同时，还有第三件事发生。这件事虽然不会引起谷物的缺乏，也不会增加对谷物实际支付的银量，但是谷物价格的名义金额却必然会因此增加。这件事就是剪削和磨损造成的银币贬值。这种弊端开始于查理二世时代，此后日渐加剧，直到1695年。据朗迪斯所说，当时通用银币的价值比其标准价值平均约低25％。但是构成任何一种商品市场价格的名义金额，只由银币实际含银量决定，不由标准银币应该含有的银量决定。所以这时谷物价格的名义金额必然因此增加。

由此可知，在本世纪，白银对谷物的相对价格已经稍稍上升，并且这种上升的趋势，大

磨损使银币贬值

　　银币在流通过程中会受到磨损，这一事实自查理二世的时代以来，已使银币实际的含银量比标准含量下降了25％。市场会敏锐地觉察到这种变化并作出反应，18世纪初谷物价格名义金额的增加正是这一系列反应中的一种。

概在上世纪某时期就已经开始。

1687年，温莎市场上，最优质小麦的平均价格，每夸特为1镑5先令2便士。这个价格是1595年以来的最低价格。

所以，从上世纪某时期起，白银对谷物的相对价格已经上升了。到本世纪，这种上升的趋势虽然由于奖励金的作用，没有按照当时的实际耕作情形而显著起来，但是仍旧保持着上升。

在丰年时，奖励金由于促进谷物的输出，当然会使国内市场的谷价超过本应有的数目。但是奖励金制度的目的，就是在最丰收的年度仍要设法使谷价提高，从而鼓励继续耕作。

虽然在谷物歉收的年度，一般停止发放奖励金，但是奖励金制度还是会影响许多歉收年的谷价。这是因为奖励金使丰年的剩余物异常输出，而导致剩余量不够调剂歉收年的不足。这就是奖励金制度的弊端。

所以，不论在丰年或在歉收年，奖励金都会使谷价抬高到按照实际耕作情况本应有的价格。如果本世纪最初64年的谷物平均价格，比上世纪最后64年的谷物平均价格低，那么在同一耕作状态下，要是没有奖励金的作用，谷价就一定更低。

谷物平均货币价格上的这种变动，与其认为是谷物真实价值下落的结果，倒不如说是欧

杰尼维勒的麦田 贝尔特·莫莉索 油画 1875年

谷物价格的上升实际上还含有奖励金制度刺激的因素，为了鼓励继续耕作，奖励金制度即使在最丰收的年度仍会设法使谷价提高，而在谷物歉收的年度，政府虽然会停止发放奖励金，但是谷价还是会受到一直上扬的市价影响。

洲市场上白银的真实价值上升的结果。前面说，谷物和白银或任何其他商品相比，是更正确的价值尺度。美洲丰富矿山发现后，谷物的货币价格比从前上升了3倍甚至4倍。当时，人们都以为这不代表谷物的真实价值增加，而是白银的真实价值降低。所以，如果说本世纪最初64年的谷物平均价格比上世纪大部分时候都低廉，我们就应该同样说，这不代表谷物的真实价值降低，而是白银的真实价值增加。

英国的劳动货币价格，在本世纪中的确有所增加。但这种增加，不是由于欧洲市场上银价降低，而是由于不列颠普遍繁荣，从而对劳动的需求增加。法国没有英国繁荣，从上世纪中叶以来，法国的劳动货币价格随谷物平均货币价格的减少而日渐低落。在上世纪和本世纪，法国一般工人劳动一天的工资，几乎始终等于1塞蒂埃（1塞蒂埃约等于4温切斯特衡蒲式耳）小麦的平均价格的1/20。英国劳动的实际报酬，也就是付给劳动者的生活必需品和便利品的实际数量，在本世纪大幅增加。这种劳动货币价格的上升，不是由于欧洲一般市场上银价的跌落，而是由于英国这个特殊市场特别乐观的环境而使劳动的真实价格上涨。

美洲银矿发现后的初期，白银在欧洲市场上仍旧以原来的价格或不太低于原来的价格出售。所以这一时期银矿的利润非常大，远远超过一般水平。但是不久，人们就发现，高价输入的白银不能以高价卖出。白银能够交换的货物量逐渐减少，银价逐渐落到自然价格的水平。也就是说，银价仅够按照自然率支付上市所需的劳动工资、资本利润及土地地租了。前面说过，秘鲁大部分银矿都要向西班牙国王缴纳总产额的1/10作为赋税，从而吞食了全部地租。这种赋税，最初为总产额的1/2，不久减低到1/3，接着又到1/5，最后为1/10，一直继续到现在。对

畜牧业中蕴含的无限可能

改良技术的飞速发展，使得18世纪英国的农业环境呈现出欣欣向荣的景象，农场主们运用配种技术培养出比以往更肥更壮的牛。经济繁荣使得英国市场对于劳动力的需求走高，劳动力的货币价格也随之上扬，而并非是缘于想象中的银价跌落。

秘鲁大部分银矿来说，这就是偿还矿产家资本并支付其一般利润后剩下的全部。矿产家的利润曾经非常高，现在却仅够使他继续开采了。这是大家都承认的事实。

美洲银矿自从发现之日到现在，其出产物的市场一直在扩大。

为了供给广阔的市场，每年各矿山生产的银量，不但要供应所有繁荣国家不断增加的对银币和银器的需求，还要弥补所有国家银币和银器的不断磨毁。

贵金属用作铸币、器皿，以及使用范围非常广泛的各种商品，这种消耗是非常巨大的。这些消耗每年必须有极大数量的供给。某些制造业中所消耗的贵金属，跟总消耗比起来也许不算多，但是由于消耗的速度很快，所以感觉特别明显。例如在伯明翰，某些制造业镀金包金所使用的金银量，每年总计达英币5万镑。这5万镑金银一旦用于这种用途，就绝对不可能再行恢复。由此我们可以想到，全世界类似伯明翰这种制造业，以及镶边、彩饰、金银器、书边镀金及家具等物上所消耗的金银，每年不知道有多少。这些金银在运输过程中所损失的数量也肯定不少。此外，亚洲各国普遍有把宝物埋在地下的习惯，埋藏的地点当埋主死掉以后往往无人知晓。这种习惯也会增加金银的损失。

和金银相比，每年由矿山提供给市场的铜和铁的数量要大得多。但是我们并不因此就认为这些贱金属的供给会超过需求，从而使其价格日趋下降。那么，我们有什么理由认为贵金属就会这样呢？铜和铁比金银耐磨，但是其磨损的机会大大高于金银。它们比金银的价值小，所以人们对其保存也不像对金银那么上心，但是，金银并不一定比铜和铁更能长久保存，它也经常以各种方式毁损和消磨。

所有金属的价格虽然都会有变动，但是跟其他土地生产物相比，其逐年变动的幅度非常小。贵金属价格突然变动的可能性比贱金属更小。金属价格之所以不易变动就在于它的耐久性。去年上市的谷物，到今年年终就会全部或几乎全

金碧辉煌的歌剧院

所谓的流行理论试图使人们相信，贵金属不易消耗，而且多年来不断地涌入市场，这必然会造成供大于求。事实上，大规模的制造业与建筑业将在镀金等工业环节中消耗大量不可恢复的贵金属，所谓的"供大于求"并不存在。图为1783年建于俄罗斯圣彼得堡的巴洛克风格的马林斯基歌剧院。

诱人的小吃

即使贵金属的价格在发生变化，相对于可食用的土地产出物，其变化也是微乎其微的。可食用的土地产出物一方面年产量不够稳定，另一方面又极易被作为生活资料而消耗掉，难以在市场中保持稳定的占有率。

部吃光，但是几百年前所采出来的铁，到现在可能还在使用。几千年前所采出的黄金，也可能有一部分还在使用。每年消费和生产的谷物量相比，总是保持大概稳定的比例，但是不同年份所使用的铁的数量，几乎不会受到该年铁矿产出量偶然变化的影响。所使用的金量更不会受金矿产出量变动的影响。所以，金属矿和谷物相比，虽然前者的产量每年变动更大，但是价格变动却很小。生产量对这两种不同生产物价格的影响是不一样的。

黄金价值和白银价值比例的变动

在美洲的矿山被发现之前，欧洲各造币厂所规定的纯金对纯银的价值比例为1∶10至1∶12，即1盎斯纯金的价值被认为与10至12盎斯的纯银相等。到上世纪中叶，这一比例改变为1∶14至1∶15，即1盎斯纯金的价值被认为与14至15盎斯的纯银相等。于是，金所能交换的银量增多了，即金的名义价值增加了。金银这两种金属的真实价值虽然都有所下降，但是银比金落得更低。由于美洲金矿银矿的发现，金银的丰富程度比过去任何时候都多，但是银矿比金矿似乎更加丰富。

每年由欧洲大量向印度输运白银，使得英国一部分殖民地的银价对金的比例日趋下降。

银柄象牙餐具 荷兰 约1860年

根据历史数据来计算，自欧洲各国大力开采美洲矿藏之后，金、银这两种贵金属的真实价格的确较以往稍有下降，而由于银矿产量较金矿产量更为丰富，故而只有以更多的白银才能交换到与以往等量的金，也就是说白银相对于金的名义价格下降了。

加尔各答的银价与欧洲一样，认为1盎斯纯金价值等于15盎斯纯银。这个比例和黄金在孟加拉市场的价值相比有点太高。中国的金银价格比例仍旧是1∶10或1∶12，日本据说是1∶8。

根据梅更斯先生的计算，每年输入欧洲的金银数量的比例将近1∶22，也就是每输入1盎斯黄金，就同时有22盎斯白银输入。但是，输入欧洲的白银又有相当一部分转运到东印度，于是留在欧洲的金银数量比例大概跟其价值比例相同，即1∶14或1∶15。他似乎有一种误解，认为这两种金属的价值比例一定等于数量比例。所以他认为，如果没有白银不输出，那么它们的价值比例就会是1∶22。

但是两种商品的价值比例与它们在市场上的数量比例，不一定相等。例如，一头值10几尼的牛的价格，约为一头值3先令6便士的羊的价格的60倍，但是如果我们就此推断，市场上有一头牛，就有60头羊，这是非常荒谬的。所以，如果根据金银的价值比例是1∶14至1∶15，就以为市场上的金银数量比例是1∶14至1∶15，也是非常荒谬的。

通常，市场上金和银的数量之比，比它们的价值之比，要大很多。在市场上，廉价商品与高价商品相比，前者的数量要远远多于后者，总价值也大于后者。例如，每年上市的面包，不仅数量比家畜肉多，价值也比家畜肉大。因为购买廉价商品的顾客肯定比购买高价商品的顾客多，所以廉价商品能售出更多的数量和更大的价值。廉价商品的总量对高价商品的总量的比例，通常肯定大于一定数量高价商品的价值对等数量廉价商品的价值的比例。

从某种意义上讲，白银的价格可能永远比黄金低，但是从另一种意义上讲，就今天西班牙市场的情况看，或许可以说黄金比白银便宜。这是根据两种金属的价格在多大程度上更接近其可能长时期供应市场的最低价格所说的。所谓最低价格，就是它只够

路边的招牌

在经济领域中，表面的价格并不能说明一切，虽然金相对于银的价格比以往略高，但是并不意味着金矿能比银矿带来更多的地租收入。图为一家面包店摆在路旁的招牌，表面价格很高的面包也未必能给商家带来较多的收入。

补偿商品上市所需的资本和提供一般利润，不能提供地主的地租。这种最低价格全部由工资和利润构成。现在在西班牙市场上，黄金比白银更接近于这种最低价格。

钻石和其他宝石的价格，现在或许比黄金更接近这个最低价格。

怀疑白银价值仍继续下降的根据

现在欧洲的财富正在日益增加。流行观念认为，贵金属的数量会随着社会财富的增加而增加，而贵金属的价值会随着数量的增加而下降。所以很多人相信，欧洲市场的金银价值一直在跌落。而许多土地生产物的价格正在不断上升的事实，使他们更相信这种错误的观念。

我已经说过，由于国家财富增加而增加的贵金属数量，绝对不会降低贵金属的价值。可以再解释如下。富国的奢侈品和珍奇品肯定比穷国多，这不是因为它们在富国便宜，相反是因为它们在富国昂贵。因为它们可以在富国卖得更好的价格，所以它们都流入富国。贵金属流入富国的原因也是如此。如果没有这种优越性，就不会有这种趋势。

我也说过，谷物，以及一切人类劳动的生产物，如家畜、家禽、各种猎物、地下有用的化石和矿物等，都会随着社会财富的增长和技术的改进而变得昂贵。这些商品能够比以前交换更多的白银，但是我们不能因此就说白银的价值降低。我们只能说，这些商品的实际价值增加了，所以其名义价格也提高了。银价实际上并没有低落。

改良进程对三类天然产物的不同影响

有三类天然产物。第一类，人类的劳动无法使其数量增加；第二类，人类的劳动能使

艺术品陈列室 瓦萨里 油画 18世纪

正是由于富国市场内各类生活必需品及奢侈品的极大丰富，才有能力使更多金银进入市场流通。这幅油画表现了在意大利文艺复兴时期，对古代艺术品的欣赏成为流行的时尚，艺术家的陈列室中也招徕到大批的顾客。

其数量随需要增加；第三类，人类的劳动虽然能使其数量增加，但是增加的实际数量却不一定如人意。随着社会财富的增长和技术的改进，第一类天然产物的真实价格可以无限制地上升；第二类天然产物的真实价格虽然可以大幅提升，但是不能长久超过某一限度；第三类天然产物的真实价格在改良进程中也有提高的趋势，但是在同样的改良程度下，价格则有时下降、有时上升、有时不变，随意外事件而定。

关于银价变动的结论

谷物或者一般商品的价格低廉，表明金银的价格昂贵。金银的价格昂贵，根据供需关系，可以推断金银的数量稀少。有一种经济学体系，认为金银数量多的国家就富裕，金银数量不足的国家就贫穷。于是，搜集古代商品货币价格的很多研究者，就以谷物或者一般商品的价格低廉，证明当时的一般国家都贫穷、野蛮。关于这种经济学体系，我将在第四篇详细说明。在此我仅想说，金银价格的昂贵，只可以证明供给世界市场的金银矿山的贫瘠，不能证明某个国家的贫穷、野蛮。原因如下：只有富国才能支付金银的高价格，贫国不能，所以富国的金银价格才昂贵。例如，中国比欧洲任何国家都富得多，但是金银的价格在中国就比欧洲各国都高很多。

正如金银价格的低落不能证明一个国家的富裕繁荣，金银价格的昂贵（也就是谷物或者一般商品的价格低廉）也不能证明一个国家的贫穷野蛮。

不过，虽然谷物的价格低廉不能证明一个国家的贫穷野蛮，但是某些特殊商品，如牲畜、家禽、各种猎物的价格比谷物低廉，却差不多可以证明这个国家的贫穷野蛮。这明显可以说明两个事实。第一，这种产物的数量比谷物多，可以推知畜牧荒地的面积比谷物耕地大

1588年的伦敦

一度在欧洲流行的重商主义学说认为金银数量多的国家很富裕，而金银数量不足的国家则比较贫穷。但是金银价格的昂贵，实际上只能证明金银矿产不足，无法满足世界市场的需求，而不能证明某个国家的贫穷、野蛮。此图表现了1588年伦敦泰晤士河上繁忙的水运状况。

得多；第二，畜牧荒地的地价比谷物耕地低廉，可以推知该国的大部分土地没有加以耕种和改良。这可以说明，这个国家正处于社会发展的低级阶段。

如果完全是由于银价的跌落引起物品价格的上升，那么所有物品的价格应该受到同等比例的影响。也就是说，如果银价降低1/3、1/4或者1/5，所有的物品价格也应该同样升高1/3、1/4或者1/5。但是，现在人们议论纷纷的各种食品价格的升高，其比例却参差不齐。从本世纪的情况看，即使是那些认为由于银价跌落而引起物价上升的人们也承认，谷物比其他食品的价格上升率小得多。所以，不能认为其他食品的价格上升全部由于银价跌落，而必须考虑其他的原因。我前面所说的那些原因，也许已经可以解释这一点，而不用去假设是由于银价跌落。

直到最近的异常不良季节以前，本世纪最初64年间的谷物价格比上世纪最后64年间低廉。这个事实，温莎市场的价格表、苏格兰各郡公定谷价调查表，以及法国麦桑斯和杜普雷·得·圣莫尔所努力搜集的许多市场账簿都可以证明。这种证据本来很难得到，但是现在比预期的还多。至于最近10年或12年的谷物高价，可以用年成不好来充分解释，不必假设是由于银价跌落。

所以，没有任何确凿的证据能说明银价在不断跌落。持这种错误见解的人，对谷物价格和其他食物的价格都没有认真地观察。

也许有人说："即使照上面的解释，但是等量的白银所能购买的某种食品的数量确实比以前少了；这个事实，无论是由于白银的价格跌落还是这种食品的价格上涨，对于一个只有

准备进入围栏的牛仔 弗雷德里克

当畜牧业产品的价格比农产品价格低廉时，基本上可以判断出这个国家的土地改良处于非常低级的阶段，国力必定相当屏弱。图为19世纪下半叶，美国牧场主为了使散牧的牲畜不致侵害田地里的庄稼，发明了以围栏圈养的方法。

一定数量白银的人来说，确定这种区别毫无意义。"我当然不敢说，知道这个区别就能以便宜的价格买到货物，但是知道这种区别绝不是毫无意义。

知道这种区别，就可以确定一个国家的繁荣程度。如果某种食品的价格增加只是由于白银价格的降低，那么我们只能知道美洲的矿山非常富饶，而不能知道国家的真实财富，即土地和劳动的年产物情况如何。它或许像葡萄牙、波兰那样，正在日渐衰微，或者像欧洲其他大部分地方那样，正在日益繁荣。土地是一个国家中最大、最重要、最持久的财富。如果公众能够知道，这最大、最重要、最持久的财富正在增加，那么对他们来说至少能得到一定满足。

现在正处于歉收年份，昂贵的谷物价格肯定使一般贫民受苦。在丰年，谷物以一般价格出售，其他生产物的价格自然上升，但不会使他们太受苦。更有可能使他们感到痛苦的，是食盐、肥皂、皮革、麦芽、啤酒等制造品，由于征税所导致的人为涨价。

改良进程对制造品真实价格的影响

改良会自然地逐渐降低一切制造品的真实价格。一切制造业的费用都会随着改良逐渐减低，没有例外。机械改善、技巧进步、分工细化，这些都会使任何工作所需的劳动量大减。虽然社会繁荣会使劳动的真实价格大幅增高，但是必要劳动量的减少足以补偿劳动价格的增高而绰绰有余。

确实有些制造品，从改良所得的利益不够补偿原料真实价格的增高。例如很多木器，其制作过程由于使用最好的机器、最大的技巧、最完善的分工，而使劳动量大大减少，但是这些都补偿不了木材的真实价格由于土地改良而上涨。但

如此美好 1852年

如果商品价格的提高的确是缘于传说中的银价低落，那么各种商品价格上涨的幅度应该完全一致，但历史数据再一次证明事实并非如此，谷物的高价实际上是由连年的歉收造成的。孩子站在老旧的椅子前，面前的一份简单而廉价的早餐已经让他感觉如此美好。

土地的价值 怀斯 油画 1948年

　　一旦认识到贵金属价格涨落的真正原因，我们就会意识到唯有土地及其带来的劳动年产物，才是一个国家中最重要与持久的财富。一位年轻的女子坐在广袤的原野上，俯身向前，像是已经为大地的丰厚与慷慨而感到满足。

轧铁工厂 门采尔 油画 1875年

　　对于一切制造业的产品，改良的进程无疑会使它们的价格持续降低，特别是以铜、铁、铝等贱金属为原料的制造品。这幅油画描绘了在烟雾弥漫、机轮滚滚的钢铁厂中工人们紧张忙碌的工作气氛。

是，在原料的真实价格没有增加或增加有限的场合，制造品的真实价格一定会大幅下降。

　　这两个世纪，物价跌落最明显的要数以铜、铁、铝等贱金属为原料的制造品。上世纪中叶需要20多英镑才能买得的手表，现在恐怕只需要20先令。铁匠所制成的物品、各种钢铁玩具，以及伯明翰、设菲尔德（这两地的钢铁产品赫赫有名）出品的一切货物，价格跌落的程度虽然没有手表那么大，但是也使欧洲其他地方的工人惊讶。他们在许多场合承认，即使以2倍甚至3倍的价格，他们也造不出同样优良的产品。也许以贱金属为材料的制造业比其他制造业都更适宜分工和机械改良。它们的制造品价格特别低廉，就不足为怪了。

本章结论

我将以下面这个结论来结束这冗长的一章。即，每一次对社会状况的改良，都会直接或间接地提高土地的真实地租，使地主的真实财富增加，从而对他人的劳动或劳动生产物有更大的购买力。

土地改良和耕作的扩大，可以直接提高土地的真实地租。随着土地总的生产量的增多，地主所得的份额必然随之增多。

有一部分土地的天然产物，其真实价格的提高，最早是土地改良和耕作扩大的结果，后来又成为促进土地改良和耕作扩大的原因。例如，牲畜价格的提高，会以更大的比例直接提高土地地租。牲畜的价格提高，是由于真实价值提高，而这种提高并不需要比以前多的劳动量来取得，也就是说，只需较小的部分来补偿雇佣劳动的资本及支付一般利润，所以留给地主的地租部分就多了。

劳动生产力的提高，既然能直接降低制造品的真实价格，也就能间接提高土地的真实地租。地主通常会把他消费不了的土地产物拿来交换制造品，所以凡是能够降低制造品真实价格的东西，都可以提高土地产物的真实价格，也就是提高了土地的真实地租。因为，等量的土地产物这时可以换得更多的制造品，也即更多的便利品、装饰品和奢侈品。

社会真实财富的增加，社会所雇佣的有用劳动的增加，都会间接提高土地的真实地租。这些财富和劳动，必然有一部分流向土地。土地生产物会随着所投资本的增加而增加，地租也会随生产物的增加而增加。

如果与上述情况相反，例如忽视土地改良和扩大耕作，就会导致土地生产物真实价格的降低，从而减少地主的地租。制造技术退步、制造业衰退导致制造品真实价格提高，以及社会真实财富的减少，也会降低土地

提供种羊 1810年

畜牧业的改良会使家畜的市场价格大幅提高，并为地主留下了较多的地租。图为英国牧主罗伯特·贝克威尔向那些希望提高畜群质量的农民租借品种优良的公羊。他的羊经过特殊的选择工序，生长周期短而且肉质鲜美。

的真实地租，使地主的真实财富减少，对他人的劳动或劳动生产物的购买力减少。

前面已经说过，一个国家土地和劳动的全部年产物，其价格自然分解为土地地租、劳动工资和资本利润三部分。这三部分，构成三个阶级人民的收入。这三个阶级，即分别以地租、工资和利润为生的三种人，他们构成文明社会的三个主要和基本的阶级。其他阶级归根结底都是从这三个阶级取得收入。

由此可知，在这三大阶级中，第一个阶级即地主阶级的利益，是和社会一般利益密切相关、不可分割的。只要是对社会一般利益有影响的，必然同样影响地主阶级的利益。地主在谈论商业及政治问题方面，为本阶级的利益打算——如果他们对本阶级的利益很清楚，绝不会误导国家。但是他们往往不清楚自己阶级的利益。在上述三个阶级中，地主阶级是特殊阶级，他们获得收入非常容易，不用劳心也不用劳力。他们的安乐稳定地位使他们很容易懒惰，而懒惰不但使他们无知，并且使他们不会思考，以预测和了解任何国家规章的结果。

第二个阶级，即靠工资生活的阶级的利益同样与社会利益密切相关。前面说，当社会处于进步状态时，对劳动的需求不断增加，劳动者的工资最高。当社会处于停滞状态时，劳动者的工资就会降低到只够他们维持生活。当社会处于退步状态时，他们的工资甚至会降低到最低限度以下。劳动者在社会繁荣的时候享受不到地主阶级那样大的利益，在社会衰退的时候却比任何阶级都要承受最大的痛苦。但是，虽然他们的利益和社会利益息息相关，但是他们却没有理解一般社会利益的能力，更不能理解自身利益与社会利益的关系。他们没有时间接受这些信息，即便有时间也没有足够的知识理解、正确判断这些消息。所以，在讨论商业及政治问题方面，只有当雇主为了自己的特殊目的鼓动劳动者发言的场合，劳动者才发表意见。他们很少能有发言权，至于他们的发言受到人们的尊重就更加少见。

第三个阶级，即靠资本利润生活的雇主阶级。为追求利润而使用的资本推动着社会大部分有用劳动。资本家的规划设计支配着劳动者的一切主要活动。但是，他们的规划和设计都

英国农庄 哈姆夫利·拉伯顿 1790年

依靠出租土地收取地租为生的阶级，即地主阶级，他们的利益是与整个社会的一般利益密切相关的。他们这个阶级获得收入非常容易，因此也非常容易成为懒惰而无用的阶级。图为18世纪英国某地的农庄，耕地用围栏保护着，牛羊则散牧在未利用的土地上。

是为了追求利润。利润跟地租和工资不同，不会随着社会的繁荣而上升，随着社会的衰退而下降，相反，它在富裕的国家高，在贫困的国家低，在迅速衰退的国家中最高。所以这一阶级的利益跟前两个阶级不同。商人和制造业者通常是这一阶级的主要代表，使用的资本最多，最富裕，所以也最受到社会尊重。他们比大部分地主具有更敏锐的理解力，这是因为他们终日规划和设计。但是他们通常只为自己的利益打算，不为一般社会利益打算，所以他们的判断即使在最无私的时候，也总是取决于对前者的考虑，而不是后者。他们比地主精明，但这与其说他们更理解公众利益，不如说他们更理解自身的特殊利益。因为他们比地主有更深的理解力，所以他们往往利用地主的无知行使诈骗手段，使地主相信，他自身（指地主）的利益不是公众利益，唯有他们（指资本家）的利益才是公众利益，从而使地主放弃自己的利益和公众利益，去迁就他们。事实上，资本家的利益和公众利益往往不同，有时甚至相反。对资本家来说，符合他们利益的是扩大市场，减小竞争。前者对公众有利，后者则不利于公众。竞争减小以后，资本家的利润就会提高到一般水平之上，而公众却不得不承受不合理的负担。所以，对这个阶级所提出的任何新商业法规，都应该十分小心地予以考察，绝不能随便采用。因为这个阶级的利益，一般来说，就是欺骗公众，甚至压迫公众。事实上公众也经常受到他们的欺骗和压迫。

在展厅中小憩的商人们

雇主阶级依靠资本利润生活，他们有头脑，精明，终日规划和设计如何谋取更高利润。然而他们通常只为自己的利益打算，是三大阶级中唯一一个与社会利益不一致的阶级。图为寻求投资机会的英国商人在富丽的展厅中小憩。

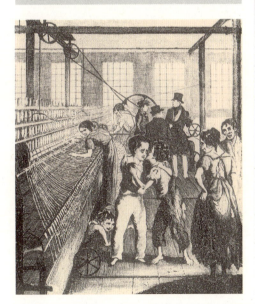

（上图）纺织厂中的童工

靠工资生活的劳动阶级在社会进步时，可以获得相对较高的工资，而一旦社会走入衰退，他们就要比另外两个阶级承受大得多的痛苦。图为英国工业革命时期在纺织厂里工作的妇女与童工，他们存在的全部意义就是为雇主创造更多的利润。

第二篇
论资产的性质、积累和用途

引言

　　在没有分工、缺少交换、自己所需要的物品都自己供给的原始社会，人们从事社会事业，没有必要预先存储资产。肚子饿了，就去打猎；缺少衣服，就剥取兽皮作衣；房子坏了，就砍伐树木、拾取茅草，进行修葺。人人都尽力依靠自己的劳动，取得随时随地的需求。

　　在分工广泛实行之后，一个人的劳动产品，就只能满足他随时随地需要的极小一部分。大部分需要，不得不依靠其他人的劳动产品。这些产品，必须购买而得。购买的手段，就是通过他自己的劳动产品，或者说，他自己的劳动产品的价格。在此之前，他必须首先制造出劳动产品，再把它卖出去。而在此之前，他必须先有一个地方存储各种物品，以维持自身生活的需要、提供原

制作装饰品的埃及工匠

　　分工出现之后，一个人仅靠自己生产的产品无法满足全部生活需要，他必须用自己的产品或以自己产品售出所得的金钱，购买所需要的生活资料。所以，在他制作自己的产品及产品尚未售出的阶段，他必须有足够的积蓄维持生活，这就是资本积累最原始的状态。

料以及劳动工具。例如一个织匠，在织物尚未完成、没有卖出之前，必须在自己手中或者他人手中存有生活资料以及原料和劳动工具。很明显，这种资产的存储，必须在从事这个职业之前很久就完成。

　　按照事物的本性进行推究，资产的存储，必然在分工之前。预先存储的资产越丰富，分工的程度就越可能精细。分工的程度越精细，同一数量工人所能加工的原料，就能按更大的比例增加。每个工人所担任的操作，由于分工而变得简单，也就更有可能发明出简便迅捷的机器，使操作更加简单。所以，分工进步之后，如果雇佣的工人数量不变，那么需要预先存储的工人的食物数量可以不变，但是预先存储的原料和劳动工具却要比未进步以前多。而一个行业分工越精细，所需要的工人数量就越多，或者说使分工能够越来越精细的，正是因为工人数量的增多。

　　要大大改进劳动生产力，预先存储资产是绝对必要的，并且存储资产自然会改进劳动生产力。所有投资的人，都自然希望其投资能尽量生产出最多的产品。所以，他不仅要对工人进行合理的分工，而且就机器方面，尽量发明或购买最好的。但在这两方面的能力，往往要看他拥有多少资产，以及能雇佣多少工人。所以在一个国家里，不仅产业的数量会随着资产的增加而增加，而且资产的增加，还会使同样数量的产业生产出更多的产品。

在楼梯上工作的学生 弗朗西斯·本杰明·约翰斯顿 摄影 1899—1900年

　　资产的增加对提高劳动生产力是大有好处的。预备的资产越丰厚，分工才能越精细，才能提高工人的效率。这一组6名安装梯子的学生，各有明确的分工，将有效地提高工作进度。

第1章　论资产的分类

　　一个人如果只有很少的积蓄，只够维持几天或者数周的生活，那么他很少会想到利用它来进行投资。他会非常谨慎地花费它，并且在花完之前，尽量依靠自身的劳动来增加它。各国的贫苦的劳动者，一般都是这样的，他们的所有收入都来自于自身劳动。

　　一个人如果有充足的积蓄，足够他维持数月乃至数年的生活，他自然会期望从中获得投资的收益。他会把积蓄分成两部分，一部分用来维持自己的生活，一部分用来投资。用来投资的这部分，就叫做资本。用来维持自己的生活的部分，又可以分为三部分：一部分是预先为这一目的留下来的；一部分是之后又获得的，不管其来源如何；一部分是用上两项买来，而还没有用完的物品，例如被子、衣服等等。为目前消费而保留的资产，就是以上三项：或三项只有一项，或三项有其两项，或者三项都有。

　　为投资者产生收益，即利润的资本有两种使用方法。

　　第一种，生产制造，或者买入商品，然后再卖出去，以差价获得利润。这种资本如果留在投资者手里，保持原态，那么不可能产生利润，唯有在流通中，才能

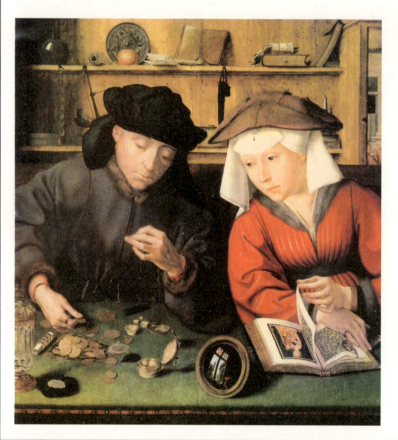

放贷者和他的妻子　昆丁·梅特西斯　油画　1529年

　　当一个人所拥有的资产足够维持很长一段时间的生活，他自然希望利用这笔资产中的一部分来获得更多的收入。放贷者仔细地看着秤上的斤两，他的妻子手中拿着祈祷书，眼神望向丈夫称量金银的双手。

产生利润。商品买进来了，没有卖出去，当然没有利润。货币也是一样，没有这个一买一卖的过程，就无法产生利润。这种必须在流通中才能产生利润的资本，叫做流动资本。

第二种，用资本来改良土地，或者购买先进的机器，等等。这种资本不经过易主转手，不需要流动，就可以获得利润，所以叫做固定资本。

一个国家或一个社会的总资产，也就是所有居民的资产，也自然地划分为这三个部分，各有其功能和作用。

第一部分，即留供目前消费的资产，其特点是不产生任何利润。已经由消费者购买，但是还没有完全消费掉的食品、衣服、家具等物，属于这一类。仅供居住的房屋，也属于这一类。投在房屋上的资产，如果由所有者自己住，那么

就失去资本的性质，也就是说，它不能对房屋主人产生任何利润。这样的房屋，其性质和衣服、家具一样，虽然很有用，但是都不能给他提供收入。它是支出的一部分，而不是收入的一部分。把房子租给别人，可以收取租金，从而房屋主人得到收入。但是房屋本身不能生产任何东西，租户仍得从劳动、资本或土地上所得的收入来支付租金。所以对房屋主人来说，它提供收入，可以作为资本，但是对社会全体人民来说，则不提供收入，不能作为资本。它不能增加全体人民的收入。同样，衣服和家具，有时候也可以提供收入，从而对特定的个人来说有资本作用。化装晚会盛行的地方，就有人以出租化装衣服为业，一夜收取若干钱。家具商人常常按月或者按年出租家具；殡仪店一般按天或者按星期出租殡葬用品。还有许多出租的房屋，不仅收取房租，还收取家具租。这种租借的事情哪里都会发生，但是这种由出租而得来的收入，归根结底都是出自其他收入来源，而不能增加整个社会的收入。此外还有一

房屋的经济意义

国民资产中有一部分主要是用于保留及当前消费的，其特点是不产生任何收入或利润。自住的房屋就属于这一类的资产，它并没有给所有人带来任何收益，仅有被出租之后经由租金带来收益之后，才能被视作是一种固定资本。

件事情需要注意，就是无论就个人还是社会来说，在留供目前消费的各种资产中，消费最慢的是房屋。衣服可以穿好几年，家具可以使用50年或者100年，但是建筑坚固、保护得当的房屋，却可以使用好几百年。不过即便如此，房屋的性质还是不变，和衣服、家具一样是供目前消费的资产。

第二部分，即固定资本，其特点是不需要经过流通，就可以产生利润。其中主要包含四项：第一项，一切使劳动变得方便和快捷的机器与工具。第二项，一切能够获得利润的建筑物，如商店、堆栈、工场、农屋、厩舍、谷仓等。这类建筑物和住屋大不相同，它不仅为出租房屋的屋主提供收入，更重要的是，对租屋的人来说是获取收入的手段。这种建筑物应该被看作是生产经营的用具。第三项，用开垦、排水、围墙、施肥等方法投入的，使土地变得更适于耕作的土地改良费。改良的土地就像好用的机器，可以使劳动变得方便和快捷，从而更加有效——使投资者投入等量流动资本能产生更多的利润。此外，和机器相比，机器较易磨损，而改良的土地却比较耐久。农场主除了按照最有利的方法投入耕作所必需的资本外，对土地几乎不用多管。第四项，社会上一切人民所学到的有用才能或技术。学习任何才能或者技术，都需要付出相当成本，或者进学校，或者做学徒，都要花费不少资本。这些耗去的资本，好像固化在

托马斯·爱迪生

社会上所有人已经掌握的才能，也是国民固定资本的构成之一。托马斯·爱迪生的众多发明曾对人类社会的发展产生过的质的影响，称得上是一种收益不可计量的社会资本。

劳动者身上，成为劳动者本人的资本，也成为整个社会的资本。这种固定资本，就像使劳动变得简捷高效的机器一样，能产生很多利润。学习的时候，虽然要花一笔钱，但是这些钱以后能够多倍地挣回来，从而产生利润。

第三部分，即流动资本，其特点是必须依靠流通、改变所有者才能产生利润。它也包含四项：第一项，货币。以下三项流动资本必须依靠货币才能实现周转并分配给真正的消费者。第二项，屠户、牧畜养殖者、农场主、谷商、酿酒商等人所拥有的食物，他们出售这种食物来获得利润。第三项，耕作者、制造者、布商、木材商、木匠、瓦匠等人用来加工成衣服、家具、房屋等的材料。不管这些材料是最原始的材料还是半成品，只要没有成为制成品，就属于这一类。第四项，已经制成但仍然保留在制造者或商人手中，尚未出售给真正的消费者的商品，例如锻冶店、木器店、金店、宝石店、瓷器店以及其他各种店铺柜台上陈列着的制成品。

这四种流动资本中的三种——食物、材料、制成品，会在一年或者差不多的时期内，转化成固定资本，或者留供目前消费的资产。固定资本都是由流动资本转化来的，并且要不断地由流动资本来补充。经营中使用的一切机器、工具，都出自流动资本。制造机器的材料，制造机器的工人的费用，以及机器制成以后的维护费，都来自流动资本。没有流动资本，固定资本不能产生任何利润。没有流动资本，即使最有用的机器、工具，也不能生产一点东西。没有流动资本，土地不管怎

流动的资本

流动资本是指那些要依靠流通才能转化并改变所有者收入的部分资本。对于酿酒商来讲，它包括各种制酒原料及存在库中尚未卖出的酒；对于零售商来讲，它可能是陈列在架子上未被消费者买走的各种商品。图为在以色列北部的一家酿酒厂中工作的工人。

样改良，也不能产生收入。

固定资本和流动资本具有同一个，也是唯一的目的，就是使留供目前消费的资产不致缺乏，而且能够增加。社会全体人民的衣食住行，都依赖这种资产，其富裕程度，也取决于这种资产是丰饶还是贫乏。

为了补充社会上的固定资本和留供目前消费的资产，需要不断从流动资本中抽出大部分，从而流动资本也需要不断地补充，否则很快就会枯竭。流动资产的补充主要有三个来源，即土地产物、矿山产物、渔业产物。这三个来源不断供给食物和材料——其中有一部分通过加工制为完成品。此外，还必须从矿山采掘必要的金属作为货币的补充。货币虽然属于流动资本，不属于固定资本或留供目前消费的资产，但是像其他东西一样，货币难免磨损，或输往外国，所以也需要不断地补充，只不过数量少得多罢了。

固定资本和流动资本对于土地、矿山和渔业的经营而言都是必需的。这些产业所生产的产品，一方面要偿还投资者投入的资本，益以利润，另一方面还要兼顾社会上一切其他的资本，也益以利润。制造业中的劳动者消耗食品等生活资料的需求，年复一年地都是由农民生产的产品满足的，而农民对于工业品的需要，则由制造业的产品进行满足。虽然两个产业的

安特卫普市场 油画 约18世纪

　　安特卫普是16世纪欧洲最重要的贸易港口，在城内繁荣兴旺的市场中每天涌现出大量的商机。类似的市场为流动资本进入流通提供了种种途径，而固定资本也在流动资本不断转化的过程中得到补充，使整个城市得以快速的发展。

劳动者彼此之间很少直接
进行产品互换，但实际情
况大抵如此。正如我们知
道的，农民的产品就是
谷物、牲畜、亚麻、羊毛
等，需要用来交换衣服、
家具和农业工具，但买
谷物、牲畜、亚麻、羊毛
等的人却未必可以直接满
足他们的所需。所以农民
先用产物换取货币，然后
再用货币购买需要的制造
品。经营渔业和矿业的资
本，也至少有一部分由土
地来补充——从水里捕鱼，
从地里掘矿，都离不开地
面上的产物。

土地、矿山和渔
业的生产量，在自然生
产力大小相等的场合，
和投资量的大小以及资
金使用情况的好坏成比
例。在投资量相等、资
金使用情况同样得当的场合，就和自然生产力的大小成比例。

在一个生活比较安定的社会里，稍有常识的人，都会把自己的资产，要么追求目前的
享乐，要么追求未来的利润。追求目前的享乐，就属于留供目前消费的资产。追求未来的利
润，就属于资本。而这又分为留在自己手里生利的，和流通出去生利的。前者属于固定资
本，后者属于流动资本。在生命财产相当安全的情况下，一个人如果对他的资产不用于上述
任何用途，那么我敢肯定他是疯了。

在赛道上 让·麦兹格尔 油画 约1914年

亚当·斯密认为当任何个人拥有可支配的资本时，他必然会表现出人类追逐资本增长的本
能，就像资本具有寻求自身增长的本能一样。赛车手努力地做着蹬踏动作，身后推动他不断前进
的也是一种取胜的本能。

第2章 论作为社会总资产的一部分或 作为维持国民资本费用的货币

我曾在第一篇指出：由于商品的生产制造和运输到市场，需要使用劳动、资本与土地，所以大部分商品的价格都可以分解为三个部分，即劳动工资、资本利润和土地地租。虽然有些商品的价格仅由工资和利润构成，甚至还有极少数商品的价格仅由工资构成，但是不管怎样，商品价格总被分为上述三部分中的一个或全部。不属于地租也不属于工资的部分，一定属于利润。

特殊商品的情况如此，构成全国土地和劳动的年产物的全部商品情况也是如此。一个国家年产物的总价格或总交换价值，一定分解为这三个部分而分配给国内的居民。不是劳动工资，就是资本利润，或者土地地租，三者必居其一。

一个国家年产物的全部价值，虽然这样分配给居民，成为每个居民的收入，但是，就像个人私有土地的地租可以分为总地租和纯地租一样，国内全部居民的收入，也可分为总收入和纯收入。

个人私有土地的总地租，包含农场主付给地主的所有支出。在总地租中，减去管理、修缮的各种必要费用后，剩余的部分，称为纯地租。或者说，所谓纯地租，就是在不损害原有

商品的构成 *海姆·斯坦因贝格 1985年*

黑与红构成了商品及陈列架的主要色调，而它们的价格也有不同元素的构成：工资、利润与地租。不管是对单件商品，或对全国年度生产的所有产品而言，价格的构成都由这三个基本要素构成。

财产的基础上，可留供地主目前消费的资产，或者说，可供地主用来购置衣食、修饰住宅，供他私人享乐的资产。地主的实际财富，不以其总地租，而以其纯地租的数量为定。

一个国家全体居民的总收入，包含他们土地和劳动的全部年产物。在总收入中减去维持固定资本和流动资本的费用，剩下留供居民自由使用的就是纯收入。或者说，所谓纯收入，就是在不侵蚀资本的基础上，留供居民享用的资产。这种资产用于目前的消费，如购置生活必需品、便利品、娱乐品等等。国民真实财富的大小，不以其总收入，而以其纯收入为定。

补充固定资本的费用，不能算在社会纯收入里面，这一点很明白。机器、工具、商用房屋，只有在维护好以后才能使用。这种维护所必要的材料，以及为加工这些材料所需要的劳动产品，也都不能算入社会纯收入里面。虽然从事这种劳动的工人，可能要把所得的工资全部用于目前消费，从而使这种劳动的价格也成为社会纯收入的一部分，但是这种劳动的产品不能算入社会纯收入。其他种类的劳动，不仅劳动的价格属于社会纯收入，而且劳动的产品也属于社会纯收入——这些劳动产品成为别人购买生活必需品、便利品和娱乐品的资产。

固定资本的目标，就是增加劳动生产力，使同样数量的工人能够完成更多的工作。两个大小、土壤肥沃程度、雇佣工人数量、役畜数量都相等的农场，一个有完善的设备、必要的建筑物、围墙、水沟、道路等等，另一个没有，前者的产量肯定比后者多很多。雇佣工人数量相等，有最精良机器的工厂，一定比没有这么好机器的工厂产量要大很多。可以肯定，

波斯的贵族

17世纪，波斯帝国依靠已形成垄断的丝绸出口，成为世界上最富有、最强盛的国家之一。国家的收入可分为总收入与纯收入，国力与财富的增长主要是依靠纯收入的增加，即在总收入中扣除维持固定资本和流动资本的费用后其余的收入。

适当地投在固定资本上面的任何资本，都能很快地带回很大的利润，并且由此增加的年产物价值，会比投入的维护费大得多。不过增加的年产物，原来可以全部用于增加食品、衣物、住所以及各种必需品和便利品，现在却要拿出一部分再用于维护。这种新用途当然是很有利的，但是未免可惜。所以我们说，机械学的改良，使相同数量的工人，能够用更价廉简单的机器，进行同量的工作，这确实是社会的福利。

从前比较昂贵复杂的机器，维护就需要费去相当的人力和物力，现在节省下来了。例如，某制造厂原来每年需花费1000镑作为机器维护费，现在维护费降为500镑，剩下500镑就可以再购买材料和增加工人，于是机器产品的数量自然会增加起来。产量增加了，由此产生的社会福利当然也跟着增加。

在一个大国，固定资本的维护费，跟私有土地的维护费相当。为了保持地主的总地租和纯地租的数额，土地经常需要维护，而就有维护费。只要措施得宜，维护费就会减少，而产物并不减少，于是总地租至少依旧不减，而纯地租一定会增加。

和固定资本的维持费不同，流动资本的维持费，有部分可以列入社会纯收入。我们知道，流动资本包含四部分，即货币、食料、材料、制成

想"飞"的人

　　1894年，德国人奥托·里林达尔驾驶着自制的滑翔机试飞成功，他的许多滑翔机设计方案曾参照了达·芬奇绘制的草图。自进入工业革命以来，人类一直冀图借助机械完成更高的梦想，固定资产性能的不断增强则会直接提高劳动生产力的效率。

品，后三部分经常由流动资本中抽出，转化为社会上的固定资本或者留供目前消费的资产。不转化为固定资本的那部分流动资本，就转化为留供目前消费的资产，从而成为社会纯收入的一部分。可以看到，维持这三部分流动资本，并没有从社会纯收入抽出任何年产物。只有维持固定资本，才需要从社会纯收入中抽出一部分年产物。

从这一点来看，社会流动资本与个人流动资本有所不同。个人的流动资本，不能算作他的纯收入，他的纯收入全部由他的利润构成。但是社会流动资本，虽然由社会里每个人的流动资本合成，不能因此就说社会流动资本绝对不能算入社会纯收入。例如，商店里存有的货物，虽然不是商人留供自己目前消费的资产，但是可以留供别人目前消费。

但是，社会流动资本中的货币，其维持费不能算入社会纯收入。

虽然货币是流动资本中的一部分，但是就其对社会收入的影响说，它和固定资本是很像的。理由如下：

（左页上图） 耕犁 陶塑 公元前7世纪

生产过程中固定资产不断被损耗，如铁犁使用后的磨损一样，因此，总收入中用来补充固定资本的费用不能被算入纯收入之内。

鳗鱼和红棘鲬鱼 艾杜瓦·马内 油画 1864年

作为食物的流动资本，会很快转变成社会的固定资本或被用于当下消费的资产。

第一，经营上使用的机器和工具，其制造和维护，需要一笔费用。这笔费用，虽然是社会总收入的一部分，但是从社会纯收入中扣除下来的。货币也是这样。货币的制造与补偿，也需要一笔费用，这笔费用虽然是社会总收入的一部分，但也是从社会纯收入中扣除下来的。货币是商业中必不可少的工具，依赖它，所有社会成员才能以适当的比例，经常地获得各种生活必需品、便利品、娱乐品。但它也是非常昂贵的工具，必须耗去社会上一定数量极有价值的材料即金银和一定数量极其精巧的劳动维持它，从而不能用来增加留供目前消费的资产，即不能用来增加人民的生活必需品、便利品和娱乐品。

　　第二，无论就个人还是社会来说，构成固定资本的经营中使用的机器和工具，都不能算作总收入或纯收入的一部分。货币也是这样。社会每个成员，虽然依靠货币才能经常分配到社会的全部收入，但货币不是社会收入的一部分。货币只是借以流通的巨轮，而不是巨轮上的货物。只有货物才构成社会的收入，而不是流通货物的媒介。计算社会总收入或纯收入时，必须从每年流通的全部货物与货币中，减去货币的全部价值，一个铜板也不能算在里面。

　　这段议论或许使人觉得是诡辩而有疑问，那只是因为我使用的文字不够清楚。如果我能解释清楚，而你又理解，那么自然就会明白。

　　当我们提及一定数额的货币时，有时指的仅仅是货币内所含的金量，有时又指这数额货币所能换得的货物，即因为占有这数额货币所得的购买力。比如，我们说英国的通货有1800万镑，我们的意思其实是想说，据某研究者计算或设想，英国现在流通着这么多金块。但假如我们说某人年收入50镑或100镑时，我们通常所指的，不是他每年可收入的金量，而是他每年可以购买或消费的商品的价值。我们通常用这句话来表示他是怎样生活，或者说，他所能享受的生活必需品和便利品，就数量和就质量而言怎么样。

　　最后，货币还有一点很像构成固定资本的机器和工具。前面说，节省机器和工具的维护费，如果不减少劳动生产力，就可以算增加社会纯收入。同样，节省制造和补偿货币的费用，也算社会纯收入的增加。

　　下面再从另一个角度解释一下，为什么固定资本维持费的节省，就是社会纯收入的增加。企业家的全部资本，必然分为固定资本和流动资本。在资本总额不变的情况，二者互为消涨，这部分变小，那部分就变大。流动资本提供材料，支付工资，推动产业。所以，减少固定资本维持费，若不减少劳动生产力，就一定会增加推动产业的流动资金，从而增加土地

货币的特殊性

　　这枚银币由查理曼大帝的继任者路易斯一世发行，在重镇多塞特铸造。在商业过程中，货币扮演着一个特殊的角色，尽管它本身是流动资本的构成之一，但对于整个社会的收入而言，它的作用又几乎等同于固定资本。在所有的流动资本中，唯有货币的维持费会减少社会纯收入。

和劳动的年产物，增加社会的真实收入。

用纸币代替金属币，是用一种低廉得多的商业工具，代替另一种极其昂贵的商业工具，但方便程度有时几乎相等。有了纸币，流通界无异多了一艘新巨轮，它的制造和补偿费比旧轮少得多。但是，它怎样作为流通的巨轮，怎样增加社会的总收入或纯收入呢？人们还不太理解个中理由，需要进一步的说明。

纸币有很多种，各不相同。银行发行的流通券，是最普通的，也是最合用的。一个国家的人民如果相信某个银行家资产雄厚、行为诚实、处事谨慎，或者说，相信他有随时兑换现金的能力，那么这个银行家发行的钞票，就可以在社会上像金属币一样通用。

假设有一个银行家，以10万镑期票借给他的顾客。这种期票既然和货币有同样的作用，那么债务人自然要像借入货币一样支付利息。这个利息，便是银行家利润的来源。

发出去的期票，虽然有一部分会不断回来兑现，但总有一部分不断在社会上流通。所以，虽然他发出去10万镑期票，但只要有2万镑金属币，就足够应付这种需要。于是，2万镑

酒馆中的农夫们

货币并不是社会总收入的一部分，这也许是一个容易让人混淆的概念，虽然社会的全部收入必须通过货币才能有序地分配给社会每个成员，但货币只是帮助货物流通的一种辅助工具，而绝不能等同于实际的货物。画家用深沉凝重的色调，入微的写实手法刻画了农夫们的生活环境。

金属币就可以等于10万镑金属币的效果。同等数量消费品的交换和分配，都可以通过这10万镑期票实现，与通常使用10万镑金银相同。所以，流通过程中就可以节省8万镑金属币。假设国内银行很多并且都按照这个办法经营，那么，这时国内货物流通所需要的金属币就等于没有这种期票时所需的1/5了。

我们假设，某个国家某段时期用来流通国内全部年产物的金属币一共为100万镑。再假设，后来银行发行了100万镑期票，而保留20万镑金属币应付随时兑换的需要。这样，在市场上就有80万镑金属币和100万镑期票，总共180万镑了。但是国内土地和劳动的全部年产物的流通，原来只需要100万镑，现在银行的作用又不能马上增加国内年产物，所以在有银行作用以后，100万镑仍然足够流通国内年产物。等待买卖的货物量不变，用来买卖的货币量自然可以不变，于是流通的渠道仍然不变。100万镑就足够充满渠道了，超过这个限度，灌注下去肯定溢出来，而向其他渠道流去。现在灌注了180万镑，80万镑肯定会溢出来，国内市场容纳不下，置之不用又可惜，所以一定会送到外国去寻求新用途。但是，因为纸币在外国不能用法律强迫其兑现，不能通用，所以纸币是不能送到外国去的。送到外国去的一定是80

纸币进入流通

以金银铸造流通货币时，因金银币磨损花费的维持费是要从整个社会的纯收入中扣除的。而当纸币出现之后，不仅使人们购买商品变得更加方便，而且节约了弥补货币磨损部分的费用，从而增加了整个社会的实际收入。

万镑金属币。于是国内市场，以前由100万镑金属币充满，现在却将由纸币100万镑充满了。

这么巨额的金属币送往外国，绝不是白送给外国作礼物的。它必然会换进一些外国的货物，供给本国人民消费，或者转卖给他国人民消费。这种经营就是所谓国际贸易。由此获得的利润，当然增加了金属币输出国的纯收入。所以，这巨额的金属币就像新创的基金一样，可以用开创办新的事业。国内贸易现在由纸币经营，金属币就移转过来作为国际贸易的基金。

如果用这些金属币购买外国货物供本国消费，那么买进来的货物，不是闲散阶级的奢侈消费品，如外国葡萄酒、外国绸缎等等，就一定是劳动阶级的生产资料——材料、工具和食物等，用来雇佣更多的劳动者。

用于前一种途径，无异于鼓励奢侈。增加消费，而不增加生产，也不增加维持这项消费的固定资本。对社会来说无论哪个都是有害的。

用于后一种途径，却可以鼓励勤劳。虽然它也增加社会上的消费，但也会增加维持这项消费的固定资本。劳动者会把每年消费的价值，再生产出来，同时创造利润。社会的总收入

北方城镇的集市景观 劳伦斯·斯蒂芬·劳里 油画 1939年

市场内所能容纳的货币数量是固定的，然而当纸币取代金属货币进入流通之后，就出现了大量闲置的金属货币。本国市场是不可能容纳这些金属货币的，为了把它们也转变为资本，人们将不得不另觅他途。劳里的绘画活生生地再现了英国工业时代早期北方小镇那种繁华却充满污染的景象。

也会增加起来，增加的数量等于工人对材料所增加的全部价值。社会的纯收入也必然增加，增加的数量等于上述价值减去工具、机器的维持费后剩下的价值。

由于银行作用而被输出到外国的金属币，必然会有大部分用来购买第二类货物，即劳动阶级的生产资料。当然有这样的人，他们的收入虽没有增加，却大肆挥霍起来。但是我相信，这样的人无论在哪里都是少数，大部分人还是会遵守谨慎的原则，不奢侈、不乱花钱。闲散阶级对外国奢侈消费品的需求量，一般不会大变。输出到外国的金属币，也只有极小部分用来购买他们的消费品。大部分当然用来振兴实业，而不是用来奖励懒惰。

我们在计算社会流动资本所能推动的劳动量时，必须经常记住一件事，那就是：在社会流动资本中，只可以计算食物、材料、制成品三项，而用于实现这三项流通的货币部分必须减去。推动产业需要三样东西，即材料、工具和工资。材料是劳动的对象；工具是劳动的手段；工资是劳动的目的。货币既不是材料，也不是工具；工资虽然一般用货币支付，但工人的真实收入并不是由货币构成。构成工人真实收入的是货币的价值，或者说是货币所能交换到的货物。

一定数量资本所能雇佣的劳动量，显然等于该资本所能购买到的材料、工具以及雇佣工人的数量。

用纸币代替金属币，那么纸币所能购买的食物、材料和工具的数量，必然按照它所代表的金属币的价值增加。金属币的价值，现在被加在本来依靠它来流通的货物的价值上面。这有点像某个工厂厂主，由于机器改良，他舍弃昂贵复杂的机器，而使用廉价简单的机器，把

价值5个劳动时的伯明翰兑换券

　　倡导英国进行社会改革的欧文在1832年在伯明翰推出了这样一种兑换券，表明商品价格从根本上是由所耗费的劳动时间决定的。无论是以各种货币单位量定的纸币，本身并不具有任何价值，只是流通过程中的一个有效工具而已。

节省下来的机器价格差额，投入流动资本，即增加购置材料、支付工资的资本。

一个国家市场上流通的货币，对于靠它而流通的货物的价值，究竟有怎样的比例也许无法确知。有人说是1：5，又有人说是1：10，或1：20，或1：30。但是，无论货币对年产物全部价值所持的比例怎样微小，年产物中总有一部分（常常是一小部分）指定用作维持产业的资金，货币对这一部分年产物所持的比例肯定不小。由于用纸币代替金属币，市场所需要的金属币减少到原先的1/5，那么其余4/5如果大部分加在维持产业的资金内，那当然会大大增加产业的数量，从而大大增加年产物的价值。

一个国家，市场上流通的纸币金额，绝不能超过所代替的金属币的价值，或者，在没有纸币的情况下市场所需要的金属币的价值。例如，假设在苏格兰的通用纸币中面额最低的是20先令，那么，能在全苏格兰流通的20先令纸币，其总额绝不能超过每年交易20先令及20先令以上价值通常所需的金属币的数额。如果超过了，那么过剩的纸币，既不能在国内

绿色的斯里兰卡 米歇尔·弗瑞曼 摄影

纸币的出现替代了原来用于国内流通的金银货币，而这些多出来的金银货币可以输入到纸币信用不能达到的遥远国度去开展贸易，从而赢得更多的利润，譬如斯里兰卡出产的质量极佳的香料、宝石等等。

俄罗斯的冬天 克留洛夫 油画 1827年

社会财富中的新增部分是由劳动者创造的。但统计时，须将货币扣除，仅余食物、材料和制成品三项，因为货币在这个过程中仅起到促进流通的作用，最终将由各种真实的货物所取代。图中在庄重肃穆的天空下，几个俄罗斯妇女正在为一家生计而忙碌。

流通，又不能输出国外，结果会马上回到银行去兑换金属币。因为过剩的纸币，兑换成金属币输出国外，很容易就有用处，而纸币却一点用处也没有。总之，过剩的纸币会全数回到银行兑现，如果银行对兑现表现出困难或迟缓，那么回到银行去的纸币还会更多。这样引起的惊疑，必然会使挤兑更严重。

各种企业要正常经营都不能缺少经费，银行也不例外。除了房租、各种雇工的工资外，银行特有的费用，可分为两项。第一项，为了应付纸币随时的兑现要求，金柜里必须经常存储大量无利息可得的金属币，第二项，需要经常向即将枯竭的金柜补充金属币。如果银行发行的纸币数额超过国内市场流通的需要，不能流通的过剩纸币不断转来兑现，而兑现加剧的速度比发行过剩纸币的速度快得多，那么银行的金柜不但要按纸币过剩的比例增加金属币的存储量，而且要按更大的比例增加储存量。所以银行第一项特别费用，不仅要按照兑现增加的比例而增加，而且还要更大。此外，这种过度发行纸币的银行，虽然一般有较充实的金柜，但金柜枯竭的速度却一定比在谨慎发行的情况下快得多，所以对于金柜的补充也必须付出比通常更多的努力。金属币大量不断由金柜流出，但这种金属币由于是兑现国内市场不需要的纸币而流出的，所以也不能用于国内市场。按照常理，金属币不会被弃置不用，所以会

英国式的风尚 1788年

　　国内流通的纸币总额不应超过其所代替的金银的价值。否则，过剩的部分既不能在本国流通，又不能输出到国外，最终会返回到银行并兑换成金银。如果不能及时兑换成金银，相当于人们持有的纸币已经贬值，挤兑的现象很快就会出现。图为一个富有的美国家庭正在仿效英国风尚饮用下午茶。

流向外国市场寻找新用途。但金属币这样不断输出，银行要补充金柜就更加困难。所以，银行由于兑现的增加而必然提高第二项费用，并且幅度比第一项还大。

假设某银行发行40000镑纸币，恰好能够满足国内市场流通所需要的数目。为了应付纸币随时兑现的要求，银行金柜常常储有10000镑金属币。假如这家银行企图发行44000镑纸币，那么增加的4000镑纸币，既然超过了市场的需要，必将一边发出，一边流回。这样，为了应付随时兑现的需要，银行金柜应该储存的金属币就不只11000镑，而为14000镑。于是，4000镑过剩的纸币不仅毫无利益可得，而且还有损失。因为银行要负担不断收集4000镑金属币的费用，而这些金属币一经收进来，马上又要散发出去。

如果所有银行都能理解这一点，那么市场上就不会出现纸币过剩的现象。不幸的是，不是所有的银行都能理解这一点，于是这一现象就频繁发生了。

商人或企业家，不应该向银行借取全部资本，即便是大部分也不应该向银行借贷。商人或企业家可以向银行借钱来应付随时流通的需要，免得浪费现钱存着不用，但只有这一部分资本应该向银行借贷，不应超出这个限度。如果银行借出纸币不超过这个限度的真实价值，那么发行出去的纸币额也绝不会超过没有纸币时国内市场所需的金属币，那么也不会出现纸币过剩的现象。

假设银行给商人贴现的是由真实债权人向真实债务人开出的汇票，而到期时后者会立即兑付，那么，银行垫付的就只是商人必须以现钱形式保留以备随时之需的这部分价值。这种汇票只要到期就会被兑付，所以银行垫付出去的价值及利息必定能够得到补偿。如果银行只和这类顾客来往，它的金柜就会像一个流出量和流入量相等的水池，虽然不断有出有入，但是不需要时刻费心也会很满。这种补充并不需要多少费用，甚至完全不需要费用。

在没有期票贴现的时候，一个没有过度贸易的商人也时常需要现金。如果除了为其汇票贴现外，银行还允许按简单的条件使用现金账户，在他需要的时候贷给他现金，允许他以后陆续零星偿还。这就对商人极其便利，他不再为了应急而经常储备专款，而确有需要时就可

银行的特殊费用

就银行的性质，它存在着两项特有的费用。一是，为了应付纸币的兑现而在金柜内存储的无利息可得的金属币；二是，维持经常性的向即将枯竭的金柜补充金属币的费用。所以，对于任何一家银行而言，发行超出市场需要量的纸币，不仅不会带来收益，反而要因此遭受损失。

以凭借现金账户来应付。

但是，银行对待这种顾客应该十分留心，看在一个短时期中（例如4个月、5个月、6个月或者8个月），从他那里收回来的总额是否总是等于贷给他们的总额。如果在这短时期内两者大都相抵，就可以放心大胆继续跟这种顾客交易。这种交易，金柜的流出和流入量都很大，所以也不需要时刻费心，补充这种金柜也不需要多少费用。但是，如果顾客偿还的数额常常不抵贷出的数额，那就不能继续和他交易，至少不能继续按照这种方式交易。这时候金柜的流出量肯定远远大于流入量，如果不时常支付巨额补充金柜，就很容易趋于枯竭。

银行用贴现汇票法和现金结算法，使有信用的商人不必为了应急而储存闲资，考虑银行本身的利益与安全，就不能再做什么了，商人也不能再多指望于银行。商人的流动资本不能全部向银行贷款，大部分也不行。因为流动资本虽然继续以货币的形式流动，但是全部收回和全部付出的时间相隔太远了，不符合银行要在短期间收回投资的要求。至于固定资本就

更不应该大部分向银行贷款。因为固定资本的收回，比流动资本的收回还要缓慢得多。钢铁厂建造厂房、冶炼炉、仓库、工人住宅等；采矿厂开坑掘井、排除积水、修筑道路车轨等；农场主开垦荒地，挖排积水，修筑围墙、农舍、厩舍、谷仓等必要建筑物，这些都是固定资本的表现形式。固定资本一旦投下，即便经营得当，也需要很多年才能收回，这么长的周期当然不符合银行的利益。企业家当然可以适当地借入资本进行大部分计划，但要使债权人不吃亏，债务人必须有充分的资本保证债权人的资本安全，使债务人的计划纵使失败，也不至于使债权人蒙受损失，这样对债权人才算公平。但是，即便如此，没有几年不能偿清的借款，还是以不向银行贷借为好。最好提出抵押品，向那些依靠利息为生的私人借贷，因为他们只愿把钱借给有信用的人，不想自己投资经营，几年不还也没有关系。商人都希望银行不需要抵押品、印花费、律师费，就拿货币贷给

轮子

亚当·斯密认为在正常情况下，商人进行贸易的资本不应都从银行借贷。银行的作用就像一个水池或者平稳运转的车轮，商人们随时可以借用银行的钱来应付眼前的需要，不必为此储存一定数额的资本。如果银行借出的纸币不涉及商人开展贸易的资本，通货膨胀的现象就可以由此避免。

他，而偿还条件又像苏格兰银行那么简单。这样的银行是商人最方便的债权人，但是这种商人却是银行最不方便的债务人了。

慎重的银行活动可以增加一个国家的产业。但是增加的途径，不是增加它的资本，而是使本来闲置的资本大部分有用，本来不生利的资本大部分生利。商人为了应付突然的支出不得不储存应急的金钱，但这是死钱，对商人对国家都不能收到利润。慎重的银行活动可以使这种死钱变成活钱，或者说，变成劳动所需的材料、工具和食品，利国利民。在国内市场流通的金属币，像商人手上的现钱一样也是死钱。这种死钱，虽然是国家资本中极有价值的一部分，但不能为国家生产任何物品。慎重的银行活动以纸币代替大部分这种金属币，就能使国家把大部分这种死钱，变成利国利民的活钱。可以用道路比喻在国内市场流通的金属币。有了道路，才能把稻米运送到国内各个市场，但是道路本身却不产稻米。慎重的银行活动用纸币代替金属币，打个不太恰当的比喻，就像把道路修在空中，把原来的道路都节省出来变为良田，从而可以大大增加土地和劳动的年产物。但是我们又必须承认，用纸币代替金属币，虽然能增加国内的产业，但是和足踏金银铺成的实地相比，踩在半空的纸币上面总是不塌实，存在很大的风险。管理纸币，即便熟练慎重，还是免不了发生无法控制的灾祸。

例如，战争失败导致国家首都被敌军占领，维持纸币信用的金库也沦陷敌手。这种情况下，全靠纸币进行国内交易的国家，比起大部分靠金属币进行交易的国家，当然要艰难得

银行安全

为需要现金的商人提供最大的便利，当然是一个银行所应努力去做的，于是出现了按简单的条件使用的现金账户。但是类似的顾客需要加以特别的小心，因为对于银行而言，金柜的出流远远大于入流，将是一件颇为危险的事。

多。纸币既然没了价值，除了物物交换和赊欠外，就不能进行任何交换。君主或政府也没有办法支付军饷和充实军库，因为以前都是用纸币缴纳一切赋税。这样，国家也不容易恢复原状。所以，一个君主或政府，要使其领土随时保持在易于防守的状态，就不仅要防止那种能使银行破产的纸币过剩现象，还要设法使纸币不在国内市场占太大的部分。

国内货物的流通有两种途径，一种是在商人间流通，一种是在商人与消费者间流通。这两种流通途径，都需要一定数量的货币来支持，无论是纸币还是金属币的形式。商人间流通的货物的价值一般比商人和消费者间流通的要小，因为商人的货物最终都要卖给消费者。商人间的交易一般是批发，每次都需要大量货币。商人和消费者间的交易一般是零售，每次只需要小量货币就够了。但是小量货币的流通速度比大量货币快

不同类型的贷款

对于银行而言，同样数额的贷款，如果贷给不同的使用者，会出现截然不同的效果。将贷款用于厂房、冶炼炉等固定资产建设的贷款者就并非非常理想的客户，因此这种贷款回款期长，风险也较大。

精心耕作的土地

国内现有的耕地和已生产的劳动产品只有经由金银货币才能进入流通分配，如未能进入，就会成为呆滞资产，在商人手上的钱也是呆滞资产。通过银行，这一类金银币的大部分可以以纸币来代替，把许多呆滞资产盘活，成为有利于国家的活动资产。

得多，例如1先令比1几尼快，半便士又比1先令快。所以，虽然每年所有消费者购买的价值和所有商人购买的相比，至少不少于后者，但前者所需的货币量却小得多。由于流通速度快，同一枚货币在消费者手中转移的次数要比商人多得多。

通过对纸币发行的管理，可以使纸币只在商人之间流通。要扩大范围在商人和消费者之间也能流通，当然也可以做到。如果纸币的面额，最小额也在10镑，就像伦敦的情况那样，那么纸币就只能在商人之间流通。普通消费者得到一张10镑的纸币，哪怕要买仅值5先令的东西，也不得不兑换这张纸币，于

是在他还没有把这张纸币用去1/40以前，纸币早已回到商人手上去了。苏格兰各银行所发行的纸币却有小至20先令的，这样纸币的流通范围就自然推广，商人与消费者也能大部分使用纸币。在国会决议禁止使用10先令和5先令的钞票以前，消费者购物经常使用小额纸币。美洲发行的纸币竟有小至1先令的，结果消费者几乎都使用纸币。在约克州有的纸币仅值6便士，结果自然更不用说了。

发行这么小面额的小额纸币，得到准许并且普遍实施的话，无异于鼓励人人都去做银行家。大家会拒绝使用5镑甚至1镑的期票，却不会拒绝6便士的期票。但是，这些乞丐般的银行家当然很容易破产，其结果使接受他们纸币的穷人可能引起很大的困难，甚至灾难。

较好的办法也许是把全国各地银行纸币的最低面额限为5镑，这样纸币一般就只会在商人间流通，就像伦敦一样。在伦敦，纸币的最小面值是10镑。在英国其他各地，5镑所能购买的货物虽然只是10镑的一半，但人们对5镑的重视正如伦敦人对10镑一样，一次花掉5镑也像伦敦人一次花掉10镑那样罕见。

如果都像伦敦那样，纸币主要在商人间流通，市场上的金属币便不至于缺乏。而像苏格兰，尤其是像北美洲那样，纸币推广到商人与消费者间交易的大部分，市场上的金属币就会被驱逐，国内贸易全部用纸币进行。苏格兰曾经为了减轻市场上金属币缺乏的困难，禁发10

格奥尔格·吉什 汉斯·霍尔拜因 油画 1453年

　　货物的流通可以分为两种：一种是商人之间的流通，另一种则是商人与消费者之间的流通。两种流通过程都需要纸币或者金银货币，而商人和消费者间的交易占多数，又只需要少量的货币，所以少量货币的流通速度比大量货币快得多。画面上这位德国商人正在拆一封来自其兄弟的信件。

先令、5先令的纸币，起到了一些效果，如果再禁发20先令的纸币，那就更好了。听说美洲自从禁止发行若干种纸币以来，金属币更加丰富了，而在纸币发行以前，听说还要丰富。

在纸币主要限于商人之间流通的情况下，银行仍旧能够像在纸币差不多占全部通货的情况下帮助国内工商业。因为商人为了应付不时急需而储存的滞财，本来就只在商人之间流通；在商人与消费者的交易中，商人只有钱进，没有钱出，没有储存滞财的必要。所以，在纸币主要限于商人之间流通的情况下，银行仍旧能够通过贴现真实汇票和现金结算的办法，帮助大部分商人不必存储太多现金专门对付不时之需。银行依然能够为各种商人做出最大的贡献。

银行发行的各种纸币，如果确是信用可靠的，任何时候都可以无条件兑现，那么就其各方面来说，价值都跟金属币一样，具有同样的购买力。任何货物用这种纸币买卖，价格都跟用金属币一样，不会更贵。

有人说，增加纸币的发行量，由于增加了通货的总量，会使全部通货的价值降低，从而必然提高商品的价格。这话不见得对。因为有多少纸币加进来，必然有多少金属币转为他用，所以通货的总量未必会增加。例如，100年来，苏格兰粮食的价格，以1759年最为便宜，

高层会议 艾瑞克·萨洛蒙 摄影 1928年

在某些情况下，政府对市场的干预是必需的。从自由的角度，无论银行印发的钞票数额是多少，只要有人愿意接受，就应当被许可发行。然而这种自由将会给整个社会的安全带来危害，所以政府将不得不以法律强迫限制它们的活动。

当时因为还没有取缔10先令、5先令纸币，市场上的纸币数量，比今天多得多，但是现在，苏格兰银行业总算发展得可以了，而苏格兰的粮食价格和英格兰的相比，比例并没有变化。再说法国和英格兰，法国的纸币数量比英格兰少多了，可是两国谷物的价格，却差不多一样。

在休谟发表《政治论文集》的1751年和1752年间，以及在苏格兰增加发行纸币之后，粮食价格曾明显地上涨，但原因不是由于纸币增加，而是天时不利造成的。

如果一种纸币，能否立即兑现要看发行人有没有诚意，或者必须有某种条件才能兑现，或者要在很久之后才能兑现而目前又没有利息，那么情况就大不相同了。这种纸币，当然要按照其兑现的困难度，或者按照兑现时间的长短，而价值低于同额的金属币了。

一个国家的君主，如果规定赋税中有一部分必须用纸币缴纳，那么，不管纸币什么时候可以兑现（这全由君主的兴致决定），都一定能够提高纸币的价格。发行纸币的银行，如果估量纳税的需求量，故意使所发行的纸币常常不够纳税人的需求，那么纸币的真实价值也会高于它的面值，或者说，纸币在市场上所能买到的金属币会多过它的票面所值。但有些人就根据这个理由，来解释阿姆斯特丹银行纸币的升水，即价值高于金属币（虽然据他们说这种纸币不能随便拿出行外）。他们说，大部分外国汇票需要用纸币兑付，也就是说，需要在银行账簿上转账；该银行的理事先生，故意使银行的纸币额常常不够应付这种需要，所以阿姆斯特丹银行纸币常比金银币价值高4%甚至5%。但我们将在后面看到，这

鱼摊 法兰斯·史尼德斯 油画 1779年

有人说，银行无论发行多么小面额的纸币，只要私人愿意接受，政府就不应该禁止，这是人民天赋的自由权利。但是，少数人的自由不能危害多数人的自由，无论民主国家还是专制的国家都是一样。图中的小摊上有堆积如山的海产品，象征着人类永无止境的欲望，必须要加以合理抑制。

大卫·休谟像 1766年 苏格兰地区肖像陈列馆藏

大卫·休谟是出生于苏格兰的著名经验主义哲学家，著有《人性论》等著作。

种理由是站不住的。

虽然纸币的价值可能落在金属币之下，但是金属币的价值却不会因为纸币价值的下落而下落。金属币的价值，任何时候都不取决于国内流通纸币的性质和数量，而是取决于世界金银矿藏的丰瘠程度。所以，金属币对其他货物价值的比例，也就是可以购买到的其他货物的数量，不会因为纸币价值低落而减少。

银行发行纸币，如果有适当限制，又能随时兑现，那么就不会危害社会安全，其他方面就可以放开。这几年来，英格兰和苏格兰的银行业大大发展，出现众多银行，很多人都感到担心，其实没有必要。银行多，竞争者就多，各个银行为了防止同业恶意挤兑，都会谨慎发行纸币，使其数额适当，从而只能在小范围流通。诸多银行所发行的纸币，都各自只在小区域流通，那么一家银行的倒闭（这是自由竞争的必然结果），不会造成太大的影响，从而增加了社会的安全。此外，这种自由竞争，又必然使银行对顾客的限制条件放宽，否则就会被其他银行排挤。所以，一种事业只要对社会有利，就应该任其自由竞争发展。竞争越自由、越普遍，对整个社会越有利。

新加坡银行发行的纸币

一家实力低下的银行发行低面额的纸币会给整个社会带来潜在危机，但如果整个社会内银行林立，却可以增进社会的安全。为了提防同业间进行恶意挤兑，每家银行必须格外慎重地营业，所发纸币也必与现金数额保持适当的比例。这说明自由竞争可以对商业活动施加有益的限制。

第3章 论资本积累或论生产性劳动和非生产性劳动

首先说明一下生产性劳动和非生产性劳动的区别。前一种劳动，投入在劳动对象上，能够增加劳动对象的价值，或者说，这种劳动可以生产出新价值，所以叫生产性劳动。后一种劳动则不能，所以叫非生产性劳动。制造业工人的劳动，即属于生产性劳动，因为他会把维持自身生活所需的价值与提供雇主利润的价值，转移到所加工的材料的价值中，从而增加材料的价值。雇主虽然垫付制造业工人的工资，但事实上毫无所费，制造业工人把劳动投在加工材料上，材料的价值便增加，这样增加的价值，不仅可以偿还工资的价值，并且还提供雇主的利润。制造业工人的劳动，可以固定并且实现在可卖的商品上，经历一些时候而不随生随灭，这样就好像是把它贮存起来，必要时再提出来使用，还可以雇佣相等的劳动量。相比之下，家仆的劳动就不能增加什么价值，所以属于非生产性劳动。家仆的维持费是不能收回的。家仆的劳动虽然也有它本身的价值，但是却随生随灭，要把它保存起来供日后雇佣相等的劳动量是很困难的。

贮水壶 夏尔丹 油画 1733年

家庭女佣的劳动是一种非生产性劳动，其特征是不能在其劳动对象或商品中增加价值。女佣的劳动会很快化为乌有，无法像各种行业的工人那样把劳动价值保存在商品之中供日后利用。女佣正在一个铜制的贮水壶前接水，夏尔丹透过微弱的光线使整个画面更富有生活的气息。

社会上的人可以分为生产性劳动者、非生产性劳动者和不劳动者，他们全都要依靠土地和劳动的年产物。除了土地上天然生产的物品，一切年产物都是生产性劳动的结果。年生产物的数量无论多么大，都是有限的。所以，用来维持非生产性人手的部分越大，维持生产性人手的部分必然越小，从而次年的生产物也必然越少。反之亦然。

土地和劳动的年产物，无论在什么地方，都是用来供给国内居民消费，给国内居民提供收入的。产物无论出自土地还是出自生产性劳动者手中，都是一出来就自然分成两部分。一部分（往往是最大的一部分）用来补偿资本，补充从资本中取出来的食物、材料和制成品；另一部分，则要么以利润的形式作为资本所有者的收入，要么以地租的形式作为地主的收入。例如土地的生产物，一部分用来补偿农场主的资本，另一部分用来支付农场主的利润，或者支付地主的地租——就是农场主和地主的收入。大工厂的生产物，一部分用来补偿工厂主的资本，另一部分则以利润形式作为他的收入。

用来补偿资本的那一部分年产物，用来维持生产性劳动者，从来没有立即维持非生产性劳动者。以资本所有者的利润或者地主的地租形式作为收入的那一部分年产物，则可能用来维持生产性劳动者，也可能用来维持非生产性劳动者。

一个人把他的资产拿出一部分作为资本投下，当然希望收回资本并且赚取利润，所以他只会雇佣生产性劳动者。这项资本的产物，以后又会有一部分构成生产性劳动者的收入——

美国西南部的小佃农 尤金·理查兹 摄影 1986年

几乎所有的投资者都能意识到生产性劳动与非生产性劳动的区别，为了更快收回资本与赚取利润，投资者的资产将只用于雇用生产性劳动者。这些资产在整个过程中先是充当了投资者的资本，随后又变成生产性劳动者的收入，得到了充分的利用。图中几个美国黑人农民正挤入一辆小卡车，准备前往田地里收割。

而继续作为资本；一部分用来维持非生产性劳动者——从这一刻起就从资本中撤出，放在他留供直接消费的资产中。

非生产性劳动者和不劳动者都必须依赖收入。他们的收入可以分为以下两项来说明。第一，年产物中一开始即有一部分指

定为某些人的地租收入或利润收入。第二，年产物中原本用来补偿资本和雇佣生产性劳动者的，但之后往往不分差别地用来维持生产性劳动者和非生产性劳动者。例如，普通工人在工资丰厚的时候也时常雇佣个把家仆，这样他就拿一部分收入来维持非生产性劳动者了。此外他还需要纳税，这时他所维持的那些人虽然尊贵得多，但同样是不生产的。但是这部分年产物，在还没有雇佣足够的生产性劳动者以前，绝不会首先维持非生产性劳动者。劳动者在没有工作获得工资以前，要想用一部分工资来维持非生产性劳动者是绝不可能的。这只是他节省下来的收入，就生产性劳动者来说，无论怎样也节省不了多少，不过总有一些。至于他们所缴纳的赋税，虽然就每个人来说不多，但是由于这一阶级的人数极多，所以整体而言却很可观。无论在什么地方，地租和利润都是非生产性劳动者依赖的主要生活来源。这两种收入最容易节省。它们的所有者可以雇佣生产者，也可以雇佣不生产者，但是一般他们似乎特别喜欢后一种用途。大领主的收入通常用于供养游手好闲的人，富商的收入也大都豢养不生产的人们。

土地和劳动的年产物，一生产出来，就有一部分指定作为补偿资本的基金，另一部分作为地租或利润的收入。无论在哪个国家，生产者对不生产者的比例，在很大程度上都取决于这两部分的比例。这个比例，在贫国和富国相差极大。

无论在任何地方，勤劳和懒惰的人的比例似乎都决定于资本与收入的比例。资本多的地方，勤劳的人就多。收入多的地方，懒惰的人就多。资本的增加或者减少，会引起生产性劳

不事生产的社会成员

每个社会中都存有一些非生产性的劳动者，他们的收入主要源自于利润或地租的部分。它们的所有者大地主或大资本家用这一部分的收入来雇用生产者，或者雇用非生产者，大体上他们似乎特别喜欢用在后一种人身上。图为一群职业舞者在表演。

动者人数的增减，从而增减真实的劳动量，进而增减一个国家土地和劳动的年产物价值量，以及国家的真实财富和收入。

由于节俭，而使资本增加；由于奢侈和妄为，而使资本减少。节省的收入等于增加的资本。增加的资本，可以使个人雇佣更多的生产性劳动者，或者借给他人，其结果也能雇佣更多的生产性劳动者。个人的资本，只能由节俭而得，社会的资本，也只能由这个方法增加。

有人认为是勤劳导致了资本的增加，其实不然。虽然先有勤劳所得，才能有节俭所蓄，但是如果只有勤劳而没有节俭，那么收获的积蓄不下来，资本绝不可能增加。所以，使资本增加的直接原因是节俭，而不是勤劳。节俭可以增加维持生产性劳动者的基金，从而增加生产性劳动者的人数。生产性劳动者可以增加工作对象的价值，所以节俭可以增加一个国家土地和劳动的年产物的价值。

每年节省下来的，最终还是被消费掉。但是消费的人不同，其效用和结果也不同。富人每年的收入大部分都由客人和家仆消费掉，这些人消费完了就完了，不能生产出新的价值作为补偿。而直接转化为资本的部分，虽然也是被消费掉，但消费的人是生产性劳动者，他们能再生产出他们消费掉的价值，并提供利润。消费是一样的，但消费者不同。只有生产性劳动者的消费才能生产出新价值。

节俭的人好像工厂的创办人一样，设置了一种永久性基金，每年所省的收入可以在任何时候都供养若干生产性劳动者。虽然没有法律保障，没有信托契约或永久的营业证书规定

酒神节祭礼 阿尔玛·苔德玛爵士 油画 1871年

社会的总收入分为两个部分：补偿资本的基金及地租或利润。对于个体而言，他从一年收入中的积蓄，等同于新增加的资本。对于整个社会，道理也是如此。所以，节俭，而非勤劳，才是使资本增加的直接原因。图中罗马人正欢歌载舞庆祝酒神的节日，他们的社会正由此走入狂欢与放荡的路途。

这种基金的分派和用途，但是却有一个强有力的原则保护它的安全，那就是所有者个人的利害关系。这个基金的任何部分只要用于维持非生产性劳动者，那么所有者肯定非吃亏不可。

奢侈者不知道量入为出地使用资本，结果使资本逐渐被蚕食。正如本来是敬神之用的基金被移作渎神之用，他把父兄节省下来准备创建事业的钱，豢养许多游手好闲的人。雇用生产性劳动者的基金减少了，能增加物品价值的劳动量也就减少了，从而土地和劳动的年产物价值减少，全国居民的真实财富和收入也减少了。奢侈者夺取勤劳者的面包来豢养游手好闲的人。如果社会另一部分人的节俭，不足以抵偿这一部分人的奢侈，那么奢侈者的所为不但会陷他自身于贫穷，而且将使整个国家陷于匮乏。

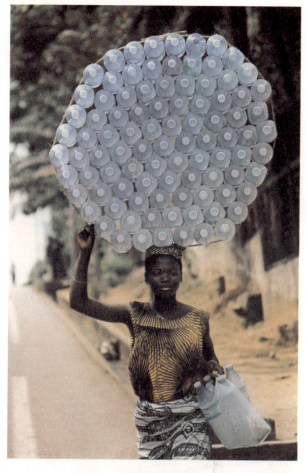

每年总有一定数量本应用来维持生产性劳动者的食品和衣服，被用来维持非生产性劳动者，结果使国家每年生产物的价值总是低于本来应有的价值。就算奢侈者消费的全都是国产商品，没有任何外国货，结果同样会影响整个社会的生产基金。有人辩解说，这种消费没有购买外国货，不会引起金银向外国输出，所以不会减少国内货币的数量。但是假如这些食品和衣服不是白白被不生产者消费，而是分配给生产者，那么就不仅可以再生产出消费的全部价值，而且可以提供利润了。同量的货币依然留在国内，同时又再生产出一个等价值的消费物品，结果将有两个价值，而不仅有一个价值，这种得利明明白白。

在年产物价值日趋减少的国家，货币想保留在国内也保不住。货币唯一的功能是用来流通消费品。食品、材料和制成品唯有通过货币才能够实现买卖，而分配给消费者。一个国家

矿泉水瓶的再利用

在象牙海岸阿比让市，一名黑人妇女顶着一大捆收集来的废矿泉水瓶，准备拿去出售，每个可以卖5美分。在能源日益紧张的今天，资源的二次利用被视为全球社会的重要节约途径之一，这一行业之中涌动着诱人的商机。

每年市场上需要的货币量，取决于每年在国内流通的消费品的价值。这些消费品，不是本国土地和劳动的生产物，就是用本国生产物购买进来的外国物品。国内生产物的价值减少了，每年在国内流通的消费品的价值也肯定减少，从而国内市场上需要的货币量也相应减少。由于生产物年年减少而被驱逐出国内市场的货币，绝不可能没有用处。货币所有者由于利害关系绝不愿放着货币不用，国内没有用途，他就会不顾法律禁止送往外国，用来购买国内有用的各种消费品。这样，国内人民每年的消费额就会超过本国年产物的价值。繁荣时代所积累的货币向外国输出，可以在逆境时支持一些时候。但是，这种货币的输出，不是形成国家衰落的原因，而是国家衰落的结果。这种输出甚至还可暂时缓解国家衰落、民生凋敝的痛苦。

反过来说，国家年产物的价值增加了，国内货币的数量也肯定会随着增加。这一推论可以如此进行：每年在国内流通的消费品价值增加了，国内市场上需要的货币量当然增加，增加的年产物肯定会流散出去，购买必要增加的金银。这种货币量的增加，只是社会繁荣的结果，而不是社会繁荣的原因。购买金银的价格到处都一样。金银从矿山被掘出来，再运到市场上，都需要一定数量的劳动。为这种劳动所付出的供给，以及投资者必须获得的收入，就是购买金银的价格。无论在英格兰还是在秘鲁，购买金银都是这样。任何需要金银的国家只要出得起这个价格，就不用担心缺乏金银，而不需要的金银，也不会长久留在国内。

根据以上分析，无论你认为构成一个国家真实财富和收入的，是它劳动和土地的年产物的价值（这是明白合理的说法），还是国内流通的贵金属数量（这是世俗的偏见看法），奢

华丽的火炉 17世纪 瑞士

奢侈者与奢侈品存在的结果就是使得大量资本被滥用，减少了雇用生产性劳动的基金，从而影响到整个社会未来的收入。像这样装饰过分精美的火炉，在一种正需要快速增长的经济中显然是不适用的。

侈都是国家之敌，而节俭是社会的恩人。

　　和个人的奢侈妄为相比，政府的奢侈妄为更有可能使一个地大物博的国家变得穷困。在很多国家，社会收入绝大部分都用来维持不生产者。朝廷的王公大臣、教会的牧师神父，以及海陆军人都是这一类人。海陆军人在平时既不从事生产，战时又不能有所获取来补偿他们的维持费。这些不生产者，不得不依赖生产者的劳动产物而活。如果他们的人数增加到不应有的数量，那么他们可能消费掉过多年产物，而使余量不够维持能在次年再生产的生产性劳动者。这样下一年的年产物肯定不及上一年。恶性循环，而导致整个国家变得穷困。那些不生产者，消费了社会收入的绝大部分，以致不论个人多么节俭慎重，都不能补偿这样大的浪费。

　　可是从经验上看，大多数时候，个人的节俭慎重又似乎不仅可以补偿个人的奢侈妄为，而且可以补偿政府的浪费。每个人改善自身境况的持续的、一致的努力，是国家、社会和个人财富得以积累的重大因素。这种力量如此强大，以至于可以弥补政府的浪费，挽回政府不当行为造成的损失。例如，世界上总是有疾病和庸医，但是出于一种莫名的力量，人类总是能战胜疾病，恢复健康。

　　只有两种方法可以增加一个国家土地和劳动的年产物的价值。一种是增加生产性劳动者的数量，一种是增加他们的生产力。增加生产性劳动者的数量，必然要先增加资本，增加维持生产性劳动者的基金。增加他们的生产力，同样需要增加资本。增加生产力的方法，要么增加和改良机器、工具，要么使劳动分工更为精细、合理。这两者都需要增加投入资本。所

代尔夫的景色：乐器行的小贩和他的乐器　卡勒斯·法布里蒂厄斯　油画　1652年

　　奢侈的行为还容易使本国产品趋减，从而将国内的金银货币挤压到国外市场，而并不像某些人所说，因为没有购买外国的奢侈品，就不会引起金银的向外输出。画家有意将景象的透视夸张地压缩，从而使代尔夫的景色显露出音乐的旋律与异国的韵味。

以，如果我们比较一个国家不同时代的年产量，发现后代比前代多了，农工商业都进步了，那么就可以断言，这两个时代间，这个国家的资本必定增加了不少。一部分人民节俭慎重所增加的资本，一定多于另一部分人民妄为和政府浪费所侵蚀的资本。

我应该在此补充说明一句：只要国泰民安，即使政府不够节省慎重，国家也可能有这种进步。不过我们要正确判断这种进步，就不能比较两个过于靠近的时代，而要使其相距较远。因为时代太近，即便整个国家实际上进步了，我们也可能因为某一局部行业的凋敝，而误判为整个国家的退步。

白玉酒杯把手与金勺

　一些奢侈品具有保值甚至增值的作用，购买这些商品其意义总要比在饮食或排场上大肆铺张更好些。

拿破仑与法国战役 麦松尼埃 油画 1815—1891年

　政府不加节俭的行为会轻易地将全国民众置于穷困的危险中，如果社会中不事生产的人数过多，就可能侵占极大部分本应转为生产者生活资料的资本，从而使全国生产一年比一年萎缩。拿破仑带领他的军队征服了大半个欧洲，但也耗费了无数的国内资产。

节俭可以增加社会资本，奢侈可以减少社会资本。所以，收支相抵的人，资本不增不减。不过我们应该知道，在各种消费支出中，有一些比其他更能促进国家财富的增长。个人的收入，有的用来购买立刻享用的物品，有的用来购买比较耐久可以积蓄起来的物品。前者用完就完了，对将来没有一点好处，后者可以减少将来的费用，或者增加将来消费的效果。假设有甲乙两个财产相等的富翁，甲用其大部分收入购买比较耐久的商品，乙则购买即享即用的物品。到最后甲一定比乙稍富。甲还能留下若干货物，虽然其价值不如当年，但多少总有些价值。乙就一点也没留下来——10年或20年浪费的结果，什么也留不下来。

把收入花费在耐用品上，不仅有利于积累，而且有利于培养俭朴的风尚。一个人在耐用品上即使花费过多，也可以随时幡然改悔，而不会被社会讥评。设想一个人原来婢仆成群，经常大摆筵席，穿用奢侈华丽，突然跟从的婢仆少了，不太摆筵席待客了，穿用俭朴了，那么肯定被邻人注意，而落为话柄——这好像是证明了他从前行为的过失。像这样大花大用的人，如果不是破产，很少有改变恶习的勇气。而如果他本来喜欢购置房屋、家具、书画，后来觉得财力不济，而突然停止，别人也不会怀疑。因为这种东西之前已经购买很多，没必要源源不断地购买。别人见他突然不买了，也只会认为他是失去了兴趣，而不会以为他是钱不够了。

铺着20张虎皮的豪华大厅 玛丽琳·西尔弗斯通 摄影 1959年

个人开支的方向各有差异，但是从资本积累的意义上讲，购买即享即用的商品，是对未来毫无意义的，相反那些更为耐久、可以积蓄的商品才具有资本保值的作用。在一位印度富豪遗孀家中的豪华大厅里，铺排着各式各样、华丽精美的家具、饰物以及灯具。

　　此外，把钱花在耐用品上，比把钱花在款待宾客上，能供养更多的劳动者。一顿丰盛的晚宴，花费二三百斤粮食，其中也许有一半最后变为粪便，浪费不可谓不巨大。然而如果拿这些粮食，来雇佣泥瓦匠等工人，虽然同样是消费粮食，但是却能够得到补偿，并收获利润。等于工人们用劳动来购买这些粮食，一点也不会浪费。两者的差别，一个用来维持生产者，能增加国家土地和劳动的年产物的价值，一个用来维持不生产者，不能增加任何价值。

　　但是读者不要以为，把钱花在耐用品上，就全是好的行为，把钱花在款待宾客上，就全是坏的行为。一个人把他的收入用于款待宾客时，起码和他人共享了财富。而如果购买耐用品，那么就只是惠及自身，其他人不得允许不能共享。所以，后一种花费，特别是用于购买珠宝、衣饰等等奢侈品，常常不仅表示一种轻浮的取向，而且表示自私的品质。我上面之所以推崇消费耐用品，不过是说，这可以鼓励个人的节俭习惯，有利于社会资本的增加；因为它所维持的是生产者而不是不生产者，所以有利于国家财富的增长。

波旁王朝的聚会 版画 1695年

　　宫廷的聚会或宴会是诸多奢侈行为中最夸张的一种，晚宴消耗的粮食也许有一半会被倒进粪堆。一场宴会所耗的金钱可能足以为百倍以上的工人支付整整一年的生活费用。这可谓是以大量资本维持不生产者享受的典范。

第4章 论贷出取息的资产

出借人总是把贷出取息的资产看作资本，他希望在借贷期满的时候，不但能够收回所有的借出款，并且能够拿到相应的利息。而借款人拿到这笔借款之后，可能用于两种用途。一种是用作资本，维持生产性劳动者，从而再生产出价值，并提供利润。这时，他不用从其他途径就能够偿还借款及利息。第二种用途是留供自己目前消费。在这种情况下，他就成为浪费者，因为他把本来可以用于维持生产者的基金，用来维持非生产者。这时，他只有从其他的途径，例如地产或者地租，才能够偿还借款及利息。

当然，这种借款，有时候同时用于这两种用途。但是相对来说，用于前一种用途的多，用于后一种用途的少。一个人借钱只是为了挥霍，常常还不起钱，而使借钱给他的人后悔莫及。除非是放高利贷的，否则这种借款对双方都没有好处。虽然社会上难免有这样的事，但

肖邦在巴黎 油画 1887年

多数人借款用于谋利，但也并不排除偶尔有人用来满足其无限膨胀的虚荣心。19世纪法国巴黎上流人士的沙龙里标榜一种以追捧有才华的艺术家而显示其高雅品味的风气，同时也满足人们各种各类的奢侈需求。举办人大多是财大气粗的权贵或富豪，但也不乏以借贷方式硬充门面的。

是它肯定不多见。要是你问一个富人，他肯把钱借给一个浪子呢，还是愿意借给一个用它来谋利的人，他肯定笑话你不该问这么浅薄的问题。在所有借款人中，我相信节俭的肯定比奢侈的多，勤劳的肯定比懒惰的多。

只有乡绅才会借钱只是为了挥霍。乡绅借款通常用财产作抵押，所借的款项，也通常不是用于谋利的用途。他们所借的钱，常常还在没有借之前就已经花光。因为他们日常享用的东西多是向商店赊购，往往赊得很多，必须出息借款才能还清账目。所以乡绅借款其实并不是为了要花费，而是为了补偿先前已经花掉的商店老板的资本。他们所收的地租不够偿还，所以借款来偿还。

取息的贷款，一般都是货币，要么是纸币，要么是金属币。但是借款人需要、出借人提供的，其实不是货币，而是货币的价值，即所能购买的货物。如果借款人需要的是供目前消费的资产，那么他所借的就是能够立即享用的货物。如果借款人需要的是谋利的资本，那么他所借的就是劳动者工作必需的工具、材料与食品。借贷，其实就是出借人把自己一部分土地和劳动年产物的使用权让给借款人。

货币是各种贷借的手段。一个国家能以收取利息的方式出借的资产有多少，或者像一般人所说，这种货币有多少，并不取决于货币的价值，而取决于特定部分年产物的价值。这一部分年产物自从土地上或由工人手中产生后，就被指定作为资本使用，但是其所有者不想亲自使用而转借给他人。因为这种资本的出借与偿还都以货币来往，所以被称为货币的权益。在这种关系中，货币就像一张转让的契约一样，出借人把无意亲自使用的资本转让给借款人。这样转让的资本量，可能比作为转让手段的货币量要大很多倍。因为同一枚金属币或同一张纸币，可以作许多次购买，或者连续作许多次贷借。例如，甲借给乙1000镑，乙用来向丙购买1000镑货物。丙因为不需要货币，而把这1000

小屋

贷款的人其目的并不在于货币，而在于货币能够购买的货物，譬如农场主需要在其田地附近修建的藏贮工具的小屋。

镑借给丁，丁又用来向戊购买1000磅货物。戊也因为不需要货币，又把这1000镑借给己，己再向庚购买1000镑货物。货币虽然还是原来那几枚金属币或那几张纸币，但几天之内，就已进行了贷借3次、购买3次了。每一次贷借或购买的价值都是1000磅。甲、丙、戊是出借

钱的人，乙、丁、己是借钱的人。但是其实他们所贷借的只是货币的购买力。这种购买力就是贷借的价值与用途。甲、丙、戊这三个有钱人所贷出的资产，等于这笔货币所能购买的货物的价值，所以，这3次贷借所借出的资产实际等于1000磅货币的价值的3倍。如果债务人能够适当地使用这笔贷款，那么就能够按时偿还贷借的价值及其利息，这种贷借就十分可靠。此外，这笔货币，既然可以作为贷借3倍其价值，自然也可以货借30倍，并且还可以连续用作偿还债务的工具。

这样看来，以资本贷借给人收取利息，可以看作出借人把一定部分的年产物转让给借用人。作为报答，借用人在借用期内每年从年生产物中取出较小部分让给出借人，就称为付息。借期满后，借用人再把相等于原来出借人让给他的那部分年产物让给出借人，称为还本。在这两次转让的场合，货币的作用就像转让的证书，跟其所转让的东西完全不同。

自从土地上或由工人手中产生后就被指定作为资本使用的这一部分年产物，它如果增加了，那么所谓货币的权益就自然增加。其所有者不想亲自使用但希望通过转借获得利息的资本也随之增加。总之，资产增加了，能以收取利息的方式出借的资产也必然增加。

贷出生息的资产增加，会使得这种资产的利息必然下降。由于市场上商品的供应大于需求，而使商品的价格随之下降，这时贷款的利息也会下降。但除了这个原因外，还有其他几

购买奴隶的阿拉伯商人 《马卡马特》插图
　　货币只是用于实现各种借贷的一种手段。实际可以进行的借贷规模并不取决于一个人（国家）所拥有的货币本身，而取决于他（它）所能提供的再度用于生产的生产资料的价值。图中的黑人奴隶经常被阿拉伯商人购买回去作为仆人使用。

个特殊的原因。一个是：一个国家的资本增加，必然导致投资利润的减少。由于要在国内为新资本找到有利的投资方法越来越困难，所以资本之间发生激烈的竞争。资本所有者往往互相倾轧，要把其他投资人排挤出去，但要排挤其他人，只有把自己的要求降低。他不仅要贱卖，而且有时还不得不贵买。再一个是：维持生产性劳动的基金增加，必然导致对生产性劳动的需求增加。劳动者不愁雇不出去，资本家反而要愁雇不到人。资本家之间互相竞争提高了劳动工资，从而降低了资本的利润。利润既然减低了，利息率当然也必须随之减低。

有些国家的法律禁止放款收取利息。但是，资本在任何地方都会获得利润，所以也应该在任何地方获得利息。历史经验告诉我们，这种法律不但防止不了高利贷的罪恶，反而会使它加剧。因为，债务人在本来必须支付的利息之外，还要为出借人所冒的这一法律风险而支付利息。也就是说，他必须为出借人可能遭受的高利贷罚款而缴纳保险金。

没有任何法律能使利息降低到当时最低的一般市场利息率之下。1766年，法国国王

利息率的变化

当市场上某种可以生息的资产持续增加，必然会使得这种资产的利息下降。这一方面是由于贷出者之间日益激烈的竞争，另一方面则是因为受到不再平衡的劳动关系影响。正如当制作彩陶的工具与熟练工人越来越多时，原本具有艺术感的彩陶就会演变成日常的消费品。

颁布法律，试图把利息率由5%减至4%，但人民用种种方法逃避法律，民间借贷的利息率仍为5%。

　　土地的一般市场价格，由一般市场利息率决定。一个人有资产但不愿亲自使用，而又希望从中获得收入，那么他对于购买土地还是贷出取息，通常总是盘算再三。相较之下，土地非常稳当可靠，并且还能获得各种附加的收益。所以就算把钱贷给别人收取的利息更多，他还是宁愿购买土地——土地的附加收益能够弥补这种损失。但是如果土地的地租收益远远小于利息所得，那么谁也不愿购买土地，土地的一般价格就会跌落。反之亦然。在利息率为10%时，土地的售价一般为年租的10倍或12倍。利息率减至6%、5%、4%时，土地的售价就上升到年租的20倍、25倍，甚至30倍。法国的市场利息率高于英国，所以法国土地的一般价格低于英国。英国土地的售价一般是年租的30倍，而法国土地的售价一般为年租的20倍。

巴达维亚的别墅

　　土地也是一种可以获取利息的生产资料，它的一般市场价格，是由一般市场利息率决定的。此外，土地还是一种非常稳当可靠的资产，经常获得各种附加的收益。巴达维亚是爪哇岛的一个港口，现又称雅牙达。17世纪殖民者刚刚来到时，一些外国人曾以极低的地价在当地获得了大片土地。

第5章　论资本的各种用途

虽然一切资本都是用来维持生产性劳动的，但是等量资本所能推动的生产性劳动量，却随资本的用途不同而极为不同。一个国家土地和劳动的年产物所能增加的价值，也随之极不相同。

资本有四种不同的用法。第一种，用来获取社会上每年所必需的天然产物——这种用法适用于农业家、矿业家、渔业家。第二种，用来加工天然产物，使它更适合使用和消费——这种用法适合于制造者。第三种，用来把天然产物或制造品从丰富的地方运往缺乏的地方——这种用法适用于批发商人。第四种，用来把大量的天然产物或制造品分成少量的部分，便于满足消费者的随时需求——这种用法适用于零售商人。我认为这四种用法包括了一切投资的方法。

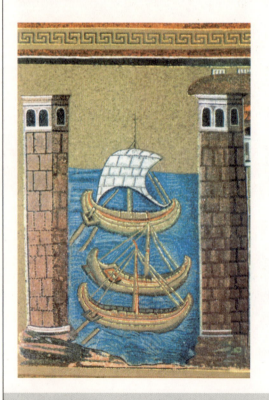

这四种投资方法相互紧密依存，缺少任何一种都不行。少了一种，其他三种也不能存在，即便存在也不能充分发展。分析如下：

第一，天然产物是制造业和商业的原料或初产品，制造业和商业必须依靠天然产物存在。

第二，天然产物往往需要加工后才适合使用或消费。如果没有资本投在制造业，它就永远不能被加工成适合使用的消费品。

第三，天然产物及制造品必须从丰富的地方运往缺乏的地方，否则生产量就不能超过本地消费所需要的。如果没有批发商人投入资本在运输业，这种运输就不可能。批发商使两个地方的剩余生产物互相交换，既可以鼓励产业，又可以增加人们的享用。

第四，如果没有零售商人投入资本，把大量的天然产物和制造品分成少量的部分，

远航的运输船

一切资本的用途都可以划分成以下这最基本的四类：生产、加工、运输、零售。这四个环节相互依存与促进，就像批发商人在运输业投入资本，把各种商品从其产地运往稀缺的地方，从而大大促进商品产地的生产规模一样。

那么所有人都必须一次买入大量超过目前所需的物品。例如，假设社会上没有屠夫，我们就必须一次购买一头牛或一头羊不可。这对富人来说也不方便，对贫民来说就更为不便。贫穷的劳动者如果要勉强一次购买一个月或半年的粮食，那么他的资本一定有大部分不得不改作留供目前消费的资产，于是本来能够提供收入的变作不能提供收入的。对他们来说，最方便的是在需要的时候，能够逐日、逐时购买生活品。这样他就可以把几乎全部资产用作资本，于是他所能提供的工作的价值增加了，所获的利润也将足以抵消零售商的利润而有余。

有些政论家对商店老板存有毫无根据的成见。众多的小商贾之间也许互有妨害，但是对社会则毫无妨害。所以不需要对他们课重税，或限制他们的人数。例如，某个地方对杂货的需求限制着该地杂货所能售出的数量，所以投在杂货业上的资本，不可能超过足以购买这数量杂货所必需的数额。这种有限的资本如果分归两个杂货商人经营，他们间的竞争会使售价减低到比一个人独营的时候便宜。如果分归20个杂货商人经营，他们间的竞争会更剧烈，而他们结合起来抬高价格的可能性会变得更小。这种竞争也许会使他们中的一些人破

产，但我们不必过问这种事情，当事人应该自己小心。他们的竞争绝不会妨害消费者，也不会妨害生产者。虽然零售商人多了，其中也许有坏分子诱骗软弱的顾客购买不需要的货品，不过这种小弊端，不值得国家去特意干涉。限制他们的人数不一定能杜绝这种弊端。举一个最浅显的例子：不是因为市场上有许多酒店，社会上才有饮酒的风尚；而是因为社会上有饮酒的风尚，才使市场上有许多酒店。

任何人把资本投在这四种用途之一上，就是生产性劳动者。他的劳动可以固定而且实现在劳动对象或可卖物品上，至少可以把维持他们自身所消费掉的价值加在其价格上。农场主、制造者生产货品，批发商、零售商售卖货品，他们的利润都来自货品的价格。但是，由于用途不同，投在这四个方面的资本虽然相等，直接推动的生产性劳动量却不相同，从而对于社会年产物增加的价值的比例也不相同。

零售商向批发商购买货物，他的资本补偿了批发商的资本，并提供批发商的利润，使

零售的作用

零售也是资本运作的必须一环，想象一下我们每次想吃牛肉时，都不得不购买一整头牛的境况！

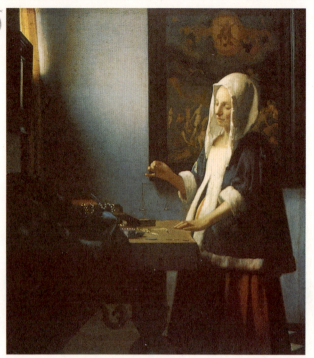

其营业得以继续。零售商的资本只是雇佣了他自己，他自己就是受雇的唯一的生产性劳动者。这种资本对社会年产物增加的价值只是零售商的利润。

批发商向农场主购买天然产物、向制造者购买制造品，他的资本补偿了农场主和制造者的资本，并提供他们的利润，使其营业得以继续。此外他的资本还用来雇佣运输货物的水手和脚夫，所以在货物的价格中增加的，不仅有批发商自己的利润，还包括水手和脚夫的工资。前者属于批发商间接推动的生产性劳动，后者属于批发商直接推动的生产性劳动。批发商的资本对增加社会年产物价值的贡献就是如此，但还是要比零售商的资本的贡献大得多。

制造者的资本分为固定资本和流动资本两部分。固定资本用来向其他制造者购买生产工具，补偿并提供对方的资本和利润。流动资本一部分用来向农场主和矿业商购买材料，补偿并提供他们的资本和利润。流动资本的大部分用来分配给雇佣的工人，所以在加工的材料中增加的，包括雇工的工资和制造者（雇主）应得的

英国零售商

在"零售商"这一词汇意味着仅投入其个人作为劳动者的小商店主的时代里，零售资本产生的价值增长只包含零售商利润的部分。但在零售业已呈大规模增长的今天，其价值增长的计算也已变得更为复杂。

持秤的女人

斯密认为政府对于零售业的干预无太大必要的，因为资本的灵性会促使其作出自发选择。当某个行业竞争趋热，利润率下降时，资本就会自动撤出这一市场。图中的年轻女人正在称量着她的物质财富，计算它们的价值，并考虑着该将其用于何种用途。

利润。和批发商的等量资本比较，制造者的资本所直接推动的生产性劳动量大得多，对社会年产物所增加的价值也大得多。

农场主的资本所能推动的生产性劳动量最大。他的雇工和牲畜都是生产性劳动者。此外，自然也和人一起劳动。自然的产物和最昂贵的人工产物一样有价值。农业的最重要的作用，与其说是增加自然的生产力，不如说是引导自然的生产力，使它生产最有利于人类的植物。例如，一块没有耕作过、长满荆棘蓬蒿的土地，和一块精耕细作的良田相比，两者生产的植物就数量而言可能一样多，但是差别在于，前者生产的植物对人类无用，后者生产的植物对人类作用很大。农业的工作，除了人工以外还有大部分必须依赖自然力。所以农业上雇佣的工人与牲畜和制造业的工人相比，不仅能生产出自身消费掉的价值以及雇主的利润外，还能生产出地主的地租。地租，可以认为是地主借给农场主使用的自然力的产物。地租的大小取决于对自然力大小的估计，这种自然力可以是未经改良的土地的，也可以是经过改良的土地的。减去人和牲畜的工作之后，剩下的就是自然的工作，这一部分在全部生产物中所占的比例很少在1/4以下，而经常在1/3以上。用在制造业上的任何等量的生产性劳动，都不能有这么大的再生产。再生产的大小总是和导致它的力量的大小成比例。所以和等量的制造业资本比较，农业资本不仅能推动更大的生产性劳动量，而且对社会年产物所增加的价值，以及国家真实财富与收入所增加的价值都大得多。所以在资本的各种用途中，投资农业最有利于社会。

农场主和零售商的资本一般总是留在本国内（当然有时也有例外）。它们的使用有固定地点——农场或者商店，所有者也大都是本国内的居民。批发商的资本却不固定在什么地方，而且也没有这种必要。因为要贱买贵卖，这种资本往往周游各地。制造者的资本当然停留在制造的场所。但制造的场所却不一定，有时候它不仅离材料的出产地很远，而且离制成品的销售地也很远。

在生产性资本中增值最多的农业资本

在生产性的各种资本中，农业工作不仅能生产出自身消耗的价值及雇主的利润，还能生产出地主地租的部分。相对而言，制造业资本的增长包括雇工的工资和雇主的利润，稍次于农业。但在整个资本链条中，这两种生产性资本带来的增长又远远超出了批发业与零售业资本的数字。

例如，里昂制造业的材料从很远的地方运来，出品也要运到远处才有人消费。西西里时尚人士的衣料是别国制造的丝绸，丝绸的材料却又是西西里的产物。西班牙的羊毛有一部分在英国制造，但英国织成的毛织物却有一部分又送还西班牙。

所以，同样的资本，按照它的用途不同，所推动的劳动量和所增加的社会年产物的价值，都不相同。即便同是批发商业，投资结果也会因为所营批发商业的种类不同而大不相同。

批发贸易有三种类型：国内贸易，消费品对外贸易和运输贸易。国内贸易顾名思义，就是买卖的地点都在国内，它又包括内陆贸易和沿海贸易。消费品对外贸易，是把外国的消费品购买到国内，供本国人民消费。运输贸易，是在各外国间贸易，例如把甲国的商品运往乙国。

投在国内贸易的资本，每次运作一般都可以偿还两个投在本国农业或工业上的资本，使本国的农、工业得到发展。批发商从商店里把商品运出去，一般都可以带回至少是等价值的别种商品，所以，假如交换双方全是本国产业的产物，当然可以偿还本国两个用来维持生产性劳动的资本。例如，把苏格兰的制造品运到伦敦，再把英格兰的谷物或制造品运到爱丁堡的资本，往返一次，可以补偿两个投在英国农业或制造业上的资本。

如果用本国产业的货物来购买用于国内消费的外国货物，那么投在这种贸易上的资本往返一次也可以补偿两个不同的资本，但是其中只有一个是用来维持本国产业的。例如，把英国的货物运到葡萄牙，再把葡萄牙的货物运回英国的资本，往返一次，只补偿一个英国资本，另一个是葡萄牙的。所以，即使这种贸易能像国内贸易一样快地收回本利，它对本国产业和本国生产性劳动的鼓励也只有一半。

但是，这种贸易很少能像国内贸易那么快地收回本利。国内贸易的本利，一般一年就能收回一次，甚至三四次。这种贸易的本利，往往二三年才能收回一次。经常是投在国内贸易上的资本已经付出又收回了各12次，投在这种贸易上的资本才往返一次。所以，等量的资本投在国内贸易上与投在对外贸易上比较，前者对本国产业的鼓励与扶持往往可达后者的24倍。

有时候国内消费的外国货物，是由本国货物和第二国的货物换购的，也就是迂回地进行贸易。这种迂回的对外贸易，和直接的对外贸易相比，资本回收所需要的时间更长。假设有一个英国商人，用英国的制造品换购维及尼亚的烟草，再用维及尼亚的烟草换购里加的亚麻，那么必须经过 2 次对外贸易，资本才能返回他的手中再购买等量的英国制造品。再假设在用英国的制造品换购维及尼亚的烟草之间，加入一个牙买加的砂糖，那么这个对外贸易的次数就变为 3 次。我们再假设从事这 2 次或 3 次对外贸易的，是 2 个或 3 个不同的英国商人，第一个商人输入的货品，被第二个买去输出，第二个输入的货品，又被第三个买去输出，那么就单个的商人来说，每个人资本的收回的确比较迅速，但是并不能改变整体资本回收缓慢的情况。投在这种迂回贸易上的资本，究竟是一个人的还是三个人的，对个别商人来说虽然有关系，对整个国家来说却没有关系。间接用一定价值的英国制造品来交换一定量的亚麻，与两者直接交换的场合比较，前者所需的总资本肯定比后者大。等量的资本投在迂回的消费品国外贸易上与投在直接的国外贸易上比较，前者对本国产业的鼓励一定要小。

所以，等量的资本分别投入在国内贸易、消费品对外贸易和运输贸易上，对推动本国产业的贡献来说，总是前者大于后者。

制作葡萄酒瓶的软木塞

葡萄酒的热销自然也带动了加工软木塞的工作量，使大量工人可以赖此为生。

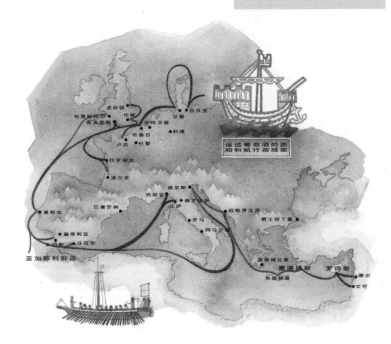

中世纪运送葡萄酒的航行路线

即使同样是用于批发的资本，也会因用途不同而产生不同比率的价值增长。国与国之间进行的贸易就很少像国内贸易那样迅速地收回本利，而且它对本国产业的鼓励与扶持相对国内贸易而言也要小很多。葡萄酒在中世纪是一种非常受欢迎的商品，在整个地中海地区都有很大的销量。

在富有即强大的今天，一个国家的富强，肯定和其社会年产物的价值，也就是一切赋税来源的基金成比例。政治经济学的大目标既然是增加本国的富强，那么为本国的利益着想，当然要首先鼓励国内贸易，其次才是消费品对外贸易，再其次才是运输贸易。不应该强制或者诱使本国的大部分资本，流失到后两种贸易中去。但是，如果这三种贸易是顺应事物的自然趋势发展起来的，那么它们就都是有利并且必需的，不可避免的，不应该有任何的限制和压力。

如果一个国家累积的资本，供给本国消费和维持本国的生产性劳动绰绰有余，那么剩余部分自然会流入运输贸易渠道，供给他国消费和维持他国的生产性劳动。运输贸易是国家富强的自然结果和征象，但不是国家富强的原因。赞成这种贸易而给予特别鼓励的政治家，是把结果误认为原因。就土地面积和居民数目来衡量，荷兰是欧洲最富有的国家，所以荷兰占有了欧洲的最大部分运输贸易。英格兰仅次于荷兰，也有不少运输贸易。不过在多数场合，英格兰的运送贸易不如称为间接的消费品对外贸易。我们把东方、西印度、美洲的货物运到欧洲各市场去，这些贸易多数是这种性质。因为这种贸易究其根本，都是用英国的货物购换外国的货物，而用于英国消费。只有由英国商人经营的在地中海各港间以及印度沿海各港间的贸易，才是英国真正的运输贸易。

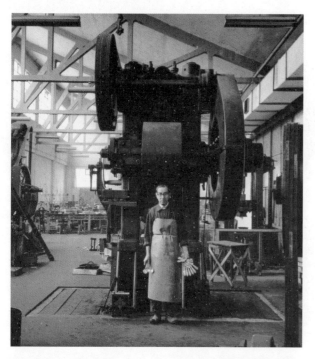

贸易是由于相互交换剩余生产物的必要。国内贸易的资本，受到国内各地剩余生产物价值的限制。消费品对外贸易的资本，受到本国全部剩余生产物价值的限制。运输贸易的资本，受到全世界各国剩余生产物价值的限制。与前两者相比，它几乎没有限制，所以所能吸引的资本也最大。

每个人投资的唯一目的，就是获得私人利润。投在农业、工业、批发商业还是零售商业上，要看哪种行业私人利润最大。至于哪种行业对国家最有利，所能推动的生产性劳动量最大，增加的社会年产物价值最多，他从来不予考虑。

制造工厂中的老工人

投入国内贸易的资本对本国产业的发展最有利。从推动国家富强的角度而言，政府的首选自然是鼓励发展国内贸易，但是也不应因此对消费品的对外贸易和运输贸易强加限制。图中的老工人拿着加工出的产品站在硕大无比的钢铁机器前。

只有在投资农业最有利润、最能致富的国家，个人资本才可能投在对社会最有利的用途上。但是在欧洲，投资农业并不能获得比其他行业更多的利润。虽然这几年来欧洲有许多所谓专家鼓吹投资农业能获得丰厚利润，但只要略观察一下事实，就知道他们的结论是错误的。我们经常可以看见白手起家的人，他们从小小的资本，甚至没有资本，只要经营数十年工业或商业，就成为一个富翁。但是100年来，在欧洲几乎没见过一个用少量资本经营农业而发财的实例。现在欧洲各国仍有许多无人耕作的优质土地，或者虽然有人耕作，但没有充分改良，不能发挥更大的效益。所以现在欧洲随便什么地方，农业都还可以容纳更多资本。但是欧洲各国的政策，都使得在城市经营产业的利益远远超过农村，所以私人往往宁愿投资于远方（如亚洲和美洲）的运输贸易，而不愿投资在靠近自己的肥沃土地上。关于这一点我将在下面详细讨论。

阿姆斯特丹股票交易大厅 乔布·贝克海德 油画 1668年

试图对资本进行更多的控制是全然无益的，如果一个国家累积的资本已远远超出了国内的需求，剩余的部分自然会流入其他渠道，供给他国消费并维持他国的生产性劳动。就像一度在欧洲最富有的荷兰，其资本在国际间的流动也相当活跃。

法国阿布雅村庄

获得私人利润，是个人投资的唯一目的，个人往往并不考虑如何带动全国性的生产性劳动量。城市里各行业的利润都远远高于农村，因此，在世界各国都有如阿布雅一样肥沃的土地无人耕种。

第三篇

论各国财富增长的不同途径

第1章　论财富的自然发展

　　贸易是文明社会的最大商业，其由天然产物与加工产品的交换构成。这种交换可以是直接交换，也可以是间接交换，即使用货币或者充当货币的纸币作为中介来进行。城市所需的生活资料和加工原料由乡村提供，作为回报，城市返回一部分加工产品。城市不具备任何生

玉米 *彼得·艾思克 摄影 1991年*

　　人类赖以生活的基本生活资料都是农村出产的，而城市则不具备任何生活资料再生产的能力，换句话说，城市人口是由农村供养的。金灿灿的玉米流入了靠岸的粮船，如果不能提供足够的粮食供给，背景中的城市也无法成就它的辉煌。

活资料再生产的能力，换句话说城市的全部财富和生活资料都是从乡村获得的也毫不为过。因此，两者的收益是相同的和相互的，而且是对不同行业的所有人都有利，不存在谁对谁造成损失。有了城市提供加工产品，乡村居民不必自己制造就可以用较小量的劳动产品去交换所需的东西，而且，城市也为乡村提供了剩余产品的消费市场。这种市场的规模与城市居民的人数和收入成正比，市场越大对大多数人的利益也就越大。

按照常理，生活资料的重要性显然要高于便利品和奢侈品，对前者的生产就必然处于优先地位。因而，对农村土地和耕种的改良，就必然要优先于城市对便利品和奢侈品产业的发展。乡村的剩余产品构成了城市的生活资料，剩余产品的增长促进了生活资料的增长。不过，城市的生活资料并不完全依赖本国提供的剩余产品，它可以从遥远的国家进口。但是，这一点，却造成了不同时代、不同国家的财富增长的巨大差异。

上述事物发展的顺序很大程度上取决于人类的天性，但是，由于人类自己制定的制度阻挠了这种天性，所以，城市的发展不可能超过这种天性的限制——至少是在土地和耕种改良

有农民的风景 路易·勒南 油画 约1640年

　　按照社会的自然状态，在所有产业的利润率趋向一致的前提下，回报稳定且易于操作的农业会获得最优先的发展，而商业则由于面临过多不可预知的因素而被绝大多数人放弃。在勒南的这幅绘画中，农民们或立或坐，营造出了引人入胜的静谧气氛。

之前。只要利润相等或者接近，人们的投入都会选择对土地和耕种改良，而不是制造业和对外贸易。因为，前者的资本是可见的和可支配的，且不存在风险。而商人们则完全不同，他们不仅要冒路途遥远的风险，还会受到意外的不可预知的因素的支配。他们的商品需要遥远国家的人来购买，而那些人并不了解这些产品的优劣。耕地是人类原始的职业，同时乡村悠闲宁静的生活，很少受到外界人为不公因素的干扰，最重要的是，资本固定在土地上的安全程度是其他事物所无法相比的。这种种因素使得人们偏向于选择土地和耕种。

当然，铁匠、木匠、车匠、犁匠等工匠们的服务也是土地耕种不可缺少的，否则它将不可能顺利进行。工匠之间也存在着供求关系，自由往来使他们聚居在一起，从而形成了城镇或村庄。很快，其他许许多多的商人和工匠们也加入进来，城市逐渐产生、发展。城市和乡村互为彼此的市场：农民为城市提供工作原料和生活资料，城市为乡村提供了加工产品。两者的需求存在着某种均衡——乡村对土地和耕种的改良，扩大了对加工产品需求，这种需求又促进了城市居民职业和生活资料的增加。因此，如果没有人类制度的干扰，每个政治社会的自然进程，财富的增加和城市发展都是这种自然进程的结果。

在英国的北美殖民地，荒地仍可自由获取，城市的制造业只是满足本身需求。殖民地的工匠会用剩余资产购买和改良耕地，而不是建立一种供远方销售的制造业。任何高额工资和容易得到的生活资料都无法阻止他成为一个农民，因为他是为自己工作，是一个真正的主人而不像工匠那

亚述人驯养的动物

畜牧业，作为农业的主要成分之一，也在很久远的年代就获得了充分发展。亚述人在很早的年代里就发展出了驯养动物的技术。

样是顾客的仆人。

　　相反，如果在一个国家无法自由获得耕地，或者没有耕地，工匠都会用已经获得的超过周边生意需要的资产为远方建立销售。制造业兴起，并随着时间的推移不断分工、改进和完善。

　　与农业自然先于制造业的理由一样，在利润相等或者接近的条件下，资本投入制造业也自然先于对外贸易。

　　所以，在每一个拥有领土的社会里，事物总会根据自然进程遵循着这样的顺序：资本首先投入农业，然后是制造业，最后才是对外贸易。

　　然而，在欧洲所有现代国家中，这种自然顺序的许多方面被完全颠倒了。某些城市的对外贸易采用了适合于远方销售的制造业，这两者又造成了农业的主要改良。原来自然的方式和习惯被这种不自然和倒退的顺序取代。

美国南方的庄园

　　美洲成为殖民地之后，在拥有大片荒地、气候适宜的美国南部迅速出现了一大批以种植烟草、甘蔗和棉花为主的农场。在土地可以自由获取的前提下，农业会成为人们首先选择发展的产业。图为在一名大农场主的庄园中，已攫取大量财富的绅士们在同女伴一起悠闲地散步。

第2章 论罗马帝国崩溃后欧洲旧状态下农业受到的抑制

日耳曼和塞西亚民族对罗马帝国西部各省侵占所产生的骚乱持续了几个世纪，掠夺和暴虐阻断了城乡之间的商业，使曾经拥有巨大财富的欧洲西部变得极为贫穷和荒蛮。一些掠夺者成了大部分土地的主人——这些土地虽有主人，但大部分还是荒芜的。

这种巨大的对土地的独占可能不久就会通过继承或者转让，再次被分割成许多小块。然而，长子继承法和限定继承制的采用，排除了将其重新分割的可能性，并且保证了个别家族对土地的吞并。

但是，这些大地主缺乏改良的意识。他们想到的只是如何捍卫或者扩张自己的领地，他们没有闲暇去耕种和改良土地，而当他们有闲暇时，他们既没有这种意愿也缺乏必备的能力。有经济头脑的地主往往会购买新的土地，而不是改良旧地产。如果他们缺乏资产，那就更不会这么去做了。

欧洲的混战

在欧洲数百年的战乱中，土地渐渐集中到少数的贵族与地主名下。土地出租带来的稳定收益，使得那些具有经济头脑的人们更加热心追逐于拥有更多的土地，而互相吞并的混战恰恰可以帮助他们达成这一目标。这幅手抄本插图表现了一个在与圣杯有关的传说中出现的骑士形象。

显然，大地主无法做到的事情，就更不要期待他们手下的佃户来完成了。在欧洲古代，这些佃户全部或者几乎都是奴隶，他们可以随意被命令退佃。所有时代和所有国家的经验都表明，这些没有财产的奴隶，除了吃得尽可能多、劳动得尽可能少以外，再没有其他的利益。实际维持他们工作费用比表面费用昂贵。

地主都爱好发号施令，当一切条件满足时，他只愿意使用奴隶而不是自由人。但是，现在只有食糖和烟草的种植能够支付奴隶耕作的花费。在以谷物为主要产物的英国殖民地，自有人承担了大部分工作。

现在法国兴起了一种佃农的分益，与古代隶农不同，地主为他们提供所有耕种土地必要的资产。在扣除各种花费以后，地主和农民均分剩余产物。当农民离开农场时，资产归还地主。

虽然都需要地主的开支来维持耕地，但这种佃农与奴隶的最主要差别在于，他是自由人，可以拥有财产，可以享有一部分土地的产物。因为存在利益，所以，他会尽可能增加产物的产量，从而能够让自己的那部分产物多一些。奴隶只能得到生活费，因此，他们不会想到去增加土地的产物，而更多地考虑自己的安逸。

然而，土地的进一步改良也无法依靠这种耕种者，他不能用自己微薄的资产帮助地主获得更多的另一半产品。教会征收的什一税，即使只占产物的十分之一，也已经极大地阻碍了土地的改良，能够想象如果地主分享分益佃农一半收益的更高额的征税一定会产生更有效的阻碍效果。利用地主提供的资产尽可能多地为自己生产产品，符合所有佃农的利益，但如果把自己的利益与地主的利益混合在一起，是分益佃农不愿看到的。据说这种佃农

耕种土地的佃农

随着土地的日益集中，佃农制随之出现了。地主为没有任何生产资料的农民提供耕种土地的必要资产，而每年收获后，在扣除各种花费之外，地主和农民均分剩余的产物。在图中，两名年轻男子正在一边犁地，一边播种。欧洲有大量佃农辛苦工作整整一年，却无法换得相应的收入。

耕种着法国六分之五的土地。地主常常抱怨他们的佃农过多地将牲畜用于运输而不是耕种。原因很简单，耕种土地的利润要和地主分成，而运输的利润则全归佃农所有。在苏格兰的某些地区也存在这种分益佃农，他们被称为"steel-bow"，意思是有地主借给种子、农具的佃农。

　　真正可以成为农民的人出现在分益佃农之后，但这个过程非常缓慢。农民拥有自己的资产，耕作后向地主交纳一定的地租。在和地主签订一定年限的租约后，农民有希望利用自己的资本对土地和耕种进行进一步改良，从而能够在租约期满后收回投资，同时获得可观的利润。但是，这种对土地的占用一直没有任何保障可言。因为，除了与地主签订的租约中的约定之外，农民还必须按照庄园或领地的需要和习惯，义务满足地主提出的大量劳役，而且，这种劳役完全是随意性的。在取消了所有租约中没有明确规定的劳役之后，苏格兰自耕农的境况有了大大的改善。

　　和私人劳役一样，自耕农同时要负担的公共劳役也是武断随意的。修建和维修公路就是其中的一种。自耕农必须为国王的部队、王室成员或任何一类官员提供马匹、车辆和粮食，以方便他们过境。粮食的价格有征购官来规定。在欧洲，英国已经取消了这种对农民不合理的压迫，而在法国和德国仍然存在。

　　公共赋税和劳役一样，也不规范和具有压迫性。但无知使农民们并没有意识到自己的收入因此会受到很大的影响。

　　上述所有因素阻碍了土地占有者对土地的改良。因为法律赋予了拥有土地的人一切自由和安全保障，如果改良土地，将会使他们处于不利的地位。同样，农民就像借钱做生意的人，自己获得的利润的一大部分都被地租吞噬了，农民资本的增长总是比不上地主资本的增长。因此，他们都采取审慎的态度。但农民耕种土地的改良还是要落后于地主所作的改良，

蒙福考特的丰收 毕沙罗　油画　1876年

　　在地租以外，农民必须义务为地主做大量的劳役，而且地主可以完全随意地指派这一类劳役。在如此长期的土地拥有者与使用者分离的状况下，改良土地并获得更高收益的欲望受到抑制。在这幅描绘乡村风情的绘画中，毕沙罗刻意地把颜色和线条模糊化，利用对光线的敏锐把握使得整个画面呈现出如梦似幻的效果。

如果农民完全拥有土地，那么情况就会不同了。还有一个因素必须被考虑：在欧洲大部分地区，自耕农民的地位明显低于地主，甚至比境况略好的手艺人和工匠还要低，后者在欧洲所有地区被认为是低于大商人和工厂主的。因此，没有哪个有钱人会置自己的地位不顾而去做下等人做的事情。这种情况便造成了没有资本愿意从事土地改良的工作，即使现在的欧洲也是如此。英国的情况可能要好于欧洲其他国家，农业获得的资金相对多一些，但这些资金也是从耕作中获取的。与其他行业相比，这一行业的资产积累应该是最慢的。但是在英国，在荷兰共和政府和瑞士伯尔尼共和政府中，作为一个国家土地主要的改良者的大富农的数量比欧洲其他君主国家都要多，农民的地位也相对要高。

欧洲历来的政策都是不利于土地的改良和耕种的，无论主体是地主还是农民。这是因为，首先，谷物的出口是完全被禁止的，这个规定谁也不觉得奇怪；其次，反对垄断、收购和囤积居奇的荒谬法律，集市和市场的特权等，限制了所有农产品的贸易。无法想象这样的政策，会对一个国家，特别是那些土地和环境都不太有利的国家的土地耕种事业产生多么大的阻碍。

美第奇家族的庄园与土地

农民收入中的一大部分都被地租吞噬，无法完成资本积累，而由于在欧洲大部分地区，农业受到轻视，拥有资本的贵族与地主又不愿意将资本用于土地改良。这种状况是欧洲各国的农业生产始终处于落后状态的重要原因之一。美第奇家族是中世纪佛罗伦萨最具声望的家族之一，在乡村拥有占地广阔的宅院。上图为美第奇家族城堡式的住宅，下图为其拥有的波吉奥·阿该亚诺庄园。

第3章　论罗马帝国崩溃后城市的兴起和发展

古代希腊和意大利共和国早期的居民主要由地主构成，他们分割公共土地，彼此相邻地修建房屋，并环以围墙，共同御敌。但是，在罗马帝国衰落之后，地主们便与自己的佃农、依附者住在各自领地的城堡里。城市的主要成员变成了商人和技工，特许状的颁布赋予了他们某些特权：无须领主允许就可以自由嫁女；自己死后，由子女而不是由领主继承自己的财物；可以订立遗嘱来处理自己的遗产。否则，他们仍然处于一种奴隶或者近似奴隶的地位，处境比乡村居民好不到哪去。

这些人既贫穷又低贱，经常在不同的地方、不同的集市售卖他们的货物。每经过某个庄园，每通过某个桥梁，每经过一个集市，甚至在集市上设立摊点，他们都要交纳税捐，除非受到国王或者某位大领主的免缴特许。虽然这些商人的地位低贱，但仍因此被称为自由商人。作为自由的回报，他们每年向自己的保护人交纳一次人头税。保护是出于对金钱的考虑，而人头税则可以被看成是对保护者免去某些税收的补偿。在英格兰几个城市的一些记载中，不时会提到个别人向国王或者大领主寻求保护并交纳这种税。最初，这种免缴税捐和人头税只限于个人和保护者之间。

不论一开始的处境如何低贱，城市居民获得自由和独立的时间却要比乡村土地占用者早很多。在国王的收入中，城市居民缴纳的人头税是其中的一部分。国王自己决定税额的多少，然后交由各郡的司法行政官员或其他人在规定的年限内代为征收。不过城市

美丽的尖拱

城市渐渐脱离乡村而出现时，为数众多的底层劳动者随之脱离了佃农身份，转变为小商贩与技工。他们的境况比乡村居民稍好，但仍隶属于最卑微的社会阶层，承担着难以想象的沉重赋税。如图中所示的兰斯大教堂的美丽尖拱正是由这些无名小卒建造的。

居民不愿意受到国王官吏的凌辱，他们选择了自己承包本市的这种税收。因为，欧洲各国君主本来就有将整个庄园的税收交给全体佃农包办的传统，他们可以按照自己的方式征税。同样，城市居民对全部税收共同负责，并由自己的官员征收入国库。这一点在当时是非常重要的。

随着时间的推移，这种城市税收包给市民代征的方式，从只限于一定的期限，转变为一种普遍的做法，即税额不变，永久性地包给市民代征。而作为回报的豁免也自然具有永久性了。而且，这种豁免不再属于个人，而是给予了城市所有居民。因而，城市成了"自由市"，市民变成了"自由市民"或"自由商人"。

除了这种权利之外，市民还被普遍赋予嫁女权、子女继承权和遗嘱处理财产权等特权。这些特权和贸易自由权消除了他们低贱的、近似奴隶地位的特征，从这一刻开始，他们是真正自由的了。

与此同时，社团或市区出现了，市长和市议会被选举产生，自治政府的法规、军事等体系逐渐建立。全体居民接受军事训练，担负警戒和防守的义务，防止外来的进攻和偷袭。在英格兰，他们可以不接受州郡法庭的管辖，除公诉外的其他诉讼可由市长裁定。而欧洲其他国家的市长获得的司法权则更大、更广泛。

在混乱的年代，包征税收的城市必须使用某种强制性的司法权来迫使自己的公民纳税。与其他各种税收相比，城市的人头税是最有可能自然增加的税收，而且不用费钱费心。但是，为什么欧洲各国的君主愿意用此去交换一种固定永久不变的税收，而且，还允许在自己的领土中建立一种独立的共和国呢？

纵观当时的欧洲，没有一个君主有能力保护他们部分弱小的臣民不受大领主的压迫。为了得到保护，这些臣民要么成为某个大领主的奴隶或农奴，要么成立互相保卫的同盟，彼此

嫁女权的出现

无论如何，城市居民从一开始就拥有比乡村居民更多的自由，而通过承包当地的全部税收，一些城市的居民又赢得了更多的个人权利，包括嫁女权、继承权等等。图为在法国布伦举行的一场欢快的婚礼。

共同保护。领主们鄙视市民，他们嫉妒市民的财富，在任何时候都会予以掠夺。这种攻守同盟的建立，可以使单个的城市居民能够进行不容忽视的抵抗。国王也憎恨和畏惧领主，共同的利益促使国王与市民同盟，共同反对领主。因此，尽其权力之所及，尽可能保证城市居民的安全和独立，是符合国王利益的。如果没有这种强迫居民按某种计划或制度行事权力的正规政府，任何攻守联盟都不会获得永久的安全，也不能给国王更大的帮助。这种永久性包征税收的权力，可以消除城市对国王的一切妒忌和猜疑，使彼此成为朋友和同盟军。

往往是与领主最为不和的君主最愿意给予城市这种特权，例如英格兰的约翰国王。法国在菲利普一世时期失去了所有约束领主的权威，之后的国王路易在与国内各主教商量对策时，获得了两种建议：在国王领土内的每一个大城市中设立市长和议会，或在必要的时候，由城市居民组成民兵，在市长的统帅下支援国王。法国考古学家们认为，法国的市长和议会制度应该正是从这个时候开始的。同样的，当苏阿比亚王室各国王统治衰落的时候，德国大部分的自由城市首次被赐予各种特权。

就在城市建立了良好秩序的时候，乡村的土地占用者仍然处于各种暴政的压迫之下。这些没有自由的人们，只满足于获得必要的生活资料。如果要获得更多的东西，必然会受到更大的压迫。而在城市，人们享受着自己的劳动果实，努力改善自己的状况，以求获得更多的生活便利品和娱乐品。这些需求促使了各种产业的建立，而且要大大早于乡村。贫苦的土地占有者只能小心翼翼地隐瞒自己的积蓄，一有机会他们就会逃往城市。因为当时的法律偏袒城市居民，并削弱领主对乡村居民的权力。如果在一年内，他们不被领主找到，那么他们就会获得永久自由。因此，城市成了乡村勤劳居民手中积累的资产的唯一避难所。

位于海滨或通航河道两岸的城市居民比内陆居民的活动领域要宽广得多。他们可以通过

遭到排斥的领主

权力的倾轧使城市在混乱的年代中找到了脱离控制的可能。国王无法对抗领主们庞大的军事力量，便从日益富裕的城市市民中寻找支持。据专家考证，法国的市长和议会制度便是在这种矛盾中产生的。这幅画描绘的是文艺复兴时期欧洲最具实力的一名大领主——乌尔比诺大公。

城市的吸引力

城市愈来愈成为自由与公正的象征，仍处于暴政压迫之下的农村居民也想方设法地摆脱领主控制，逃往城市。图为意大利中部的一座小城，这些小城中的建筑与街道在数百年间几乎从未产生任何大的变化。

加工产品或者从事国家间的贸易，获得生活资料以及劳动所需的全部原料和工具，而并不仅局限于从邻近的乡村获得。这样的城市发展和繁荣更加迅速。单独的某个国家或许只能提供有限的生活资料和就业机会，但综合起来就会是一个巨大的市场。不过，在当时即使商业圈狭隘的情况下，也有过富裕繁荣的国家，例如未曾灭亡的希腊帝国、亚巴西德诸王统治下的撒拉逊帝国、被土耳其人征服之前的埃及、巴伯里海岸的某些地区以及所有在阿拉伯人统治下的西班牙各省。

精良加工产品也被引进了尚未建立精密制造业的国家。当对这些产品的需求越来越巨大时，这种制造业便在本国兴起，商人们可以因此节省这些产品的运费。罗马帝国衰亡后，欧洲西部各省逐渐建立了首批向远方销售的制造业的原因或许正是如此。

如果没有制造业的出现，任何一个大国都不可能存在，这一点毋庸置疑。如果一个大国没有较为精美和先进的，或适于在远方销售的制造业，那么这个国家会被视为缺乏制造业。人们常常可以发现在制造业贫乏的穷国里大部分居民的衣着和家具都是本国产品的现象，比制造业发达的富国更为普遍，甚至富国下层居民的衣服和家具的很大一部分也是外国产品。

城市中的银矿采掘 手抄本 1490年

城市的迅速发展产生了巨大的需求，从而刺激了制造业的发展。城市居民通过加工产品，或者从事国家间的贸易，以获得所需的生活资料以及劳动所需的全部原料和工具。而且他们的交易对象并不仅局限于邻近的乡村。图为在波希米亚的第二大城市库特纳霍拉中，居民忙碌着开采银矿的情景。

第4章　城市商业如何对农村改良作出贡献

不断增加和走向富裕的工商业城市会从三个方面促进乡村土地的改良和耕种。

第一，对乡村来说，城市是一个巨大且方便的天然产物消费市场，这已经足够促进乡村耕种和土地的进一步改良，而且所有与城市有贸易往来的乡村都会得到这种鼓励。由于距离较近的优势，城市所在的乡村是这个市场最大的获益者。因为运费较小，即使商人收购的价格较高，销售的价格也与来自远方的天然产物的价格一样低廉。

第二，其贡献在于城市居民不断增加的财富，在乡村大量未开垦的荒地那里找到了用处。当商人们成为乡绅之后，往往是土地最好的改良家。普通的乡绅只是习惯性地花钱，而不考虑是否有利。商人们恰恰相反，钱要用在有利可图的事业上。只要看到土地价值有希望成比例地提高时，他们会毫不犹豫地为土地改良一次性投入大笔资本。乡绅缺乏商人们的勇气，如果让他们改良土地，他们只会用每年收入的部分结余，而不是一大笔资本。在周围都是未经改良的乡村的商业城市中，商人们尤其活跃。长期经营自然养成的讲秩序、重节约、谨慎小心的习惯，使商人更适合进行任何改良计划，并获得利润和成功。

最后一点在于乡村居民曾经生活在不断与邻人作战的状态中，他们依附于上级，但商业和制造业的发展，产生了良好的政府，建立了秩序，这使乡村居民有了个人的自由和安全保障。这是城市为乡村带来的影响中最重要的一点。

这完全说明了城市的商业和制造业是欧洲大部分地区乡村改良和耕种的原因，而非结果。

但是，城市商业和制造业带来的结果却违反了事物的自然进程，因而整个过程注定是缓慢和不确定的。以商业和制造业为国家财富根基的欧洲各国，与以农

静物之牛肉片 克劳德·莫奈 油画 约1864年

城市居民对生活资料及生产原料的需求，愈来愈成为乡村产品的天然消费市场。与城市有贸易往来的乡村都会得到这种鼓励，而这对乡村的资本积累大有益处，加速了农业对土地的改良。

业为财富基础的北美殖民地相比，前者的居民数量在近500年间几乎没有发生太多的变化，而后者的人数在20年或25年间就增加了一倍。

在欧洲，只有意大利通过对外贸易和供在远方销售的制造业而使所有国土都得到了耕种和改良，包括肥沃的平原、山区和荒芜之地。

然而，通过商业和制造业获得的资本，如果没有体现在土地和耕种改良上，仍然是非常不可靠、不确定的财产。商人的逐利性使他们并不属于某个具体的国家，因为在哪里经商对他们都无关紧要，而只要稍有不利，商人便会将所有的资本和产业迁往他处。当资本没有固定在建筑物和土地上时，这些资本只属于个人，而非任何国家。那些依靠商业产生的国家财富，很容易在战争和政治带来的巨大变革中枯竭。历史曾经记载汉萨同盟拥有巨大的财富，但现在，那些城市没有留下任何痕迹。而土地改良所带来的财富，除了像在持续一两个世纪的蹂躏中不可避免地会发生激烈的变动之外，是不可能被摧毁的。这就如同15世纪末和16世纪初的意大利所遭遇的不幸大大减少了伦巴底和托斯卡纳各城市的商业和制造业，又如佛兰德内战以及后来的西班牙统治，赶走了安特卫普、根特和布鲁日的大投资商，但这些地区仍然属于欧洲人口最密集和耕种最好的地方之一。

诺曼第农庄 克劳德·莫奈 油画 约1863年

毫无疑问，欧洲各大城市中商业和制造业的发展有力地促进了农业的进步，然而这种现象实际上违背了社会进步的自然规律。对比英国在北美洲建立的殖民地，欧洲农业发展的速度是过于缓慢的。对光线瞬间变化的把握是莫奈最擅长的技巧，他笔下的诺曼第农庄有一种甜美宜人的气息。

第四篇
论政治经济学体系

引言

　　政治经济学提出了两个不同的目标。第一个目标是，使人民有能力为自己提供充分的收入或生计；第二个目标是，为国家或社会提供足以提供公共服务的收入。简单地说，政治经济学就是要让所有人都富裕起来。

　　由于时代和地区的差异，产生了两种不同的政治经济学体系：一种为重商主义，另一种为重农主义。重商主义是当代学说，所以本书就先从解释重商主义开始。

17世纪时的德国商人
　　货币的特殊性质，或说它在某种程度上已成为财富的代称，使得人们对货币充满了热烈的追逐之心。不管怎样，只要得到货币，就可以再购买到任何愿望中的商品。

第1章　商业主义或重商主义的原理

　　货币或金银作为交易工具和价值尺度的两重性，决定了财富的构成。货币作为交易工具，使我们更容易得到所需的商品。只要得到货币，购买任何商品都毫无困难。而作为价值尺度，货币被用来估计被交换商品的价值。富人和穷人的区别在于拥有货币的多少。人们对待货币的态度又存在着许多不同，有人喜爱，有人漠视。但有一点是肯定的，致富就是得到货币。通俗地说，财富等同于货币。

　　对任何国家而言，积累金银是致富的捷径。西班牙人在抵达美洲时关心的第一个问题，就是附近是否能发现金银。金银成为他们判断当地是否值得征服的重要标准。

　　而法国僧人普兰诺·卡皮诺在鞑靼人那里看到的情况却和西班牙人有些出入。鞑靼人和其他所有游牧民族一样，都不知道货币的用处。在他们眼里，西班牙人想要得到的金银换成了牲畜。牲畜成为一个国家是否值得被征服的标准。也许鞑靼人的观点可能最接近真理。

　　货币与其他动产的区别是，所有其他动产极易消耗，由其构成的财富并不可靠。一些缺乏出口的国家，由于浪费和奢侈，很快就会造成这些动产的极度短缺。相反，货币则是非常可靠的。因为货币只要不流到国外，就不大可能被浪费和消耗掉。洛克先生的看法是，金银是一个国家动产中最稳固、最真实的部分，因此，如何增加金银的拥有量，是一国政治经济学的重要目标。

　　不过一些人并不完全赞同这种观点，他们认为，一个国家国内流通货币的多少都不重要，该

淘金者

　　1849年，一名采矿者在加利福尼亚州一条山间溪流旁看着锡盘里闪闪发光的黄金。重商主义将这些金子与其他贵金属的拥有量看成是评定国家财富的唯一标准。

国贫富的实际状况完全取决于通过货币而流通的消费品的丰裕程度。但是，这种观点不适用于那些在海外拥有军事力量的国家，因为他们要依靠国内运送的大量货币来维持军队的作战。因此，这些国家必须拥有大量货币，在和平时期它们必须尽量积累金银，以便一旦需要时有财力进行对外战争。

欧洲各国都在研究本国积累金银的一切可能的办法。西班牙和葡萄牙是欧洲最主要的金银供应国，但两国都以最严厉的刑罚禁止出口金银，或者对金银的出口课以重税。在古代欧洲，这一政策似乎在大多数国家具有普遍性。不仅法国和英国在古代采用过类似的政策，甚至在某些古代苏格兰议会的法案也曾以重刑禁止将金银运往国外。

然而在商业时代，这种禁令在许多情况下对商人极为不便。他们用金银购买货物进行贸易，比用任何其他商品更加有利，所以商人们极力反对这种妨碍贸易的禁令。

商人有他们自己的理由。首先，他们认为对外贸易未必会减少国内金银的数量，相反，还会增加它们的数量。这是因为，如果国内对进口商品的消费并未因此增加，可以将那些货物以高额的价格销往国外来获取更多的利润，这些财富比当初为购买货物而出口的金银要多

开采银矿

有一种理论认为任何一种资产都没有金银来得可靠，建筑物会随着时间流逝而变旧贬值，牲畜不加精心照顾就会生病死亡。唯有金银，虽然也在不同的人之间流动，但只要不流到国外，就不会造成本国国力的损失。所以，增加这些金属应该成为一国政治经济的重要目标。

得多。这就有点像农夫的工作：在播种期，农夫把优良谷物撒到地里的行为，会让人觉得疯狂。但如果到了收获期，才发现以前的行为是有价值的，并且有很大收获。

商人们还认为，这种禁令并不能阻止金银的出口，由于金银价值大体积小，很容易走私到国外。只有适当地关注他们所说的贸易差额，才能防止这种出口。贸易的顺差会增加该国金银的数量，反之，逆差则会减少它们的数量。在这种情况下，上述禁令只会使贸易更危险、费用更高，因而汇率就更不利于有贸易逆差的国家。在商人购买外国汇票的费用中，不仅包括运送货币的天然风险、阻碍和费用，还包括由于禁止出口金银而带来的额外风险。汇率越不利于一个国家，贸易差额必然越不利于该国。例如，如果英国与荷兰之间的汇率5%不利于英国，那么英国的105盎司白银就仅值荷兰的100盎司白银。按这个汇率的差额，英国的货物在荷兰更便宜，荷兰的货物在英国则要贵一些。差额的存在使英国货币相应减少，而荷兰货币相应增加，更多的金银流到了荷兰。

然而，商人们虽然言之凿凿，但其中的一部分却被看成强词夺理，特别是政府应该更加关注保持或增加本国金银的数量，而不是其他有用商品的数量，以及自由贸易可以适量供

繁忙的威尼斯码头 安东尼欧·卡娜 油画 1725年

　　禁止金银出口的禁令率先遭到商人们最激烈的反对，他们认为只要控制好国内对外国货物的消费，以金银换回的部分货物可再出口到外国换取高额利润，这样就会创造比当初为购买货物而出口的金银多得多的财富。17世纪正值重商主义兴起，威尼斯、热那亚等重要码头总是呈现出一派繁忙景象。

应这些商品而无需政府干预等理论。商人们的理论的无理之处还在于，高汇率加大了贸易逆差，造成更多金银的流失。这种高汇率确实会让那些购买外国汇票的商人付出更多的金银，但是，却未必会运出更多的货币。这种费用一般在走私货币时全在国内支付。高汇率也自然会使商人努力平衡其出口和进口，使外国货物的价格被提高，从而减少其消费。所以，高汇率不仅减少了所谓的贸易逆差，也限制了金银的流出。

在法国和英国，本国铸币是禁止出口的，而外国铸币和金银则可自由出口，但在荷兰和其他一些地方，这种出口居然扩大到本国的铸币。政府把贸易差额当作导致国内金银数量增减的唯一原因，将会使管理更复杂、更困难而同样毫无成果。而国内贸易以同量资本提供最大收入，并为本国资本创造最多就业机会，却仅被当作附属于外贸的行业。其理由据说是，国内贸易既不能把货币带入国内，也不能把货币带到国外，所以，除了其盛衰能间接影响外贸状况，国内贸易决不会使国家变得更富裕或更贫困。托马斯·孟的著作《英国外贸财富》之所以成为所有商业国家政治经济学的基石，是因为他提出了内陆贸易或国内贸易是最重要的贸易的观点。

政府没有必要对金银和商品中的任何一种更加关注，就像一个有财力但需要葡萄酒的国家一样，葡萄酒总是充足的，而一个有财力购买金银的国家也决不会缺

美的追求 维托雷·卡尔帕 油画 约1495—1500年

　　商人们反对的理由之一是国家的禁令无法使个人克制谋利之心，就像女人天生就存在着爱美之心似的。一旦私人发现出口金银有利可图时，就会想方设计地绕过任何禁令。在意大利文艺复兴期，市民们经常无视政府限制奢侈品的禁令，购买那些色泽鲜艳的丝绸。

少那些金银。金银像所有其他商品一样，须以一定的价格购买。由于金银是所有其他商品的价格，所有其他商品也是那些金属的价格。毫无疑问，自由贸易总能为我们提供所需的葡萄酒，或者金银。

在任何国家，金银都会比商品更容易、更准确地按照有效需求来自行调节。这是因为那些金属体积小而价值大，比其他任何商品都更容易从一个地区运往另一个地区。一旦进口到一国的金银数量超出其有效需求时，任何禁止措施都无法阻止其出口。

金银虽然易于流动，但其价格却相对稳定。当然，它也会缓慢、渐进并且有统一性地波动。只有商业

革命才会使金银的价格突然变化。对一个地区不断地进口金银会使金银价值持续下降的说法是没有根据的。

一个国家金银的短缺可以有很多方法弥补：以货贸易；赊账购销，交易各方每月或每年清算一次；用调控得当的纸币来补充等等。如果原料短缺，产业必然停顿，如果粮食短缺，人民必然挨饿，货币短缺却不会造成严重影响，所以，政府对于保持或增加国内货币量的关注是不必要的。

不过，有时整个商业城镇及其邻近乡村都普遍缺少货币，而那些既无财力又没有信用的人就会对缺少货币进行抱怨。过度贸易是造成这种现象的普遍原因。那些人的抱怨根本不是由于金银的稀缺，而是由于缺乏信任度，这些人根本无法从他人那里得到借款。

富裕的布鲁日 手抄本 15世纪
无论是金银数量，或是贸易差额，政府都无需对之加以过分关注。在贸易自由的国度里，任何一种商品都不会显得匮乏，更不用说是体积轻巧、运送方便的金银了。在纺织中心布鲁日的港口，几个商人正聚在一起品尝刚运到的新酒，不远处的一架起重机是用于从船上向下卸酒的。

商人在贸易中获得的经验是用货币购买货物比以货物购买货币更容易，但得到作为交易工具的货币却不是一件容易的事情。此外，大多数货物比货币更容易损坏，而商人的全部资本却常常由货物构成，保存它们要承担蒙受损失的风险，因此，保存货物与保存货币相比，有着更大的需求需要商人来应付。况且，销售是商人利润的直接来源。出于这些原因，商人迫切需要将货物换成货币，而非用货币进行消费。

即使拥有充足的货物，商人也会因货物滞销而破产。不过这种情况对一个国家或地区而言，就完全不一样了。

一个国家的年产物中的极大部分用于国内流通和消费，其数量完全依靠国内的消费资本来维持。剩余的产物也用于和其他国家交换货物，只有极小一部分用来换取邻国的金银，但即使交换不到金银，也不会使这个国家破产，因为国内消费的绝对主导地位，使这种小小的损失和不便，根本不会对年产物的产量造成任何影响，只是会让国家采取一些代替货币的必

西班牙收获者

即使在金银短缺的地方，人们也会想出很多弥补方法，譬如把货币交易改成以货易货的形式，世界各地的农民经常采用这种方法，以生产的粮食或家中的牲畜换取想要的货品。只有那些既无实力也无信用的人才会对缺少货币的不便进行抱怨。图为当年收成感到兴奋不已的西班牙农民。

需方法。

此外，尽管销售货物未必总像购买货物那样容易，但从长期看，销售比购买更必要。除了换取货币外，货物还有其他许多用处，但货币只能用来购买货物。人们购买货物常常是为了使用或消费它们，并不打算再出售。但出售货物的人同样也需要购买货物。相比之下，购买货物比出售货物更容易完成。所以，人们对货币的渴求，并不是因为货币本身，而是因为能用货币购买的物品。

国内产业的年产物以及来自土地、劳动和可消费资本的年收入，是一个国家财力的来源。海陆军是由消费品维持的，并非金银，因此，一个国家为了能在遥远国度维持海陆军进行战争，不一定要积累金银。有财力在遥远国度购买那些消费品的国家，就能维持在那里进行的战争。

维持在遥远国度的军队的所有支出有三种方式：一是直接把一部分金银运往国外；二是把一部分年产物运往国外；三是把每年天然产物的一部分运往国外。

国家积累或储存金银的来源包括三个方面：流通的货币、私人家庭的金银器皿、多年积攒于国库的货币。

不过流通的货币很少能有大量剩余。因为，任何国家每年对货币的需求都有一个定量，流通渠道能吸引足够的货币量，但流通货币决不会超过这个定量。如果要在国外进行战争

购买货物的能力 马里奥·卡里埃 摄影 1960年

个人总是偏好货币,商人凭天性就知道货币的流通能力远远好于货物,所以个人留下货币用于购买商品,而商人则尽可能快地销售出货物,换成货币规避风险。但对于整个国家来说,国内金银的数量却并不决定其经济状况的增长或衰退。图为一名西班牙妇女正在鱼市中注视着一条尚十分鲜活的大鱼。

THE WEALTH OF NATIONS

时，国家一般会通过发行大量的纸币，例如英国的财政部票据、海军票据和银行票据等，来代替流通的金银，从而使国家有机会将国内的一部分货币运往国外，以维持战争的需要。然而，对于开支浩大、延续多年的对外战争来说，靠这些办法来维持还很不够。

征用私人家庭的金银器皿的作用更显得微不足道。事实证明，这个办法所得的收益还不够补偿铸造的损失。

至于以前依靠王室积累财富的做法，已经被现在几乎所有的欧洲王室所抛弃了。

从历史上来看，维持战争所需的资金向来是最庞大的。它们几乎不可能依靠出口流通货币、私人家庭的金银器皿或王室财宝来得到解决。

出口金银仅仅能够维持战争的进行，而商品贸易不但能填补开支，还能带来可观的利润。英国在上次战争的巨大开支就主要由出口商品的所得来支付。在商人的眼里，利润是第一的。作为政府的代理人，商人都会把政府向国外的汇款以商品的形式运往国外，以支付与

"无敌舰队"的溃败 油画 约1600年

政府拥有三种方式为远方军队供应粮饷。第一种方式是把国内金银作为购买粮饷的资金发出；第二种方式是用部分制造业年产物在国外换取军饷；第三种方式则是用一部分天然产物在国外交换。能否支持战争需要，关键因素只在于国内所有产业的年产物和年收入。图为16世纪不可一世的西班牙"无敌舰队"被英国人击败的情景。

国外伙伴进行贸易所必需的相应的期票。总有国家需要这些商品，销售商品总能带来可观的利润，出口金银就得不到这种好处了。商人的利润不是来自商品的购买，而是来自所购买的商品出售后的所得。如果他们只把政府的金银运往国外还债，将没有任何利润。因此，他们都会想尽办法靠出口商品而不是以金银来偿还外债。在上次进行的战争期间，英国虽然出口了大量货物，却没有带回任何货物。

然而，海外驻军的军饷和食物仍然需要在当地解决，为了解决这一问题，就必须出口一些商品来换取所需。最适合为此而出口的商品应该是那些更精细的、更先进的制造品，那些体积小、价值大的产品总能出口到很远的地方，而所需的费用却极少。

显然，各国都懂得从外贸中可以获得巨大的利益，而且是两种不同的利益。在国内没有需求的土地和劳动的剩余产物，被出口以换回有需求的其他物品。外贸让不同国家的剩余产物相互交换，赋予其价值。尽管有的国家国内市场狭小，但这并不会阻碍任何工艺或制造业部门的劳动分工发展到极度完善。外贸为剩余的劳动产品开拓了更广阔的市场，这极大地鼓励了国内生产，使他们不断提高生产力，尽力增加年产量，从而增加社会的真实收入和财富。这就是外贸对国家的重大作用。不过，在外贸中受益最多是商人，因为他们比其他人更关注本国的需求和出口本国的剩余产物。由此可见，进口金银虽然也是对外贸易的一部分，但却是最不重要的一部分。如果国家仅是为了这个目的而经营外贸，恐怕一个世纪都不会运来一船金银。

货币常常象征财富。但是，一些研究商业的英国杰出作家很早就提出，国家的财富不仅由金银构成，而且由土地、房屋和各种消费品构成。然而，一旦进行论证推理，他们就把土地、房屋和消费品给忽略了。在他们的脑子里，增加金银是国家工商业的重要目标。

　　财富由金银构成，而贸易顺差能带来金银。这两个原则使尽可能减少进口、尽可能增加出口成为政治经济学的重要目标，所以国家致富的两大引擎就是限制进口和奖励出口。

　　重商主义体系提出了限制进口、鼓励出口的六种主要方法。

　　对进口的限制有两种，包括限制本国能生产的外国货物的进口，以及对可能造成贸易逆差的货物加以限制。实现限制的手段，有时是高关税，有时则是绝对禁止。

优于金银出口的货物出口

　　货物出口可以带来可观的利润，足以支付巨大的战争开支，英国就是一个很好的例子。出口金银就不存在这种好处，它的出口只能用于偿还政府在国外的债务，却无法像货物一样进入流通获取利润。

鼓励出口的措施包括对已缴纳关税、货物税的用于出口的货物和已经课税为再出口而进口的外国货物实行退税；奖励某些新兴产业或特殊产业；与外国订立有利的贸易条约；在遥远的国家建立殖民地。

这种种措施都使贸易差额有利于本国，从而增加国内的金银数量。在以后的讨论中，将主要考察各种方法对国家产业的年产物可能带来的影响。它们的增加或减少，肯定会影响国家的真实财富和收入。

空气中的螺旋 查尔斯·席勒 油画 1953年

重商主义确立这样两个原则：一、财富由金银构成；二、没有金银矿产的国家，只有出口价值超过进口价值，才能带来金银，所以各国政府所努力的方向自然会朝向限制进口和奖励出口。科技的发达使得各类机械产品成为英国历年出口较热的产品之一。

第2章 论限制进口国内能生产的商品

　　高关税或者绝对禁止进口国内可生产商品的方式的盛行，确保了国内生产同类商品企业的垄断地位。英国就是这种政策的受益者。进口活牲畜和腌制食品被禁止，对谷物进口课以高额关税（在丰收的年份里高额关税等于禁止其进口），确保了英国畜牧业者和谷物生产者对国内市场的垄断。禁止的范围还在扩大，毛织品、丝绸、麻布制造业都已获得或正在获得同样的利益。其他许多制造业也是如此。英国禁止进口的商品种类之多，让人难以想象。

　　这些产业不仅获得垄断地位，往往还受到极大的鼓励，这便使得劳动和资本大量进入这些领域。但是，政府的这种做法能否增进社会总产业并引导其朝最有利的方向发展，还很难说。

　　社会总产业需要社会资本维持，这有一个限度。对任何个人来说，其所能雇用的工人数必定和他的资本成某种比例。同样，对一个社会而言，它能继续雇用的工人数，也一定同那个社会的全部资本成某种比例。商业条例能确定产业的方向，不论这个方向是否有利于社会，但它却不能使产业数量的增加超过资本维持的限度。

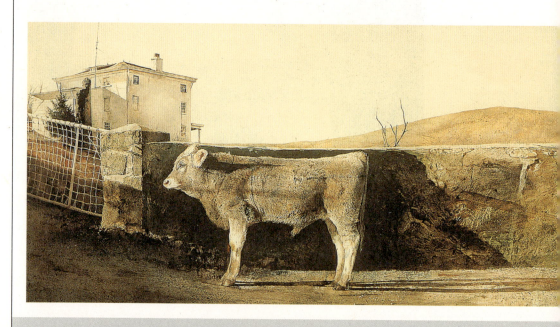

年轻的公牛 安德鲁·怀斯 油画 1960年

　　政府既然相信更多的出口与更少的进口会使国内的金银不断增加，那么它自然会采取绝对禁止或高关税的方式，来限制进口国内能自行生产的商品。英国有着发达的畜牧业，因此，一直以来从外国进口活牲畜和腌制食品就是受到严厉禁止的。

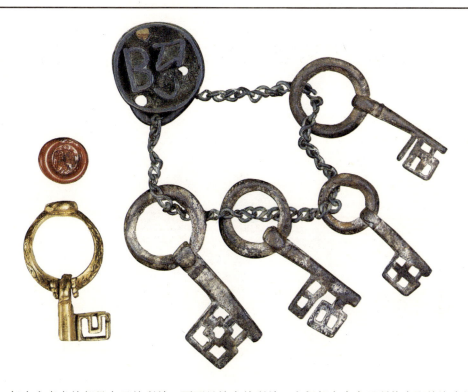

每个人考虑的都是自己的利益，而不是社会的利益。人们都在为自己所能支配的资本找最有利的用途。例如，每个人的投资都尽量选择离自己家乡较近的地方。如果这样做使他获得正常利润或者稍低点的利润的话，他的产业就会因此而维持下去。同时，他必然要努力引导这个产业，尽可能使其产品具有最大的价值。可见，对自身利益的研究使资本的最终用途往往对社会也是同样有利。

劳动者获得利润的大小，同其生产的产品价值的大小成比例。所以，投资产业的人总会努力使他所投资的产业的产品具有最大价值，以谋取最大利润为唯一目的，即能交换到最大数量的货币和其他商品。

投资产业的人比其他人都能更好地判断，应该把资本用于哪类能够生产最有价值产品的产业上。如果政治家企图指导私人应如何运用他们的资本，那不但是自寻烦恼，而且是沽名钓誉——想要得到一种权力，一种不能放心地委托给任何人也不能放心地委之于任何委员会或参议院的权力。把这种权力交给一个大言不惭地自认为有资格行使的人，是再危险不过的了。

在大多数情况下，如果无法保证国内产品的价格与国外产品的价格一样低廉或者更低的话，那么，指导私人如何运用他们的资本来垄断国内任何特定的工艺或制造业市场的举动，

拜占庭时期的钥匙

社会总产业需要社会资本维持运转，这存在一个限度，就像钥匙所代表的安全作用，产业不可能突破资本的限度过分扩张，即使它试图扩张，也会因风险过大、遭受损失等原因很快退回原有的规模。

是无用的或有害的。如果购买东西的代价比自己生产还要小，谁也不会傻到自己去生产，否则，鞋匠要自己做服装，裁缝则会自己做鞋。精明的商人都会为了自身的利益，而把全部精力集中到比别人更有优势的方面，其他所需的物品只需购买即可。

私人家庭的精明选择完全可以用在一个大国的管理中。如果外国能提供更好更便宜的商品，我们就没有必要自己还要制造了，完全可以用我们的一部分优势产品去购买所需，否则年产品的价值会因为这种不利的做法而或多或少地减少。因此，政府应该把劳动放在更有价值的商品的生产上。忽视更有价值商品生产的管制是无用的或者有害的。

诚然，上述管制在有些时候能使特定的制造业更迅速地确立起来，而且同样可以制造出价格或者成本更低廉的商品，但劳动和收入的总额却都不能因此而增加。前面说过，社会劳动和社会资本形成了某种比例关系。社会资本通过社会收入的节省来获得，节省得多了，社会资本才能更多地增长。进行管制之后，直接的结果就是社会收入在减少，那么，社会劳动就不可能相应地增加。

相反，如果没有那种管制，虽然特定制造业不能迅速地确立，但社会并不会因此更贫困。因为资本和劳动可以自由寻找更有利的用途，社会资本自然会迅速地增加。在社会发展的各个时期，资本与劳动使用的对象并不相同，但仍然使用在最有利的方面，那么，无论哪个时期，其收入都可能是最大，同时社会资本也会随之以最大的速度增加。

在某些时候，某个国家在特定商品生产上的巨大优势是使其他国家望而却步的。例如，苏格兰也能种植极好的葡萄，酿造极好的葡萄酒，但这个费用是其从国外进口同样品质葡萄酒的30倍。禁止进口的法律就是为了让本国也能酿造葡萄酒，这合理吗？答案显然是不。哪怕自己制造的资本和劳动仅多1/30，或1/300，甚至更少，也是不合理的。两个国家彼此交换各自有利的商品，比各自制造这些对自己不利的商品要更有利。

在英国，禁止进口和课以高关税的命令虽然有利于畜牧者与农民，但仍然不如商人和制造业者从垄断的国内市场获得的好处大，因为制造品，尤其是精细的制造品，更容易运输。

贵族手套

投资者总是最敏锐的判断者，绝不会把资本用于毫无利润可言的产业上，因此政府的引导总要被称为是"后知后觉"的。投资者不仅懂得努力引导这一产业，尽可能使其产品具有最大价值，同时如果国内产业的产品价格高出国外价格的话，他们很快就会放弃投资其中。

这便使得国外贸易的业务通常以贩卖制造品为主。如果某个国家在制造品方面能占到即使是微弱的优势，也能迫使国外的商人以低于国内市场的价格销售其产品。

在这种情况下，如果允许外国制造品自由进口，就会对国内相应的制造业造成损害，严重的话就会完全毁灭。最糟的结果就是大部分资本和劳动被迫寻找其他用途。但是，与制造业相比，畜牧业和农业等土地天然产物即使完全自由进口，也不会受到这种影响。

法律长期禁止谷物和牲畜进口是不现实的，一个国家的人口和产业肯定会超过本国土地生产物所能维持的限度，一旦达到那种程度，进口必将开启。

限制外国产业，奖励国内产业，通常在下面两种情况下很有利。

第一，国防所必需的特定产业。例如，大不列颠的国防在很大程度上取决于其海上力量。所以，大不列颠的航海法在某些情况下，自然要力图通过绝对禁止或对外国船只课以重税，来使自己的船只垄断本国的航运生意。

航海法对国外贸易，或对因此而带来的财富的增加是不利的。

国家间的贸易关系通常都以贱买贵卖为有利。在贸易完全自由的情况下，任何国家都会选择购买最便宜的商品，而以最贵的价格出售自己的商品。在航海法中，对到英国来运出英国产品的外国船只未曾课税，甚至过去出口和进口商品通常都要缴纳的外国人税，也被法令免除了。如果禁止或者课以高额关税，外国人就既不能前来售卖商品，也不能经常来此购买商品。如此一来，销售者人数和购买者人数都在减少，结果则是外国商品会越来越贵，而本国商品却会越来越便宜。但是，国防与国富孰轻孰重，自然明显。在英国各种通商条例中，航海法也许是最为明智的一种。

小酒馆 壁画 约15世纪

　　在亚当·斯密看来，政府不必仅为限制禁口，勉为其难地培植国内并不成熟的产业。国外能够提供味美价廉的葡萄酒，那么何必要在国内花比直接购买多3倍，甚至30倍的代价去生产呢？图为一些士兵在意大利北部一处紧要关隘的酒馆内喝酒。

第二种有利的情况是，如果对国内产品课税，那么自然也要对外国的同样产品课以同样的税，这似乎也合理。不过，在某些同等课税的情况下，条件并没有发生太大的变化，本国产业与外国产业仍能在大约相同的条件下互相竞争。在大不列颠，为了消除国内商人和制造业者对外国商品贱卖的抱怨，解决这类问题的方法是对进口同种类的外国商品课以更高的关税。

对于第二种限制，甚至有人认为，应该

无线电收音机

另一种对增加国内财富有利的限制方式是对国外进口的必需品课以较高的税，这等于是变相为国内产品提供优越的市场环境。这种家用收音机的销售在20世纪30年代的欧洲曾取得惊人的业绩。

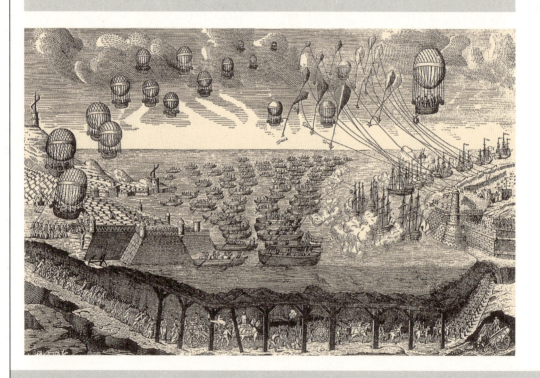

试图攻占英格兰 木版画 1803年

限制外国产业，并奖励国内产业，虽然在大多数情况下并不可取，但在特别的国防领域还是存在一定必要性的。英国的《航海法》限制了进入英国海域的外国船只，尽管对贸易不利，却大大增强了本国国防的安全性。图为拿破仑率领的法军试图登陆英格兰，但这一尝试最终以失败告终。

将限制的范围扩大到所有能与国内产品竞争的外国商品，即所有生活必需品。但是，课税的结果必然会抬高生活必需品的价格，从而导致劳动价格跟着上涨。他们认为，对外国商品所课的税额，应该与本国商品价格增加的额度相等。

生活必需品税，如英国的石碱税、盐税、皮革税、烛税等，是否必然提高劳动价格，从而提高一切其他商品的价格，将在后面的章节中进行探讨。但是，因劳动力价格上涨而导致商品价格上涨的情况，与向特定商品直接课特种赋税造成涨价的情况，存在两方面的差别。

首先，特定商品的价格因特种赋税而提高的程度，是可以准确判定的。各种不同劳动产品的价格在多大程度上受到了劳动价格提高的影响，却不能准确地加以判定，因而就无法准确地按各种国内商品价格上涨的比例，对各种外国商品课以适当的赋税。

另外，必需品的价格会因此变得比以前更昂贵。对于国人来说，生活必需品税造成的影响，与贫瘠土壤与不良气候所产生的影响大致相同，两者都需要异常的劳动和费用。对他们最有利的是让他们尽可能适应目前的环境，寻找新的劳动用途，使他们在不利的情况下，能

饭 高更 油画 1891年

　　生活必需品的价格对于国人来说，其重要性与天然贫瘠土壤与不良气候大致相同。如果政府不善加调节，就会使绝大多数国民的生活受到影响，因此要为国内的必需品生产者提供优越的市场环境。画中的孩子们坐在高大的桌子前，尽管桌上的食物尚属丰盛，却流露出悲伤的表情。

在国内或国外市场上占有稍稍优越的地位。在因土壤和气候造成的自然贫瘠时期，和在因对生活必需品课税引起人为的紧张时，试图指导人们应该如何运用其资本与劳动，都是不合理的。很明显，在这两种情况之下，他们的生活成本和捐税负担已经很重了，如果再给他们课以新税，再对其他大部分商品也支付更高的价格，无疑是一种最不合理的补救办法。

所以，能够征收这类赋税的地方通常却是最富裕和最勤勉的国家。其他国家都无力再承受这些额外的负担。在这种国家中，各种产业都具有最大固有优势和获得优势，即使增加了赋税也能生存而且繁荣。荷兰就是这样一类国家——赋税多，但却能够继续繁荣，是特殊情况让赋税不能阻止繁荣的延续。

给外国产业增加若干负担以奖励本国产业，显得比较容易，而在什么程度上继续准许一定外国商品自由进口是适当的；在什么程度上或使用什么方式，在自由进口已经中断若干时间之后，恢复自由进口是适当的，却需要深思熟虑。

关于第一个问题，需要考虑的情况是：课税和禁止都是相互的，其他国家的报复心理会使同样的情况也发生在本国所有产品身上。在这种情况下，根本无法确定什么时候继续进口是适当的。

至于第二个问题：本国的某些制造业会因为高关税和禁止进口而逐渐扩大起来，而同样

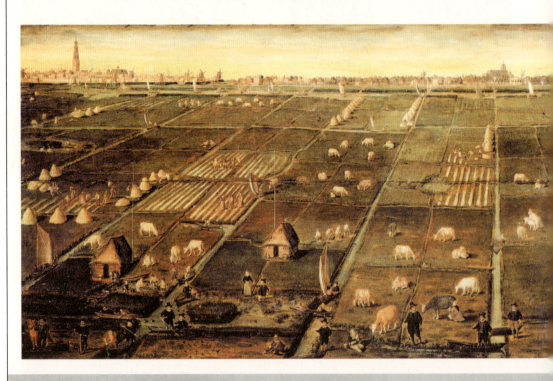

荷兰人造就了荷兰 油画 16世纪

荷兰似乎是唯一一个对生活必需品征收赋税、但同时又能继续富裕和繁荣的国家。由于它的各种产业都具有最大固有优势，因此即使增加了赋税，也能生存而且繁荣。在15世纪，荷兰人口的增长使得土地需求不断增长，荷兰人为此设计出一套排水系统，在海中造出了新的土地。

的效果也会发生在其他国家。因此，如果骤然撤销这些限制手段，较低廉的同种类外国货物会迅速流入国内市场，这会极大地冲击国民日常职业与生存手段。由此而起的混乱是无法想象的。不过有两个理由可以使这种混乱也许没有一般所想象的大。

第一，那些没有奖金通常也可以出口到欧洲其他各国的商品，都不会受到外国商品自由进口的严重影响。

第二，这样恢复贸易自由，虽将使许多人民突然失去他们通常的职业和普通的谋生方法，但他们不会因此而失业或全无生计。

面对突然遇到外国人竞争引起的混乱，大型制造业的经营者将不得不放弃原产业，其损失不言而喻。一般情况下，他们用来购买材料、支付工资的那一部分资本也许并不难于找到新用途，但是要对工厂、设备等固定资本进行处理，就会不可避免地造成相当大的损失。所以，就要求这种变革不要急于开展，而是要在发出警告很久之后，缓慢地、逐渐地实行，要公平地考虑这些制造业经营者们的利益。

如果出于为大众谋福利的远见，立法机关就不能为片面利益的要求所左右。它既不能建立任何新的垄断，也不能推广已存在的垄断。这样的法规不仅会给国家带来一定程度的失调，也难免被后来的补救措施引起另一种失调。

很显然，高课税以及禁止进口，既破坏贸易自由，也有损于关税收入。至于那种不是为了防止进口，而是为了筹集政府收入的政策，在多大程度上可对外国商品进口课税，将是以后探讨赋税问题时所要考虑的问题。

俄罗斯点心与便餐 鲍里斯·米哈伊洛夫 摄影 1980年

高关税和禁止进口可能带来一个新的问题，那就是假如骤然撤销这些限制手段，价格较低廉的外国货物大量流入国内市场，就会极大地冲击国内原有的产业。图中一名俄罗斯妇女正站在伟人雕塑像脚下售卖小点心，事实证明，苏联封闭的经济环境对其国家产业的健康发展并无任何好处。

第3章 论对其贸易差额被认为不利于我国的 那些国家的各种商品进口的特殊限制

第一节 论即使根据重商主义的原则，这种限制也不合理性

重商主义提倡对任何产生贸易逆差的进口商品进行特殊限制，其根源来自私人利益关系和垄断精神。但现在要探讨的内容却源于国民的偏见和敌意。即使对重商主义来说，这也是不合理的。

先举个例子。英国和法国之间是自由通商的，而且贸易差额有利于法国。但是不能因为这个差额的存在，就认为这样的贸易对英国不利，更不能断言，这种不利的贸易会加大全部贸易的差额。

如果法国的葡萄酒和麻布比其他国家都价廉物美，那么，英国就没有必要再向其他国家进口这些商品。尽管进口法国商品的价值会因此增长，即使进口的法国商品完全在英国消费，相对便宜得多的价格也会使每年进口商品的总价值按照便宜的比例而减少。

如果将进口的法国商品再出口到其他国家，也许会换来同等价值的货物，甚至更高的利润。荷兰就是这么做的。他们把法国商品输送欧洲其他国家以获取更大的利润。英国人

葡萄牙陶碗 14—15世纪

当一个国家拥有比其他国家都更价廉物美的产品时，那么，实在看不出其他国家有什么必要不愿意从这个国家进口。这是一种对双方都存在好处的贸易。图为14世纪葡萄牙出产的陶碗，碗上的航船图案象征着此时刚刚兴起的探险风潮。

饮用的法国葡萄酒中的一部分就秘密地来自荷兰。如果英、法之间自由贸易，或进口时对法国商品课税，而出口时取消关税，那么英国就会像荷兰一样在贸易中得到更多的好处。

但是，由于缺乏明确标准，因此，无法判定两国间的这种贸易差额究竟对谁更有利。然而国民的意志很容易被少数商人私利所左右而产生偏见和敌意，以至于人们只使用两个标准：关税账簿和汇率情况。不过由于两者所反应的情况大部分不准确，所以，人们逐渐失去了对它们的信任。

因为输出货币既危险又麻烦，还要支付一定的费用，所以代汇者要求贴水，汇兑者则需付贴水。如果英法之间的汇兑价格相当，则说明双方的债务已经理清了，反之，如果购买法国的汇票还要在英国贴水时，则说明，伦敦还欠着巴黎的债务。据说，这两个都市之间的债务状况受彼此间的商务往来支配。但当两者间的债权债务不能互相抵消时，债务大于债权的一方面必然要输出货币。

不同地区间债权债务的关系受彼此输入输出的支配，因此，汇兑的一般情况，不仅能反应两地间债务债权的一般状态，也能显示出输出与输入的一般情况。

但是汇兑的一般情况无法判断在债权债务的一般状态有利于一个地区的条件下，贸易差额是否也对它有利。两个地区间的债务关系，不仅取决于互相的商务状况，也常常会受到与其他地区贸易往来的影响。就像英国购买了法国、德国、荷兰三个国家的商品，如果以荷兰汇票支付货款，那么英国和荷兰间的债务关系就没有那么简单了，因为英国与另外两个国家还有贸易关系，这种关系常常会对英荷间的贸易关系产生支配作用。在这种情况下，即使英国对荷兰贸易顺差，英国也可能每年会向荷兰输送货币。

此外，真实的汇兑情况，与估计的汇兑情况在现实情况下往往会有极大的差异。所以，我们决不能用汇兑的一般情况来判断债务债权的一般情况。

假设英国和法国造币厂的标准相同。如果你在英国支付一笔货币的汇票在法国兑付后，所得的法国货币中纯银的含量与英国货币的含银量恰好相等，那么你就会被认为付了贴水，并且汇兑对英国不利。但如

汇票所能表现的内涵

汇兑的一般情况可充分表示两地间债务与债权的一般状态，但债务债权的一般状态即使呈现出对一个地方有利，也未必就说明贸易差额也对它有利。图为中华民国时期的国内汇票。

果你支付的少于兑付所得到的，那么你就得到了贴水，汇兑就对英国有利。

但是，这个假设是有问题的。

首先，因为各个国家货币的制造标准，以及其磨损程度和削减程度是不一样的。不同国家的通用铸币的相对价值是由其实际含有的纯银量来决定的，而非应该含有纯银的数量。在威廉王时代改铸银币前，按照各自造币厂的标准，用通常的方法计算英国与荷兰之间的汇兑，英国要贴水25%。然而，占了便宜的却是英国人。根据朗迪斯调查研究，英国当时通用铸币的价值，低于其标准价值25%。所以，按照通常方法计算，表面上不利的英国却得到了实际的利益，英国人用少量的纯银换来了较大量的纯银。同样的不幸也属于法国。在英国金币改铸之前，法国的铸币更不易磨损，也比英国的铸币更接近标准2%或3%的程度。如果汇兑不利于英国，但额度未超过2%或3%，那么实际的汇兑是对英国有利的。自英国金币改铸以来，法国就一直遭受汇兑损失。

其次，铸币费用通常由政府支付。在某些国家，如果私造铸币的话，个人还要给政府支付一定的费用。在法国，铸币须扣除8%的税，这样不仅支付了造币费用，还可以给政府提供小额收入。铸币的价值还会因此增加。在英国这却是免费的，造币厂不会因此而缺斤

汇兑中的复杂因素

　　货币在国际间流动的结果会对哪一方有利？原则上在英国支付汇票，其汇兑过程就对英国不利。但因为各个国家货币内实际含有金银的不同，英国反而在先后几次汇出货币时占了便宜。这种情况就像是一根经济圈中的平衡木，大体来说总是较重的一端沉下去，但在对手有时会以诡诈的手段赢得比赛。

迦太基的古货币

铸币的含银量在经济市场中是一根作用微妙的杠杆。这种银币曾是迦太基古国用于给军队发放粮饷的，币面上有迦太基的徽章——一只带翅膀的马。

短两。但也因此，铸币的价值绝不可能大大超过其内含的银的价值。这样一来，含银量的差别，使相同数额法国货币的价值要远远大于英国的货币。因此，同样数额的英国货币就无法买到同样数额的法国汇票。如果用于支付法国汇票的英国货币的数量，与法国铸币的费用相当，那么两国间的汇兑就是平兑。在债务债权相互抵消的同时，计算汇兑对法国有利。但如果英国用低于上述数额的货币支付了法国的汇票，虽然计算汇兑方法对法国有利，但实际有利的却是英国。

另外一个因素需要被考虑到。有些地方使用当地的通用货币，但在另一些地方，如阿姆斯特丹、汉堡、威尼斯等地，他们却使用银行货币兑付外国汇票。所谓银行货币，总是比同一名义金额的通用货币有更大价值。两者之间的差额被称为银行扣头。在阿姆斯特丹，银行的扣头一般是5%。那么，假设两个国家的货币都接近各自造币厂的标准，但

以银行货币实现兑付的银行

使用银行货币兑付将会又产生另外一种效果。通常来说，银行货币比同类的通用货币有更大价值。在计算汇兑可能对使用银行货币的国家有利的情况下，真实汇兑却可能是对使用通用货币的国家有利的。

一个国家以通用货币兑付外国汇票，而另外一个则以银行货币兑付。那么，即使真实汇兑对使用通用货币的国家有利，但计算汇兑仍可能对使用银行货币的国家有利。前面说过，计算汇兑对货币质量较优的国家有利，但真实汇兑却有利于货币质量较劣的国家。英国进行金币改铸之前，伦敦同阿姆斯特丹、汉堡、威尼斯等一些用银行货币汇兑的地区计算汇兑是对自身不利的，但并不能因此判断真实汇兑也对英国不利。而在那些使用货币兑付汇票的地方，计算汇兑大多对英国有利的，真实汇兑也很可能一样有利于英国。

第二节　论根据其他原则，这种特殊限制的不合理性

根据重商主义的原理，对于产生贸易逆差的那些进口商品，不必加以特殊限制。而贸易差额宗旨认为，贸易平衡的双方均无得失。如果出现偏倚，则说明贸易对一方不利，偏倚越大，得失也越大。这两种设想都是错误的，因而，作为限制和其他商业条例根据的贸易差额宗旨也是荒谬的。贸易差额宗旨虽然可以保障本国利益，但由其建立的贸易对设立国通常是不利的。只有自由贸易，才能使双方都获利。

所谓有利或得利，本文的意思，不是金银量的增加，而是一个国家土地和劳动年产物交换价值的增加，或是一国居民年收入的增加。

虽然在大多数情况下双方所得的利益都差不多，但两地自由贸易，却为双方的剩余产品提供了一个交换的市场。一方为剩余产品投入的资本，包括居民的收入和生计，都会直接或间接地通过另一方得到补偿。在贸易相等的前提下，两国在贸易上投入的资本，在一般情况下几乎一样，两国居民由此得到的收入和生计也差不多一样。彼此互相提供的这些收入和生

闲谈　丹尼尔·赖特　油画　19世纪

　　实行贸易差额的原则处理国际间的贸易，虽然可以在一段时间内保障本国利益，但这种保障并不能总是保持稳定。只有自由贸易，才能使双方都获利，也就是使双方的总年产物或居民年收入增加。画家以其细腻的观察视角，展示了最初在新大陆定居的农民们清苦但却宁静的生活。

波斯地毯

在现实中，政府及一国商人会想方设法在国内市场形成垄断，以确保自己的利益。同时，由于他国的强大会威胁到本国安全，所以凡是政府认为会对本国不利的贸易逆差的商品，都被禁止或课以超常重税。尽管如此，细密华丽的波斯地毯还是在欧洲市场上大受欢迎。

计与贸易往来的大小成比例。

国家间还有另外一种贸易情况：即一方出口的全是国产商品，而另一方则全部为外国货。在这种情况下建立的贸易平衡虽然都会让双方获利，但获利的程度不同——往往出口国产商品的国家获利最大。

不过，作为贸易交换的商品，其构成并不会那么单纯，国产商品与外国商品都会同时存在，但获利最大的总是国产商品占交换商品最大部分的国家。

然而，在贸易中，各国的心理都存在着问题。他们妒嫉他国的繁荣，认为对方的繁荣是建立在自己利益受到损失的基础上，因此，每个国家都想通过获得更大的利益来迫使其他国家变得更穷。这样，原本团结友谊的国际贸易，成为不和与仇恨的最大根源。这种由嫉妒心理造成的危害，甚至比在本世纪及

经济中的战争

自由贸易中偶然的不平等总会使损失的一方产生嫉妒心理。商人们无止境的贪欲与垄断精神，有时会比中世纪君主反复无常的野心造成更大的社会危害。图为中世纪战争中曾发挥极大作用的马穆鲁克雇佣兵，4个手持长矛的勇士在竞技场内进行操练。

以前的世纪里，王公大臣们反复无常的野心对欧洲和平所造成的危害还要大。但是，统治者的暴力和不公可能无法阻止，但商人和制造业者们既不是、也不应该成为人间的统治者，他们卑鄙的贪欲、垄断的精神，也许无法得到改正，但是要防止他们扰乱别人的安宁，却是极其容易的。

在任何国家里，人民大众总向售价最廉的人购买他们所需要的各种商品。这点毫无疑问。但商人和制造业者却正好与此相反，他们的诡计常常混淆了人们的常识。发明和传播垄断精神的人并不傻——他们就是要在国内市场形成垄断，以确保自己的利益。这很像同业联盟内自由人只允许居民雇用自己而阻止他人一样。因此，在欧洲大多数国家里，几乎所有的进口商品，包括那些被认为能产生对本国不利的贸易逆差的商品，都被禁止或课以超常重税。这种情况在民族仇恨异常激烈的国家里，尤其典型。

在战争中和政治上，他国的财富会对本国构成威胁，因为在战争时期，强大的财富可使敌国能够维持比本国更强大的海陆军。但在和平时期的贸易中，这种财富不仅能为本国交换来更大的价值，还可以为国产商品和再出口的外国商品提供更好的市场。就像富人是穷人更好的顾客一样，邻近的富国也是如此。

在欧洲各商业国里，持上述观点的学者们常常预言：不利的贸易差额将使国家濒于灭亡。由此产生的激动和焦虑，使政府作着试图改变贸易差额对本国有利而对他国无利的努力，结果却发现，并没有哪个国家因上述原因而变得贫穷。事实证明，重商主义者的预料是错误的。实行开放自由贸易的地区，不但没有因

荷兰银制盐瓶与酒杯

经由在欧洲贸易最自由的荷兰的发展似乎可以说明重商主义者的错误。实行开放自由贸易的地区，不仅不会因此而灭亡，反而将因此而致富。荷兰国民的财富几乎全部来自于对外贸易，其中甚至包括大部分国民必需的生活资料。

此而灭亡，反而因此而致富。荷兰国民财富就全部来自对外贸易，而且大部分必要生活资料也来自对外贸易。但荷兰离所谓自由港的国家还有很大的差距。因为，从某些方面来说，现在的欧洲，可称为自由港的都市虽有几个，但可称为自由港的国家还没有。

还有另一种差额和贸易差额极不相同，这就是年生产与年消费的差额。这一差额的有利或不利，将导致一个国家的盛衰。当差额有利时，即年生产的交换价值超过年消费的交换价值，社会的资本必然会因此而积累。社会资本的增加，进一步增加了年生产物。相反，如果差额不利，社会的资本必然会因此而减少，其年产物的交换价值也因此减退。

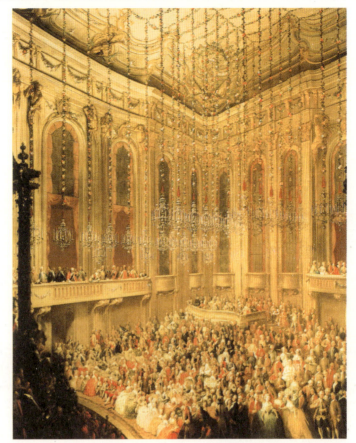

但生产与消费的差额与贸易差额完全不相同。即使没有对外贸易，不与世界往来，一个国家也会发生这种差额。另外，在财富、人口与改良都在逐渐增进或在逐渐减退的全球，也可以发生这种差额。

不过，贸易差额与生产消费的差额没有什么必然联系。在一个贸易差额不利的国家里，生产与消费的差额仍可有利。原因可能有很多：也许长期以来，这个国家进口的价值都大于出口的价值；在这期间内流入的金银，全部立即输出；流通铸币逐渐减少而以各种纸币替代铸币；对各主要通商国家所负的债务，也在逐渐增加。同时，它的土地和劳动年产物的交换价值，仍可在这期间按照比以前大得多的比例增加起来。这是它真正的财富。

美泉宫的盛大音乐会

年生产与年消费的差额有利或不利，将导致一个国家的盛衰。当年生产的交换价值超过年消费的交换价值时，社会的资本会因此而积累，相反则因此而减少。图为奥地利玛丽亚·特蕾莎女皇在维也纳美泉宫举行盛大音乐会的情景，美泉宫以富丽华贵而著称，所耗资产极多。

第4章 论退税

商人和制造商并不仅仅满足于垄断国内市场，最广泛的国际市场才是他们所渴望的，但缺乏政府的庇护，他们无法在国外得到垄断地位，因此，只能向政府请求某种出口奖励。

在所有奖励中，称为"退税"的奖励似乎最合理。对国内出口的商品予以退还全部或部分赋税，决不会对使商品的出口量与没有征税时相比发生变化。这种奖励，只是防止因为征税而使本产业的资本流向其他产业，而不会引导国内资本违反规律的流动。这种奖励在大多数情况下起到了一种保护作用：维护国内各个产业间自然形成的平衡关系，防止税收打破这种平衡；保护劳动的自然分工和分配。显然，这种保护是有益的。

在制造商的嫉妒下，某些商品被征收了某些赋税，从而被允许进口。而这些商品在再出口时，那些已经征收的税将不会退还。在这种限制下，丝织品、法国麻纱与上等细麻布、印花染色棉布等才被允许进口。不过国内的制造商担心存入仓库的进口商品会被偷运

出口蜜桃

　　广阔的国际市场是令商人们更为渴望的，但所须面对的风险也更大。退税的原则是对出口商品视具体情况返还全部或部分赋税，这可以防止由于征税带来的产业资本流动，同时又可避免引发国内资本违反规律的流动。

到市场上与自己的产品竞争，他们似乎不愿意鼓励这种受到限制的进口。

但设立退税制度的最初目的就是为了鼓励运输贸易。外国人常以货币支付船舶的运费，因此运输贸易能为国家带来可观的金银，由此看来，这种制度似乎是合理的，而且好像也没有因为退税而引导过多的资本流向运输贸易行业。这样也就给了运输贸易自由发展的机会。它也为某些无处可用的资本提供了一个投资的领域。

因为在退税时多少会保留一部分关税，所以关税的收入并不会从这些退税中遭受损失。如果关税被全部保留，那么外国商品将为了避免缴纳更多的关税而选择其他市场。缺少了商品进口，本来还可以保留一部分的关税也

希腊渔夫

设立退税制度最初是为了鼓励运输贸易，试图为它营造出较为宽松的环境，以使各地之间的渔业等特产品得以方便迅速的交流。

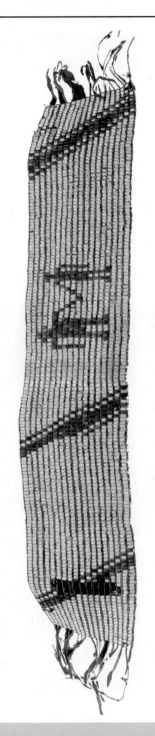

化为乌有。

　　因此，有理由证明，对本国或外国商品的出口退税，即使是全部退税，也是合理的。虽然国内的税收，特别是关税会因此而遭受较大的损失，但被不合理税收打乱的产业会因为劳动的自然分工和分配而趋向均衡。

　　虽然在完全独立的自由贸易中退税被证明是合理，但是，在我国商人和制造商处于垄断地位的殖民地，上述这些理由并不能证明退税是合理的。这是因为，在商人和制造商拥有垄断地位的地区，即使保留全部税收，出口额也可能保持不变。退税只能使国内税收遭受损失，而不会改变贸易的状况和规模。至于在这样的地区，在什么程度上允许他国的商品退税才会对本国有利，将在殖民地一节中进行讨论。

　　但必须永远清楚的是，只有享受退税的出口商品真正出口到外国，才会对国家有利，否则，被人为进行欺诈而滥用的退税，尤其是烟草退税，不仅损失了国家税收，对其他公正的商人来说也是不公平的。

美洲出产的海贝肩带

　　通常来说，本国或外国商品的出口，都可为之提供部分退税、甚至全额退税的优惠。政府税收部分也许会遭受较大的损失，但损失是可以在市场中自行弥补的。图为17世纪印第安人制造的、由海贝串成的肩带。

第5章　论奖金

在英国，政府有时会根据商人的请求对某些出口产品发放出口奖金。商人的理由是，有了这种奖金的支持，国内出口的商品可以以同样低廉或者更加便宜的价格出售。其结果是出口增加了，贸易结余也更有利于本国。国内市场的垄断地位不可能延伸到国外，强迫他人购买本国的产品是不现实的。于是，为了让外国人购买本国产品，商人只好付钱给对方。这是重商学派提出的方法，他们认为这样能实现贸易顺差，从而富国富民。

有人认为，奖金只应该发放给那些没有鼓励就无法经营的贸易部门。但是，任何正常经营的贸易部门如果能够收回所有销售货物的成本，并且还能获得一般水平的利润，就不需要奖金。因此，最需要奖金的是那些无法获得一般利润或者无法收回所有销售成本的贸易部门。奖金只是一种损失的补偿，以便鼓励其寻找能够获得利润的行业。如果所有的贸易部门都亏损，全国的资

商人家庭

英国商人出口物资时，经常会获得政府发放的出口奖金。实际上，值得依靠奖金维持经营的贸易部门，仅限于那些在对外贸易中长期亏损的部门。如果政府对所有对外贸易都补给奖金，就等于在迫使它们不再按自身规律自由发展，后果将极为不利。

本用不了多久就会全部耗尽。

值得注意的是，依靠奖金维持经营的贸易部门，仅限于那些在对外贸易中长期亏损的部门。如果没有奖金的鼓励，商人很快会寻找其他投资方向。而发放奖金的效果，会迫使本国贸易影响或者改变这些贸易按自身规律自由发展，这是极为不利的，其结果与重商学派提出的其他办法产生的结果一样。

奖金制度的设立已经使谷物的平均价格明显下降。但谷物平均价格的下降从上个世纪末就开始了，那时并没有奖金制度的存在。

法国也是如此。它不发放奖金，而且1764年以前还基本禁止出口谷物，但同英国一样，它的谷物价格在逐渐下降。这种结果最终归因于银真实价值的逐渐提高，而与任何条例无关。

前面提到过这种现象，即本世纪欧洲总体市场上银的真实价值在逐渐提高。看来奖金不可能带来谷物价格的下降。在丰年，奖金刺激了更多的出口，必然会使国内市场的谷物价格无法自然回落，而这正是奖金制度要产生的结果。但是，在谷物歉收的年份，即使经常缺乏奖金的鼓励，由于在丰年大量出口，必然会以丰补歉产生或多或少的影响。所以，谷物无论是丰收还是歉收，奖金必然会提高其货币价格，而略高于无奖金时国内市场上谷物的货币价格。

但是，有理智的人不会这么认为，那些奖金带来的外国市场，是以牺牲国内市场为代价。因为，如果失去了奖金的鼓励，谷物的出口必然会受到影响，从而增加国内市场谷物的消费量，其价格必然会因

金麦穗 雕刻 公元前1世纪

许多商人认为，可以通过开辟更广阔的国外市场，增加对谷物的需求，从而提高谷物的产量，或者说奖金会提高谷物的销售价格，从而鼓励耕作。他们的观点是，在长期内奖金的这两种鼓励，一定会提高谷物的产量，而且最终可能使谷物价格的降幅远大于奖金对其引起的升幅。

此降低。

在鼓励谷物出口时，国民不仅要纳税支付出口奖金，还要负担因谷物价格上涨增加的税，后者要重得多。所以，奖金虽然能增加谷物的出口额，但同时也减少了国内的消费，而且国内减少的比例与国外增加的比例相当。国内减少的消费抑制了国内人口和产业的发展，又反过来限制了国内市场的扩大，所以从长远的角度看，奖金没有起到有益的作用。

有人会说，农民会从谷物货币价格的提高中获得好处，因而会增加生产。但是，奖金以及其他人为的制度都不会提高谷物的真实价格，它提高的只是谷物的名义价格。所以，农民仍然没有过多的有效资本按照当地劳动者的普遍生活水平来扩大生产。可以说，这种制度除了加重全体国民的纳税负担以外，几乎没有人受益。

更严重的是，奖金的真实效果真正降低的是银的真实价格。那么，相同数量的银，只能换来比以往更少的谷物，以及其他国产商品，因为谷物的货币价格可以主导其他国产商品的货币价格。

抛开耕作的情况不谈，奖金使国内谷物的价格比平时略高，而国外的价格却略低，在大

奖金制度牺牲了国内市场

奖金制度为商品出口所带来的一切便利，其实都是以牺牲国内市场为代价。以谷物为例，商人们获得的出口奖金是分摊在每个国民身上的，而国内谷物受到出口鼓励，必会使国内市场内的谷物减少，价格抬高，于是每个家庭的生活都将会受其影响。

幅降低国内银的价值的同时，却略微提高了外国银的价值。这样，外国，尤其是荷兰的产业因为这种奖金制度而双重受益：他们不仅以更低廉的价格吃到谷物，而且能提供较为低廉的制造品。

当然，奖金会给农民和乡绅带来明显的益处——他们的货币增多了。但是，上面提到，奖金制度造成了货币银的贬值，这便相应减少了单位货币所能购买的劳动、粮食以及各种国产商品的数量。在货币收入增多的比例和货币贬值的比例相同的条件下，货币收入增多带来的益处，也就不过是名义上和想象中的罢了。

看起来全国好像没有人从这一制度中受益。但是，获利的却是谷物商人和谷物进出口商。不论是丰收增加了谷物的出口量，还是歉收时增加了谷物的进口量，都会增加商人的业务。尤其是在歉收的年份，由于丰收不能调剂歉收，谷物的价格要高很多，商人由此而获得的利润也比平时更丰厚。所以，这些人对实行奖金制度的热情是最高的。

因此，应该反对任何为出口而设立的奖金。首先要反对的是重商主义的所有办法，这些办法影响了一部分劳动者按照自然规律所进行的产业流动，不仅流动到利益较少的产业，甚至流动了不利的产业。没有奖金就无法正常经营的产业必然会亏损。

干草车 约翰·康斯特布尔 油画 1821年

　　最严重的后果之一是奖金制度实际上降低了国内银的真实价格。相形之下，相同数量的银，只能换来比以往更少的谷物，国内谷物的价格比平时略高，而国外的价格却略低。同时，谷物的高价格又不能使本国的农民及农业生产受益。

对任何国产商品的出口奖金一般都应加以反对。第一，对重商主义的所有办法，也许都应提出反对，因为这些办法使国内一部分劳动者违反自然规律流入利益较少的产业。第二，尤其要反对的是，出口奖金不仅使得国内一部分劳动者流入利益较少的产业，而且流入实际上不利的产业。对谷物的出口奖金更应该受到反对：它不仅没有促进生产，而且使国家和全体国民负担了极为沉重的赋税；在没有丝毫提高商品真实价值的同时却降低了白银的真实价值；不利于国内一般产业，反而延缓了土地的改良。而从这一切中受益最大的只是一小部分商人，还有乡绅——前者想到的只有自身的利害关系，而后者却完全无知。

有人可能会认为，奖励生产会比奖励出口更能促进某种商品的生产，同时还会降低这种商品在国内市场上的价格，而且，人民只须为奖金的发放支付相对较少的第一种税。但是，商品生产很少能够得到奖金的鼓励。重商主义的误导使人们相信，出口会带来更多的国民财富，因而，应该鼓励出口。

有的人不知从哪里得到的经验，他们认为，奖励生产比奖励出口更容易产生欺诈行为。这种论断的真实程度令人怀疑。但众所周知的是，因出口奖金而产生了许多滥用欺诈行为。

奖励生产可以为国内提供更多的商品，但这并不符合那些发明了奖金制度的贸易商人的利益。在重商主义的所有办法中，他们最喜欢的就是出口奖金。某些特定行业的经营者曾经私下达成协议，自掏腰包来奖励本行业的出口。这个办法虽然使生产显著增加，但却让国内商品的价格提高了一倍以上。如果对谷物的奖励能够降低谷物的货币价格，其作用肯定就不太一样了。

但是，如果为国防所需的制造业也要依靠邻国供应，就很危险了。这种制造业必须通

四海同胞 何塞·克莱门特·奥罗兹科 油画 1930—1931年

除了谷物商人和谷物进出口商，全国上下没有人可以从奖金制度中受益。奖金制度，与重商主义的所有办法一样，影响到了劳动者在产业中的自然流动，不利于国内一般产业。奥罗兹科是一个激进的画家，在图中所绘的是来自世界各地的受压迫者的代表。

过政府对所有其他产业征税才能在国内维持。例如，英国就对出口的帆布和火药进行奖励。对大多数产业征税来支持个别产业，这未必没有合理性。

在国家空前繁荣时期，富裕的国民失去了支配自己收入的方向。他们随着自己的喜好而任意浪费着金钱，向自己中意的制造业发放奖金就是其中之一。但如果在国家陷入困境的时候还继续如此，就是非常荒谬的了。

退税也是奖金的一种形式，但它并不具备奖金的缺陷。例如，对出口精制砂糖的奖金，可看作是对其原料红糖和黑砂糖的退税；对出口火药的奖金，可看作是对进口硫磺和硝石的退税等等。不过，按照海关的解释，这些并不是真正意义上的退税，只有对那些出口时形态和进口时相同的货物发放的补助，才称为退税。如果货物在进口后被制造成新的产品，则发放的补助称为奖金。

还有一种奖金也不具备那些缺陷，即向具有出众技艺的工匠和制造者发放的奖金。这种奖金保持了行业各自的竞争状态，但不会造成

（上图）中国瓷瓶

只有出口与进口时形态保持相同的货物所获得的政府补助，才称为退税，例如这种中国瓷瓶。

（下图）须加以鼓励的国防制造业

针对增加生产而设立的资金，对于大多数行业来说，与出口奖金一样不利。奖金制度唯对国防一类的制造业是必要的，因为这类产业不能要求国外协助，必须依靠本国的生产能力。

资本过多的流入某个行业而违反自然趋势，从而很好地保持了各行业间的自然均衡，使各种产品尽可能趋于完善。而且，这种奖金的花费非常少。而仅对谷物发放的奖金，有时全国一年就须支出30万镑。

此奖金非彼奖金。所以，必须注意事物的本质，而不是名称。

关于谷物贸易和谷物法令的离题论述

在没有对人们为什么大加赞赏对谷物出口采取一系列相关的法律、规定进行充分论述之前，探讨还将继续。因为这种赞赏是完全不当的，这个问题极其重要。

谷物商的贸易由四个独立的不同部门组成，包括：内地商人的贸易、供国内消费的进口商的贸易、供国外消费的国内产品出口商的贸易、运输商的贸易，即进口谷物以便再出口。有时，这四个部门由同一人经营。

第一部分

内地商人以及大多数人民的利益，表面对立，实际却是完全一致的。即使在粮食最短缺的年份，也是如此。

在粮食实际短缺的情况下，内地商人会相应地提高谷物的价格来获得利益。但谷物的价格总有个限度，当价格的提高迫使每个人，尤其是底层人民精打细算地开始节省粮食的话，说明这个价格已经阻碍了消费，以至于下一个季节将供大于求。这是

底层贫民 拉斐尔·桑兹·罗伯托 摄影 1971年

进行国内谷物贸易的商人应特别意识到他们与底层贫民的利益其实是趋向一致的。即使在荒年，商人提高谷物价格的行为，也会在一定程度上限制人们的购买。而在下一个收获季节，他们囤积的粮食很可能会造成市场的供大于求，谷物价格大跌，从而损害自身利益。

不符合内地商人利益的。

　　当下一季农作物开始上市时，商人要面临着两方面的损失：滞销的谷物会受到损耗，而剩余的却又不得不贱卖。这是内地商人不愿看到的结果。

　　但如果谷物的价格对消费的不利程度不够大，有可能会造成下一个季节的供不应求。谷物商人损失的不仅仅是一部分应得的利润，还要背上使人民在这个季节遭受饥荒的罪名。因此，他们会算计每一个时期的消费，能或多或少地判断出实际供需之间的差距，并尽可能地与供给保持平衡。按照尽量准确的计算结果，商人可以根据供需平衡来提供谷物，这时谷物的价格最高，商人获取的利润也最大。这才是内地商人的利益所在。

　　打个比方，内地商人像谨慎的船长有时不得不对待船员那样对待人民。当船长在预见到船上的粮食即将耗尽时，他就减少船员每天的定量。尽管这种过于谨慎的做法有时候会毫无必要地带来许多麻烦，但是与由于不太谨慎而将粮食耗尽所面临的危险、痛苦和死亡相比，这点麻烦简直微不足道。同理，谷物价格提高给人民带来粮食困难而精打细算地生活，与发

（上图）用餐的家庭

　　当谷物商人提高价格时，底层人民必须会想方设法减少粮食的消耗，减少购买总量，从而使谷物滞销。

生饥荒相比，前者也是微不足道的。谷物商人也会因此受到极大的损失，不仅有利润的损失，也有人们对他的愤慨。

史料非常准确地记载了包括本世纪在内的前几个世纪欧洲各地出现过的多次粮食短缺和饥荒。仔细研究这些历史就会发现，粮食短缺与谷物商人没有什么关系，而是因为粮食确实短缺，有时候是战争的浪费，但大部分原因是收成不好造成的。而发生饥荒，则是政府试图以不适当的方法强制解决粮食短缺所带来的，这几乎是唯一的原因。

政府命令商人以他们认为合理的价格出售谷物，结果无非两种：商人不愿按照政府价格提供谷物，谷物缺乏，甚至在季节之初就发生饥荒，或者商人遵守政府的命令，鼓励人民快速消费，饥荒就会在季节末到来。

谷物只要能够在各地之间自由贸易和自由流通，即使是自然原因造成的粮食短缺，也决不会严重到引起饥荒。真正的粮食短缺带来的困难是不可能完全解决的，但设法减轻是可以做到的。因此，不受约束的谷物贸易自由是防止饥荒的唯一有效办法，也是减轻粮食短缺痛苦的最好办法。

谷物商人也会面临危险的境地。因为，如果谷物歉收，下层人民常会因为穷困而将谷物商人作为他们憎恨和愤怒的对象。别说赚取不到利润，抢劫和破产也经常发生。

在从前的欧洲，农业与制造业的管理方式截然不同。除了农业，政府还控制了谷物批发和零售的经营，使农民的顾客只剩下消费者或谷物代理商，即谷商和谷物运输者。在许多情况下，政府还禁止制造商零售自己的商品。因为人们认为，如果允许制造商进入零售业，他们就会以更低的价格抛售自己的产品，零售业将会因此消亡。前一种政策的目的是为了使谷物价格低廉，从而加大国家的总体利益，而后一种法律的意图是要保障商店老板的利益最大。

如果允许制造商兼营商店，其产品的价格不可能低于普通商店的价格。因为制造商投入

（下图）征服者威廉的战争 挂毯 11世纪

商人如果想尽可能地获取最大利润，就必须学会计算每一时期市场实际所需的消费量，并尽可能地使需求与供给保持平衡。实际上很少有因谷物商人的囤积造成饥荒，饥荒多是由于战争或天灾造成的。图为征服者威廉的军队——士兵与马匹——乘平底船在英格兰东南沿海登陆的场景。

商店的资本是从他的制造业转移过来的。为了能够与其他商店老板取得相同的利润，其产品的价格就不可能低于其他商店的价格，否则无法与对方在同一水平上经营。这与他投入制造业就必须取得与制造商一样的利润是同样的道理。

农民似乎要幸运一些，除了可以耕作谷物之外，他们还被允许将资本投入到谷仓和干草场，以满足市场临时存储粮食的需要。而投入后者得到的利润不能少于商业资本的一般利润，就像其耕作土地的利润不能少于农业资本的一般利润一样。无论是农民还是谷物商，其投入谷物贸易的资本所取得的利润必须相同，以使投资得到补偿。否则，如果不能与其他行业处于相同的水平，资本便会转移。由此得到的结论是，被迫兼营谷物贸易的农民最终出售谷物的价格，不可能比任何其他谷物商在自由竞争情况下不得不卖的价格还便宜。

从事单一行业的商人，与从事单一作业的工匠享有同样的利益。工匠在本行业能以同样的两只手完成大量的作业，因此可以便宜得多的价格出售自己的产品；商人通过简便的买卖货物的方法，以同样多的资本经营大得多的业务，其货物的销售价格，比分散资本和精力从事另外一项行业时也要稍微便宜。谚语说，"兼营一切则不富"。兼营的人绝不可能以更低的价格出售货物，如果可能的话，他伤害的不仅是他的同行，还有他自己。

大部分制造商不可能学会精明活跃的商店老板的定价方法，而大部分农民制定的谷物价格就更不可能像谷物商那样低了。商店老板和谷物商的唯一业务就是成批采购商品后再零

受保护的零售业

英国的政策不允许制造商进入零售业，这是出于制造商以低定价出售商品会对现有零售业造成冲击的担心。实际上，制造商经营零售业的资本是直接从其制造业中转移的，如果降低商品售价，就等于损害了其在制造业中获得的利润，必然是一种短期行为。图为英国劳动者从零售商店购买面包。

售。强迫农民兼营谷物商业务的法律，在上述两种法律中更有害。禁止制造商兼营商店业的法律和强迫农民兼营谷物商业务的法律，显然违背了自然的自由，这是不当的，也是失策的。前者试图强行加快资本的分工，后者却想减缓这种分工。对于这类事情，既不强制，也不妨碍，才符合任何社会的利益。人民比法律更了解自己的利益，政府应该相信人民有能力在自己理想的方面获得利益。

上述法律不仅有碍于对任何社会都非常有利的资本分工，并且同样有碍于土地的改良和耕作。如果强迫农民将资本分散经营，那么，他经营耕地的那部分资本在收割打谷，并自由出售给谷物商之后，可以立即返回到土地上。但放在谷仓和干草场的资本却没有这么幸运。农民专营一业，可以在谷物出售之后，使全部资本可以立即返回到土地，用于购买更多的耕牛，雇用更多的佣工，从而更好地改良和耕作土地。所以，这样的法律，必然阻碍了土地的改良，从而影响了谷物的产量，提高了价格。

另外，谷物商对农民实际起到了扶持的作用，也应该受到适当保护和鼓励。

首先来看看批发商和制造商的关系。可以说，批发商就是制造商的市场，甚至在产品还没有完工之前，制造商就能从批发商那里得到全部资本。这样，制造商始终有充足的甚至更多的资本投入到制造业中。与将自己的产品卖给消费者和零售商相比，制造商能够生产出更多的产品。还有一点，在一般情况下，批发商的资本相当于许多制造商的资本之和，作为大资本，他们出于利害关系在小资本遭受不幸和损失的时候予以帮助，否则，小资本可能破产。

蒸汽机的使用 绘画 19世纪

禁止制造商经营零售业与强迫农民兼做谷物商的政策一样，都是政府试图对社会分工进行干预，然而干预的结果又是同样的有害。对于这类事情，既不强制，也不妨碍，才符合任何社会的利益。19世纪初由蒸汽驱动旋转的钻头被应用之后，采矿工业的劳动强度得到了大幅度的降低。

　　农民与谷物商之间的关系与此极其相似，而农业更容易遭受意外。扶持谷物商，不仅农民可以将全部甚至更多的资本，始终投入到耕作中，而且还可以在发生意外的时候，得到富裕的谷物商的支持，而不用完全依赖地主的宽容和地主管家的仁慈。这种关系如果能够广泛建立；如果将其他行业的农业资本全部撤回投入到土地耕作；如果能够提供另外一种几乎同样巨大的资本来扶持和帮助农业资本，那么，全国的土地将会发生巨大、广泛和急剧的改良。

第二部分

　　进口谷物的贸易，虽然会略微降低谷物的平均货币价格，但不会降低谷物的真实价值，那么，也就不会减少维持谷物的劳动量。这样明显有利于国内市场的短期供给，对人民来说是有利的。如果任何时候都不禁止自由进口谷物，与完全禁止相比，农民和乡绅每年谷物销售所得的货币量可能要少一些，但价值却更高，可以购买更多的其他商品，雇佣更多的劳动。因此，它促进了谷物的生产，而不是起到相反的作用。他们的真实财富和收入，以及能

河边的风车 杨·凡·霍廷 油画 1642年

　　社会中之所以出现农民与谷物商的分工，其原因是农民专心于耕种土地将有利于他的资本运作。谷物商的参与可以节约他的资本投入，同时又能使农民的产品顺利进入流通，因此这种参与应给予鼓励。

够耕种和愿意耕种的谷物，都不会比现在少。相反，银的真实价值因为谷物的货币价格下降而提高了，这样就使其他商品的货币价格略为降低，从而让一个国家的产业在外国市场中占有一定的优势，鼓励和促进该国产业的发展。因为最近和最方便，国内市场毫无疑问地成了谷物最大最重要的市场。但是，谷物的市场规模必须与一般产业保持一定的比例。换句话说，与谷物进行交换的产品的生产者的人数，或者用来交换的产品的价格，必须与谷物市场的范围保持一定的比例。

第三部分

供外国消费的谷物贸易，可以间接对国内市场的充足供给产生有力作用。不考虑谷物的来源，只有生产和进口的谷物多于消费的谷物，国内市场的供给才会非常充足。但在一般情况下，如果这些多余的供给不被出口，那么种植者绝不会过多生产，他们必须了解国内市场需求的实际情况，而进口商也绝不敢进口更多。在这种情况下，由于害怕货物积压，国内市场通常都会供不应求，而非供大于求。谷物的自由出口促进了国内的生产，但却为外国供给

普罗旺斯农舍 凡·高 油画 1888年

　　进口谷物的贸易表面上看似对农业不利，实际上却有利于国内市场。谷物货币价格向下的微调，会使银的真实价值相对其他国家有所提高，其他商品的货币价格有所降低。农民出售谷物的所得货币虽然有所减少，但却足以购买更多的商品，从而使生活得到实际改善。

谷物，而对进口的限制阻碍了土地的改良和耕作，使谷物仅满足于国内的消费。

从查理二世十二年，到查理二世第二十二年，再到威廉和玛丽第一年，以及威廉三世第十二年，都有鼓励谷物自由出口的法令。

如此一来，出口商的贸易不仅比内地自由，还能够得到奖金的鼓励。前面已经论证，内地商人的利益是与大多数人民的利益相同的，但出口商的利益却是站在对立面的。事实上有时的确如此。这些法令的目的不是让国内市场供给充足，而是尽量让供给不足。如果在本国粮食短缺的情况下，仍然将大量的粮食运往发生饥荒的他国，只会更加重本国粮食短缺的灾难。在阻碍进口的条件下，即使粮食严重短缺，也可以依靠国内生产供给。但如果鼓励出口，在发生粮食严重短缺时，国内市场也得不到本国产物的全部供给。这些法律的不适当，经常迫使英国颁布临时法令，在一定期限内禁止出口谷物，而又在一定期限内对进口免税。

第四部分

运输商的贸易是进口外国谷物然后再出口，并不在国内出售谷物。运输商愿意这样做的原因在于，即使他在外国市场上获取的利润并不高，但却能节省装卸费用、运费和保险费。进口外国谷物以便再出口的运输商的贸易，也有利于国内市场的充足供给。这种贸易的直接目的的确不是在国内出售谷物，但运输商一般愿意如此做，哪怕这样比他在外国市场所得货币少许多，因为如此做能节省装卸费用、运费和保险费。由于运输贸易有利于国内市场的充足供给，该国居民很少会缺少粮食。虽然可能降低了国内市场谷物的平均货币价格，但其真实价值却不会因此而降

市场的作用

　　政府施行的调控经由市场的调节之后，似乎总会变了味道。出口谷物可以促进国内的生产，但同时却为外国供给谷物；而政府对进口的限制，则会阻碍土地的改良和耕作。

低，同时还会稍微提高银的真实价值。英国在任何情况下，运输贸易实际上都是被禁止的。因为进口外国谷物须缴纳高额关税，其中的大部分还不能退还；而在粮食短缺的特殊时期，这些关税虽然被暂停了，但出口谷物却被禁止了。

英国法律保护所有人享有自己的劳动成果，而革命完善这种保护，几乎与设立出口奖金制度同时发生。英国的进步与繁荣，常常被归功于这些法律。但是，这些法律根本不值得人们去称赞。因为繁荣与进步应该依靠每个人自然的努力和自由而安全的发挥，仅凭这种强大的力量，即使那些愚蠢的法律减少了这种自由和安全，也能克服障碍，使社会富裕繁荣。在出口奖金的相关法律颁布之后，英国进入了最繁荣、最进步的时期，这一时期也是在英国发行国债之后才出现，但决不能将这种繁荣和进步归功于那些法律和国债。

法律发布委员会

亚当·斯密认为那些被世人称颂的法律其实名不符实，它们宣扬自己加强了对劳动者的劳动成果的保护。但英国的进步与繁荣，应归功于每个人的努力和自由而安全的发挥。即使政府对一切经济现象不加干预，市场仅凭自己的自动调节功能，也能达到与之相同的效果。

第6章　论通商条约

　　如果在条约的约束下，一个国家允许进口或者免征关税的商品被限定来自特定的国家，其他国家则享受不到这种好处的情况下，那么，这个特定的国家或者该国的商人和制造商，必定会因此得到极大的利益。在某种意义上，他们在该国享有一种垄断。因为其他国家的商品被排除在这个国家之外，或者他们的商品没有任何关税，进口产品的国家成了他们更广阔、更有利的市场。垄断使这些商人能够以比所有国家自由竞争时更高的价格，出售他们的商品。

　　显然这样的条约非常不利于制订条约的国家的商人和制造商。其结果是，这个国家用于购买外国商品的那部分本国产品的价格，因此降低了。价格的作用是相互的。当两个物品彼此交换时，一个物品的低廉是另一个物品昂贵所造成的必然结果。物品的实际产量并不会有损失，但这个国家年产物的交换价值会由于这种条约的减少，而使得本来可获得的利益减少了。虽然产品的价格降低了，但如果销售商品的利润无法收回所有的成本，那么，这种贸易

签订《中英南京条约》

　　当某些通商条约在对一个国家所能选择的进口商品国做出特别指定时，该国及其商人将会享受到极其巨大的利润。1842年，中国与英国签订的《中英南京条约》就是如此，在英国人的洋枪大炮下，中国被迫开放了自己的市场。

就不可能长期持续下去。实施条约的国家也能从中得到利益，但远没有在自由竞争时得到的多。

因为希望在两国间的总体贸易中，本国的出口能够大于进口，从而每年都保持金银的盈余，一些国家签订了这样不利于自己垄断，但自己却认为有利的条约。1703年，英国和葡萄牙的通商条约，就是根据这样的原理签订的。这个条约的内容很简单：葡萄牙承诺今后永远准许英国产的毛料和其他毛制品照常进口到葡萄牙，除非法律禁止，但须遵守以下条件，即：英国必须今后永远准许葡萄牙产的葡萄酒进口英国。任何时候，无论英法两国是和是战，无论进口到英国的葡萄酒所用的桶是105加仑桶、52.5加仑桶或其他，都不得以关税、手续费或其他名义，对葡萄牙的葡萄酒直接或间接地征收比同量的法国葡萄酒更多的税费，并须减免三分之一。如果上述减免在任何时候以任何形式被侵害，那么葡萄牙再禁止进口英国的毛料和其他毛制品，也就是正当而合法的。

该条约并没有约定葡萄牙有义务以比进口其他任何国家的毛制品更好的条件进口英国毛制品。相反，英国却有义务以比进口法国葡萄酒更好的条件进口葡萄牙的葡萄酒。该条约明显对葡萄牙有利，而不利于英国。

但该条约却被视为英国商业政策的杰作之一。原因是葡萄牙每年会从巴西得到大量的黄金，这一数量超过了国内贸易所需要的铸币的数量，而多余的黄金在国内又无法找到合适的市场。所以，尽管禁止出口黄金，葡萄牙也必须将黄金运到国外交换某种在国内有更有利的市场的物品。这样，大部分的黄金被运到英国用来交换所需的商品。据说，每周从葡萄牙进入英国的黄金平均为5万多镑，如果照

葡萄酒酒瓶

葡萄牙与英国曾在1703年签订一份通商条约，即葡萄牙永远准许国内进口英国的毛织品，而作为条件，英国则必须永远进口葡萄牙的葡萄酒。

此计算，可能比葡萄牙从巴西得到的黄金数量还要多。

英国商人的利益经常受到损害，因为以前与葡萄牙的贸易没有条约约定，而是由葡萄牙国王恩赐的，这样获得的权利会根据国王的心理而产生很大的随意性。现在的这种贸易条约并非想象中那样有利，反而让人感到不放心。人们的理由是，这些进入英国的黄金是为了满足欧洲其他国家的利益，英国反而得不到好处。还有，英国每年从葡萄牙进口的商品价值几乎抵消了出口到葡萄牙的商品的价值。假设这些总额比刚才计算的还要多的黄金全部是为了英国的利益，这种贸易也不会比其他的等价值的贸易更有利。

大量输入英国的黄金也不可能都留在国内，除了极小部分用来增加国内的铸币和器皿之外，其余必须用于贸易来交换商品。但是，商品的直接贸易总是比间接贸易更有利，而且所需的资本也更少。显然，直接用英国的商品购买所需的消费品，比用输入国内的葡萄牙的黄金再去购买要

泰晤士河港口 版画 1803年

　　由于葡萄牙国内有大量必须送往国外市场的黄金，于是，英国人心甘情愿地与葡萄牙人签订对己方不利的条约，希望能由此换取葡萄牙的黄金涌入国内市场。这幅版画描绘了尚未竣工的伦敦码头，码头周围以高墙围起，以防止码头附近盛行的偷盗行为。

更有利。英国应该使国内产业适应其他市场的需求，这样英国也能得到所需的消费品，而不是仅仅针对葡萄牙。英国因此所用的资本比间接贸易所需的要少得多。这样，英国就有多余的资本用于其他方面的发展。

只要能对黄金支付其价值，就总能得到所需的黄金。所以，英国可以从其他任何地方得到黄金，即使没有与葡萄牙进行贸易。况且，葡萄牙需要的是将多余的黄金输出，至于被输出的地方是英国还是其他国家，效果都是一样的。虽然对葡萄牙的黄金是直接购买，这与向其他国家间接买相比会节省一定的差额，但它可以被忽略不计。

在对外贸易中，金银作为媒介比其他商品都更有利。因为作为普遍的商业手段，金银币更易于交换商品，而且其体积小价值大，运输的费用和损失都非常小，没有比用金银交换商品更方便的了。国家每年输入大量金银的目的是为了进行对外贸易，而不是制造器皿和铸币。因此，英国与葡萄牙的贸易使英国其他的间接贸易更为便利，英国从条约中得到了相当大的益处。

英国每年制造全部器皿所需的金银增量并不大，因为虽然英国金匠行业的规模很大，但每年出售的新器皿中的大部分却是由旧器皿熔解后制成的。所以，英国每年并不需要大量的金银。

亨利八世修建的"金缕地"

英葡条约实际上并不像英国人想象中那般有利，大量输入英国的黄金不可能全部留在国内，必须用于贸易来交换商品。然而，直接贸易总是比间接贸易更有利。英国人还不如直接以本国生产的商品用于交换。图为1520年，亨利八世在举行庆典时设计修建的极尽奢华的"金缕地"。

第7章 论殖民地

第一节 论建立新殖民地的动机

欧洲人最初在美洲和西印度建立殖民地的动机，并不像古希腊和古罗马建立殖民地的动机那样简单清楚。

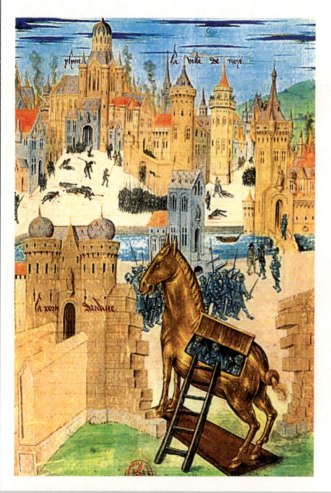

古希腊各城邦只占有极小的领土，过多增加的人口只能被送到遥远的地方寻找新的居住地。对他们来说，领土扩张是困难的，因为周围都是好战的国家。多里安人的殖民地主要在意大利和西西里。古希腊另外两大部落爱奥尼亚人和伊奥利亚人的殖民地，主要在小亚细亚和爱琴海各岛。这几个地方的状况大致一样。殖民地被视为母城的孩子，一方面殖民地总是能够得到母城很大的恩惠和帮助；另一方面母城并不干涉殖民地的政治、法律以及外交事务，殖民地是独立的。建立这种殖民地的动机最简单清楚。

大部分古代共和国都是在一种土地分配法上建立起来的，古罗马也不例外。法律把公共领地按比例分配给公民。但是，各种人事变迁打乱了这种分配，土

特洛伊征服 插图画 中世纪

　　在希腊文明兴起时，人们建立殖民地的目的是清晰可见的，而一个国家实施扩张也是非常困难的。希腊城邦在攻打特洛伊时，几乎倾尽国力，最后还是依靠一个木马计才使战争终结。

地往往被一个人所占有。

在意识到这是一种弊端之后，人们决定用法律来限制公民占有土地的数量。很快这种法律遭到了人们的遗弃，贫富不均的现象日益严重。现在社会中的贫民可租地耕种，或者经营某些小零售业，或者直接出卖自己的劳动力。但在当时，大部分失去土地的自由公民无法保持独立，这些自由人几乎没有被雇佣的机会，因为富人的土地都由奴隶耕种。而商业、制造业甚至零售业也都被富人把持着。富人的绝对优势使贫穷的自由人根本无法与其竞争。所以，他们几乎没有生计可言。

当有人打算反抗富豪时，就会鼓动这些人要求按照古代的土地分配法得到自己应有的财产，但这是无法办到的。为了消除这种怨言，富人们提议开发殖民地来满足这些人的某些要求。罗马帝国一般是将意大利被征服的各省分配给自己的公民。但在那里，他们仍然受到帝国的统治而不允许独立。他们可以成立某种自治团体，但必须隶属于帝国的行政和立法机关，他们有权利制定法律，但帝国也有权利修改。这种殖民虽然满足了一些人民的需要，但并不稳定，因此，常常会驻扎军队，以迫使当地居民顺从。虽然罗马帝国的殖民地与希腊的不同，但两者的动机却同样简单清楚：来自国内的压力和明显的实惠。

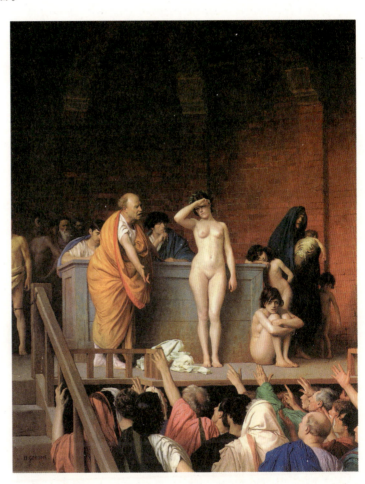

拍卖奴隶 格罗姆 油画 19世纪

罗马帝国最强盛时曾征服了无数个城市作为它的殖民地，这缘自于其国内人民对财富持续增长的需求。这种殖民方式虽然缓解了国内压力，但并不具有稳定的效果。罗马人常常要在殖民地驻扎军队，迫使当地居民顺从。图为罗马人正在拍卖在殖民地中虏来的战争奴隶。

欧洲人在美洲和西印度建立殖民地的起因并非必要，而且得到的实惠也并不明显。直到现在，建立殖民地的这些实惠的性质、范围和局限性也不大为人们所理解。

第二节　论新殖民地繁荣的原因

殖民地在一般情况下比其他人类社会的发展更快。殖民者带来了比当地人更优越的农业和其他技术。他们在新的殖民地上建立了政府、法律体系、司法制度以及尊卑习惯。这些都先进于当地数百年自然进程中形成的制度。在殖民地，殖民者得到大量的土地，远远超过了自己耕作的能力。除了有极小一部分要上缴给君主外，他们没有地租，没有赋税，不用向地主缴纳劳动成果。因为产品几乎都属于他们自己，所以他们有着无穷的动力来提高产量。但这远没有发挥出土地十分之一的潜力。因此，他们用优厚的工资寻找更多的劳动力。但是，

正是这优厚的工资和丰饶低廉的土地，很快就使这些雇佣的劳动力成为新的地主，并做出同样的举动。优厚的报酬能够让劳动力成立家庭，抚养孩子。当孩子成人后，其劳动的价值远远超过了抚养他们的费用，他们也能过上父辈那样的生活。

在新殖民地，下层阶级的身份不再是奴隶，从其他国家得来的经验，使新殖民地的上层阶级意识到，应该更宽宏、更人道地对待下层阶级。在其他国家，两个上层阶级同时压迫

来到殖民地上的白种人

这一组小型雕像反映了尼日利亚艺术家眼中的殖民者：他们并不是为了拯救而到来，真实的目的是为了自身的利益来掠夺这块大陆。

下层阶级，地租与利润耗尽了他们的工资。但是，地广人稀的新殖民地使地主难以得到劳动力，如果没有更多的劳动力来改良耕地增加收入，就无法得到更丰厚的利润。因此，地主常常愿意以任何价格雇佣劳动力。这种高工资鼓励了人口的增长。而土地的全部价值又几乎都由这种工资构成。劳动力的高工资与良田的低廉，鼓励了人口增长，土地改良，同时增加了真实的财富，使国家强大。

主导殖民地计划的初衷充满了荒唐和不公：不仅为了寻找金矿和银矿，还觊觎占有善良的当地土著的国家。后来的殖民者还有其他听起来更合理、更值得称赞的动机，但同样是荒唐和不公的。

欧洲的混乱和不公造成了国民的出逃。英国人逃往美洲；清教徒在新英格兰建立了四个政府；天主教徒选择了马里兰；教友派去了宾夕法尼亚。而葡萄牙的犹太人则被剥夺了财产流放到了巴西，他们勤奋地为当地人传授种植甘蔗的方法（即使这些人是流放犯和妓女），并建立某种秩序。

欧洲各国政府在建立殖民地的计划和实施方面都没有占到主导地位，相反，他们要么听信了

另外一些人的言论，要么对此不闻不问。墨西哥的政府就是古巴总督委托冒险家的大胆精神来实现的，西班牙国会没有任何计划，政府除了许可在美洲大陆上建立殖民地之外，没有提供任何支持和帮助，冒险家们必须自担风险和费用。英国政府同样如此。

当殖民地的重要性被宗主国意识到时，宗主国总是想扩大自己的市场而垄断殖民地的贸易，从而限制其市场。他们最初制定的政策不仅没有加速殖民地的繁荣进程，反而起到了阻碍作用。欧洲各国殖民政策大同小异，最根本的区别仅仅在于实施垄断的方法不同。相比之下，英国的方法只是在某种程度上不如其他国家那样狭隘、压抑罢了。

这样看来，好像欧洲政府对美洲殖民地最初的建立和当前的繁荣没有任何贡献。不过，有一个方面应该归功于这些政策——它培养和造就了能完成如此伟大事业并为如此伟大帝国打下根基的人才，正是这些政策培养了这些创建人的教育水平和远大眼光。但也仅此而已。

柯达照相机与胶卷

在地理大发现的年代里，建立殖民地并未得到各国政府的重视。但是当殖民地的重要性日益显露出来时，它就被宗主国看作为倾销国内商品的大片市场。图为美国发明家乔治·伊斯曼于1888年发明的手持式柯达相机及所配的胶卷，列强的产品与文化总是很快便充斥于殖民地的市场。

第三节　欧洲从发现美洲以及经由好望角到东印度的通道中得到的利益

那么，欧洲在美洲的发现和殖民中得到什么利益呢？

这些利益包括两方面：欧洲作为一个整体所得到的总体利益，以及各国从所属殖民地中得到的特殊利益。从另外一个角度来看，欧洲得到的利益，一是香料用品增多了，二是产业增大了。

美洲剩余产物给欧洲居民提供了多种他们从前不可能得到的商品。这些商品提高了人们的生活水平。显然，殖民地促进了各国产业的发展。无论是与美洲进行直接贸易的西班牙、葡萄牙、法国和英国，还是间接贸易的奥属法兰德斯和德国的几个省，都为自己的剩余产品找到了更广阔的市场，从而扩大了这些产品的产量。

一些国家，如匈牙利和波兰，从未将自己的任何产品运往美洲，但他们多少也受到了殖民地的促进作用。通过与美洲的间接贸易，这些国家消费了一些美洲的产品，而殖民地也需

受益的欧洲

　　发现美洲与殖民的过程，一方面使各个独立国家扩展了市场，另一方面也给整个欧洲带来了富裕与繁荣。在伊利莎白女王统治的年代里，英国长期以来面对的商品输出的困难，在商人与航海家的冒险中找到了解决的途径。

要他们的砂糖、巧克力和烟草。这些国家为自己的剩余产品找到了更广阔的市场，提高了价值，从而促进了其产量的增加。

各国从所属殖民地得到的特殊利益分为一般利益和特殊利益。

一般利益也分两类：保卫帝国的军队和维持帝国的收入。罗马帝国时期的殖民地能同时提供这两种利益，希腊的殖民地却只能在战争时期作为母国的同盟而提供军队。

但美洲殖民地的军队无法为欧洲的宗主国提供军队，他们连自己的安全都无法保证。相反，一旦宗主国发生了战争，还要分散兵力来保卫这些殖民地。欧洲所有的殖民地均是如此。这从某个方面削弱了宗主国的实力，而非使其强大。

只有西班牙和葡萄牙的殖民地能在国防和日常开支上为宗主国提供一些帮助。其他国家即使在和平时期在殖民地征收的赋税也很难与开支相抵消，更别说能从中得到收入了。所以，这些殖民地对宗主国而言是负担而非财源。

这样看来，欧洲各国得到的只有那些特殊利益了。由于欧洲在美洲殖民地的特殊性质，专营贸易成了这些特殊利益的唯一来源。但是，这也是一种相对利益。因为，专营贸易虽然为宗主国带来了专营权，但这种专营权并没有使国家的产业和生产超过自由贸易状态下的自然发展，而是抑制了其他国家的产业和生产。

可以完全相信，为了获得这种相对利益，英国尽量排斥其他国家，这样做，不仅使所有国家得不到一部分绝对利益，而且使英国的其他贸易陷于更加不利的境地。

欧洲军官指挥的殖民战争

得到军队支持是欧洲殖民者冀图从殖民地得到的利益之一，在殖民地建立之初，确实有探险家雇佣土著组建军队。但殖民者同样也很快发现这种军队的不可依赖性。图为由欧洲军官率领的全副武装的斯瓦希里军队与装备极其原始的当地土著正在展开厮杀。

英国具有垄断性质的航海条例，迫使其他与殖民地进行贸易的外国资本纷纷撤出，英国虽然获得了所有贸易的权利，但资本的有限性使英国没有能力为殖民地提供所有所需的欧洲货物，为了弥补因数量造成的损失，英国必然会以比从前昂贵得多的价格出售这些货物。

另一方面，殖民地的剩余产物现在要由英国全部来承担，但同样是资本的缺乏，使英国又必须以非常便宜的价格收购这些剩余产品。高价销售低价购买带来了丰厚的利润，大大超过了其他贸易部门的利润水平。这种巨大的利润吸引了其他贸易部门的资本，但却加大了殖民地贸易的竞争。由此的结果是，殖民地贸易的利润在逐渐降低，而其他部门的利润在逐渐提高，直到出现新的利润平衡为止。这个新的利润会略高于以往的水平。

这种垄断一直吸引着其他贸易部门的资本，而产生的双重效应，就是英国在最初确立贸易垄断地位的结果。这种结果使英国各贸易部门的利润率高于垄断出现之前所有国家的自然利润率。

无论英国商业资本在任一时期的状况与规模如何，在颁布航海条例、英国获得殖民地贸易的垄断权之后，必然试图与英国本土比高的一般利润率，使殖民地贸易和其他所有贸易部门的利润率比没有垄断时高。如果自从航海条例订立以来，英国的一般利润率已经大幅降低（现已大幅降低），那么，若不是这个条例确定的垄断使其提高，则一定会降得更低。

如果该国失去了这种垄断权，那么，那些使利润率高于一般利润率的因素就会让贸易部门处于绝对和相对不利的境地。

绝对不利是因为，贸易商人用更高的价格出口商品，否则就不能取得更多的利润，在这

当日的新阿姆斯特丹 17世纪50年代

英国凭借其在海上的垄断地位，将其他国家从殖民地上排挤出去。这种垄断将一直从其他贸易部门吸引资本，使其投入殖民地贸易，于是英国各贸易部门的利润率都获得提高。新阿姆斯特丹，即今日纽约，背景中较具规模的建筑则分别是堡垒、教堂、兵营和监狱。

英国的制酒业

种情况下，他们进口和出口商品的价格都会变得更高，从而限制了国家的进口和出口。与原来相比，国家的生产减少了，生活水平是下降的。

相对不利则是因为垄断使得国家的生活水平提高了，生产扩大了。这些明显扩大的优势提高了国家出售商品的价格，这个价格是高于其他国家的价格的，因此，该国很可能会因为这种过高的价格而被其他没有处于垄断地位的国家挤出贸易市场。

在这种竞争状态下，英国商人常常抱怨国人劳动力价格过高。然而，对于他们获得的高利润，他们却避而不谈。高利润和高工资对提高英国商品的价格起到了相同的作用，但前者发挥了主要作用。

由此可见，在没有获得垄断权的贸易部门的贸易，不是被殖民地贸易的高利润吸引走了，就是因为高价格而在别的市场被其他国家被排斥掉了。这两方面的结果都让英国其他贸易明显处于不利的地位。

或许有人认为，殖民地贸易的垄断地位将更多的资本用于对英国更有力的用途。这种用途就是能够维持最多劳动力以及最能增加土地和劳动年产量的用途。前面曾经提到过，用于贸易的资本所能够维持的劳动力，与资本周转的次数成比例。例如，1000镑资本每年周转

夜幕下的海港 塞吉欧·拉瑞因 摄影 1963年

在不能保持垄断的前提下，英国其他部门的贸易将陷于不利的局面。由于一般利润率的提高，英国商人如不以更高价格出售外国进口商品和本国出口商品，就不能获得更多的利润。高昂的价格限制了贸易的发展，长此以往，必然会带来生活水平的下降和产业的衰弱。

一次，它能够维持雇用的劳动力资本就等于1000镑。而如果同样的资本每年周转两次或者三次，那么能够持续雇佣劳动力的资本就有2000镑或者3000镑。这样一来，与邻国进行贸易比与遥远国家贸易要更有利。同样，直接贸易比间接贸易也更有利。

　　但是，正是由于拥有殖民地的垄断地位，在所有情况下，英国贸易的一部分资本从与邻国的贸易中流入了更远的国家，而且，大部分用于了转口贸易。这一原因还使得一部分英国资本从消费品贸易流向了运输贸易。这些资本不仅要用来维持殖民地的产业，还要用来维持其他国家的产业。

　　举个例子，英国每年82000桶剩余烟草都用于出口来购买需要的货物，但并没有完全用于英国本土的消费，因为英国要从德国和荷兰进口麻布供殖民地消费。这样，购买剩余烟草的资本，维持了他国的产业，用这些烟草购回麻布的那部分资本，则被殖民地占用了。

　　此外，殖民地的垄断，打破了所有英国产业资本应有的自然平衡。英国的产业放弃了许

工业产品

　　资本所能够维持的劳动力，与资本周转的次数成比例。但在殖民地的垄断，打破了英国产业资本原有的平衡，使英国旧有的小产业平衡被迫去适应一个更大的市场，国民经济也因此变得不太健康。图为1862年在亨利·科尔主持的国际博览会中展出的各种商品。

多小市场，转而去适应一个大市场。同时，英国的商业都被引导在一个大渠道中进行，而不是许多的小渠道。

于是，英国整个工商业系统变得不大安全，政府的状态也变得不那么健康。在这样的状态下，英国就像一个不健康的机体，如果机体中的某个器官生长得过大，就会打破机体各个部分的均衡，容易发生不常有的危险疾病。而供养机体生长的某个血管异常膨胀，一旦发生小小的停滞，就会给整个机体来带来混乱。英国的殖民地产业就是那个过度生长的器官，而殖民地的贸易渠道就是那根大血管。正是这种原因，引起了英国国民对殖民地的惊恐。如果殖民地排斥所有的英国商品，要不了几年，英国的商人就会认为他们的贸易会完全停止，大部分制造商也会认为他们的生意会被摧毁，大部分工人也会认为自己将失业。这种惊恐造成的预计，比与欧洲大陆的邻国发生贸易冲突甚至决裂更加普遍。

为了让英国在将来免于这种危险，就应该强制某一部分资本从垄断中撤出，转而投入其他产业。只有逐渐缩小过度发展的产业，而逐渐加强其他部门，逐步将所有产业恢复到自由贸易状态下的均衡，并保持这种自由状态，才是唯一可行之道。英国政府应该逐渐适当放宽某些贸易专营权，直到有很大的自由为止。

但是，如果这种放开不是渐进式，而是立即放开的话，不仅会造成短时期的麻烦，还会给目前参与殖民地贸易的所有劳动和资本带来巨大、甚至永久的损失。这就是重商主义者所制定的这些法律的后果——短时期产生的混乱如果无法治理，将会带来更大的混乱，但这些混乱在短时间内好像很难被治理。因此，应该逐步开放殖民地贸易。但具体开放的问题就要由政治家和立法者来解决了。

可见，垄断违反了自由贸易的规律：资本从邻国流入遥远的国家；并从直接贸易流向了间接贸易；并在某些情况下，从所有消费品贸易流到了运输贸易。产生的后果是：资本流到了只能维持较少劳动力的方面；大部分制造业仅适合一个特定的

土豆的种植

　　垄断违反了自由贸易的规律，并将因此给垄断者带来潜在的危机。英国若想避免危机，就必须逐步缩减过度发展的产业规模，并注意恢复所有产业之间的均衡。图为被西班牙探险家奎沙达于1537年发现的美洲土豆，因为容易种植，很快便遍布了整个欧洲。

市场。英国工商业的整体状态因此更不确定和危险了。

　　殖民地贸易和垄断殖民地贸易所造成的影响应该被认真对待。总而言之，前者有益，而如果没有垄断，这种利益将会更大。殖民地贸易为英国与其他国家贸易之后的剩余产品提供了一个遥远而巨大的市场。这种自然和自由的贸易市场，鼓励了英国不断提高剩余产品的产量，同时也增加了生产性劳动力的数量，却没有改变原有的产业结构。而来自其他国家的自由竞争，会将这种贸易的利润率控制在合理的水平。新的殖民地市场会创造出新的产品来满足需求，新的行业也因此产生。

　　相反，垄断排斥了竞争，提高了利润率，从其他行业吸引了更多的产品和资本。其目的就是要增加本国在殖民地贸易中的份额。如果这种份额还没有自由状态下的份额多，就没有必要建立这种垄断。殖民地贸易的特点是周转更慢，距离更远。如果迫使资本违反自由规律的流动，必然减少本国用于维持生产的劳动力的数量，以及每年土地和商品的总产量。国民的收入就会因此而降低，积蓄能力减少。垄断在任何时候都阻止了资本维持正常的生产性劳动，减少了资本的照常增加。那么，生产性劳动力就不会因此而增加了。

　　所以，包括垄断殖民地贸易在内的所有重商主义的政策，都抑制了其他国家的产业，特

汽锤 詹姆斯·内史密斯 油画 19世纪

　　对殖民地的垄断，只有在一定的条件配合下才是对宗主国有利的。如果政府硬要迫使资本违反自由规律流动，只会减少本国维持生产劳动力的资金，使每年土地和商品的总产量也随之降低。图为汽锤正在锤压铁块。工业化使得制造业产品数量倍增，政府对经济的干预变得更加容易。

别是殖民地贸易。垄断本来是为了本国产业的利益，但现在不但没有发展本国产业，反而削弱了。

可见，垄断伤害的是国家整体的利益，从中受益的却只有一个阶级。这种盲目增加顾客的政策，非常适合于政府受小商店主影响的国家。

为殖民地贸易专营而订立的条例，对条例受益国的损害要大于对其他相关国家的损害。而对其他国家的不当压迫，会反过来转嫁到本国，并对本国的产业造成更大的打击。

欧洲各国都有垄断自己殖民地的政策，但他们不仅没有得到更大的利益，还要负担殖民地维持和战争时期的开支。并且，除了殖民地贸易产生的利益要与他国分享外，所惹的麻烦还要所属国自己负责。

对利益的追求，自然会使个人将 资本用于利益最大的行业。但如果同样的自然选择过多的话，利润就会因此降低。 其他行业提高的利润会让他们立即改变错误的投资方向。这根本不用法律的干涉。 资本会自然选择最适合的利益，并按合适的比例在各行业之间分配。

美洲贸易和东印度贸易吸 引了最多的资本，而东印度提供的市场甚至比欧洲和美洲的市场加起来还要大。因 此，在重商主义的所有法规中，有关这两个贸易的法规，对资本分配造成的混乱程度 更大，但两者的垄断性质却并不一样。

象牙驳船 *雕塑*

开发殖民地市场所呈现出的巨大利润使得欧洲各国都竭力地排斥他国的竞争。图为19世纪初被带回英国的一艘精致的中国象牙驳船雕塑。

在美洲贸易中，各国都尽力独占所属的殖民地市场，而大力排斥他国。在16世纪的大部分时间，由于葡萄牙人声称是他们首先发现了通往东印度的海上通道，因此，他们拥有使用这条通道贸易的垄断权利。这种垄断排斥了其他国家投资到这一贸易中来，而且还要以更高的价格间接进口这种贸易所经营的货物。

随着葡萄牙的衰落，这条贸易通道失去了被垄断的地位，而对欧洲所有国家的船只开放。现在，被独占的贸易通道航行权则被一个专营公司所取代，这家公司管理欧洲各国与东印度的贸易。垄断以另外一种形式出现了。然而，这种垄断却不利于实行垄断的国家的人民。他们不仅不能投资这种贸易，而且还要以贸易开放前更高的价格购买这种贸易所经营的货物。英国就成立了东印度公司来实现这种垄断。如此大的公司难免产生弊端，造成巨大的浪费，这也要由本国人民支付。

因此，第二种垄断显然比第一种更加不合理。

虽然都扰乱了社会，但方式却不尽相同：前者吸引了更多的社会资本违反规律地流入专营贸易中。而后者在不同情况下，既会吸引资本流入，也可能会排斥资本流入。对穷国吸引资本，对富国则起到排斥作用。

加尔各答的英国家庭

英国人对美洲殖民地及东印度的殖民地采取了不同的经营方式。相比较而言，他们成立东印度公司垄断所有贸易的方式更加不合理，而庞大公司带来的高额费用也必然会转嫁到国民身上。图为一个英国家庭与他们的印度佣人站在豪华的府邸前。

举例最能说明问题。穷国如瑞典和丹麦，如果没有专营公司管理东印度贸易，这两个国家可能根本就不会去东印度。在专营公司垄断权的鼓励下，这些国家的冒险者不仅会得到与其他国家的商人同等的机会，还会确保其能够抵制国内市场所有的竞争者。如果没有丰厚利润的鼓励，这些冒险者的征程是遥远和不确定的，他们决不会想到去东印度。

荷兰的商业资本非常多，过去不断流出，有时流到外国成为公债，有时流到外国商人和冒险家手中成为私债，有时流到迂回的消费品外贸，有时流到运输贸易。所有近途贸易都充满了资本，所有投入近途贸易略有利可图的资本已经投入，荷兰资本必然会流向最远途的贸易。

然而，对于荷兰这样富有的国家，大量的资本不断流出到近途贸易中。为了有利可图，资本必然会流向更远途的贸易。于是，更多的荷兰船只去了东印度。但资本有限的专营公司却可能会使这些大量想流入的资本被挡在门外。

如果没有专营公司，荷兰在东印度的贸易规模会大得多。同样，瑞典和丹麦却会比现在要小得多，甚至没有。在这种前提下，资本被排斥和资本没有被吸引，同样会对国家造成巨大的损失。

按照它们当前的情况，资本应该被用在更需要的方面，没有必要再把有限的资本投入到那么遥远且周转缓慢的贸易中，这种贸易所能维持的国内生产性劳动量也是有限的。因此，最好是以其他股价购买，即使价格要稍高一些。因此，就算没有专营公司而导致个别国家无法与东印度直接贸易，也不能成立这种公司。在这种情况下，这个国家不应该与东印度直接贸易。

而专营公司并非必需的，因为没有专营公司，葡萄牙就从全部东印度贸易中受益达一个多世纪。

印度的诱惑

任何试图限制资本自由流动的做法都是不明智的。印度作为殖民地被开发时，曾吸引了大量的荷兰国内资本，然而英国设立的东印度公司却将这些本应流入的资金拒之门外。图为印度一所具有原住风情的小屋。

第8章 关于重商主义的结论

限制工业原料和工具的进口和一些价格不高的商品的出口，是富国的手段之一。而对于某些特殊商品，重商主义提出了相反的政策——抑制出口，鼓励进口。他们认为，这样做对贸易顺差是同样有利的。

鼓励进口工业原料，可以使本国以较低的价格制造商品，从而避免了更大数量和更高价格的商品进口。但英国的法律好像并不鼓励进口工具。随着制造业发展到较高的程度，制作工具便成了许多重要制造业的目标。如果鼓励进口这些工具，都会损害制造商的利益。因此，这种进口往往是被禁止的。例如，爱德华四世第三年开始禁止羊毛梳具进口，并从伊丽莎白女王第三十九年再次重申，一直使其永远有效。

免税和奖金成了鼓励进口工业原料的手段。如果正常通过海关，羊毛、棉花、生麻、生铁和铁条等许多工业原料都会免除所有的关税。这种免税政策和其他大部分商业条例一样，如果是完全公正、合理，并且符合国家需要的，可以将让其他所有工业原料也享受这种政策的好处。不仅商人和制造商能够得到利益，公众也会从中受益。

人们对所有这些

重商主义对待原料贸易的原则

重商主义强调限制工业原料出口，同时也提倡从其他国家进口羊毛、棉花、生铁等工业原料，认为这都是富国的手段之一。但实际上，这些政策完全没有考虑平民，只是使生产者和制造商获得了最大的利益。图为英国人特里维西克在伦敦一个大广场上试验他设计的以蒸汽机带动的新机车。

规定称赞的动机，是因为这些规定扩张了本国的制造业。但这种扩张不是自我改进，而是压制他人，并最终尽可能消除他们的竞争。通过限制一些行业学徒的数量，并对学徒的期限作出规定，制造商们将各行业的知识尽量掌握在少数人手里。他们垄断同胞的技能，不愿这些人中有人将技能传授给国外。

消费是生产的唯一目的。因此，消费者的利益必须首先受到关注。但重商主义者似乎把生产而非消费当成所有工商业最终目的，他们总是牺牲消费者的利

益。能与本国商品和制造品竞争的所有外国商品都被加以限制，因此，国内的消费者必须支付更高的价格才能得到所需的商品。生产者牺牲了消费者的利益。

用奖金鼓励商品的出口，使国内的消费者不得不缴纳支付奖金所征收的赋税，以及因鼓励出口使这些商品国内价格上涨所产生的更大的赋税。这也是为了生产者的利益。

对葡萄牙的高关税，使在英国不宜生产的商品无法从邻国进口，而必须从遥远的国家购买，而其商品的质量也较差。这样，能够让国内的生产者以更有利的条件将产品出口到那个遥远的国度。但消费者却不得不购买质量较差的商品，还要承受国内商品因出口所引起的国内价格的上涨。

英国为管理在美洲和西印度的殖民地制定的许多法律，与其他通商条例相比，更多地牺牲了国内消费者的利益。殖民地必须从母国购买各种商品。而国内消费者负担维持并保卫国家的全部费用的目的，仅仅是为了让垄断提高生产者的商品价格的提高。为此，英国已经为最近的两次战争，支付了2亿多镑，借债超过了1亿7千万镑。据说，垄断殖民地贸易所能得到的全部利润，以及这种垄断贸易的全部价值，都不够偿还上面借款的利息。而其他因同样目的而发生的战争的费用还要再单独计算。

谁制定了重商主义？肯定不会是消费者，他们的利益被完全忽视了。只能是生产者，特别是商人和制造商，在他们设计的商业条例中，他们的利益受到了最特殊的关注。消费者则为了制造商的利益而被牺牲了。

出售空座的人

所有性质的生产唯有通过消费这一途径才能实现赢利的目的。因此，消费者的利益必须首先受到关注。但重商主义者却改变了这一规则，以种种理论与政策将生产置于比消费更高的层次。图中体育场的服务人员正在向观众兜售剩余的座位。

第9章 论重农主义即把土地产物看作各国收入及财富唯一或主要来源的政治经济学学说

相对于重商主义来说，重农主义的地位就没有那么重要了。任何国家都没有把土地产物看作国家收入和财富的唯一或主要来源。但本文仍会将这种学说解释清楚。

柯尔贝尔是路易十四的重要大臣，正直、精明，在有序管理公共收入的征收与支出方面具有丰富的经验。他是一个习惯于管理各公共部门，设置必要的监察和控制将各部门限于适当范围，并且勤奋工作的事务家，但同时他也是个重商主义者。柯尔贝尔用管理公共部门的模式来管理国家的工商业：平等、自由、公平地谋取个人利益被禁止；给予某些产业超常的特权，却超常限制其他部门。他为了鼓励和支持城市产业，而压制农业。鼓励制造业和对外贸易，以及禁止谷物出口，使得农业中最重要的产品不能出口，从而能够向城市居民提供廉价的食物。全国各种各样的禁令和横征暴敛，使这个国家的农业大大低于它应该发展的水平。造成如此结果的原因之

意大利村庄 摄影

重农主义是指高估农业产业，而低估城市产业的理论。它把所有国民分为三个阶级：土地所有者，耕作者、农夫和农村劳动者组成的生产阶级，以及工匠、制造商和商人构成的不生产者阶级。重农主义者轻视第三阶级在社会中所起的作用。图为普罗旺斯的小村镇，路边点缀着一座古代的喷泉。

一就是柯尔贝尔对城市更优惠的政策。

　　与重商主义者相反，重农主义者肯定高估农业产业，而低估城市产业。他们把对土地和劳动有贡献的人民分为三个阶级：土地所有者阶级；耕作者、农夫和农村劳动者组成的生产阶级，以及工匠、制造商和商人构成的不生产者阶级。他们歧视第三个阶级。

　　土地所有者经常要投入资金用于土地及其周边建筑的改良和保养。这种投入保证了各耕作者能以相同的资本耕作出更多的产物，从而为其支付更高的地租，这是土地所有者应得的利息或者利润。重农主义称之为土地费用。这是土地所有者的贡献。

　　对于耕作者或农夫而言，他们耕作土地的费用被称为原始费用和每年费用。原始费用包括农具、耕畜、种子，以及维持农夫在土地获得收成之前的所有费用。每年费用包括种子、农具的磨损以及每年维持农夫用于耕作的全部费用。

　　这两种费用就是农夫用于耕作的资本。前者必须在合理的时间内得到补偿，其次是后

农民饲养的家畜

　　农夫之所以被特别尊称为生产阶级，是因为他能够在地租、耕种费用之外提供生产净产物。但重农主义以农业生产者为标准，将制造业与从事贸易的劳动者视为非生产者却是错误的。

者，同时他还要获得一般利润。如果不能定期收回这些投资并获得利润，他就无法与其他行业处于同一经营水平。这样，为了自身的利益，他就会选择其他能够保持这种水平的行业。

如果地主侵犯农夫耕作的收益，不仅会减少自己土地的产量，还会减少本来能够得到的合理地租。这种地租应该少于农夫在支付所有耕作费用剩余的净产物。农夫之所以被特别尊称为生产阶级，是因为他能够提供这种净产物。出于同样的原因，他们的原始费用和每年费用被称为生产性费用——补偿自身价值之外，还能生产出净产物。

地主的土地费用也被称为生产性费用，它的存在，改良了土地，提高了地租。在良好的状况下，这些土地费用不仅能生产出其全部价值，还会在一段时期后生产出净产物。教会和国王不应该对这种地租征收什一税和赋税，否则，土地无法改良，从而不利于这些税收在未来的增加。

正是由于生产性费用这种概念的提出，其他所有费用和所有阶级被视为完全不生产了。

尤其是工匠和制造商。雇主预付给他们原材料、工具和工资，以雇用和维持他们的生

修建房屋

重农主义者之所以更看重农业生产，主要原因是工匠和制造商未能制造出最终剩余的净产物。他们的劳动用来补偿投入的资本，并产生雇主所希望的一般利润。图为20世纪40年代德国建筑工人正忙于修建大众的住房。

产。雇主也要维持自己的费用。因此，工匠和制造商的劳动用来补偿这些资本，同时产生一般利润来维持雇主自己的费用。这种费用与雇主希望得到的利润成正比。否则，他就无法收回全部费用。

因此，制造业资本的利润并非最后剩余的净产物。相比之下，农夫的资本却能够生产出新的价值，即地主的地租。所以，不产生任何新的价值的用于雇用和维持工匠和制造商的资本，是非生产性资本。

商业资本也是如此。其利润只是用来补偿维持投资的费用，这种费用是投资中的一部分，它也不产生任何新的价值。

工匠和制造商的劳动虽然增加了土地天然产物某些特定部分的价值，但其消费的其他

黄金之城 摄影

农业生产者才是真正的社会财富创造者，而工匠、制造商以及商人即使有所贡献，也是依靠节俭的手段，而不是创造出了财富。早在1880年，约翰内斯堡还只是一座仅价值两头牛的农场，时至今日，它已发展成为南非最大的城市之一，素有"黄金之城"的美誉。

部分恰好与增加的部分价值持平。因此，他们的劳动从未增加土地天然产物的全部价值。例如，用亚麻制作一对花边。花边会将亚麻的价值从一便士提高到30镑。但是，制作花边要花费两年的时间。制作花边的人得到的30镑，只能够补偿生产花边期间的生活资料。尽管亚麻的价值增大了约7200倍，但这种天然物的实际价值并没有增加。因为制作人每时每刻都在消耗他所生产出来的价值。因为产品的价值没有超过全部的生活资料的价值，所以，大多数从事这种费用大而又不重要的制造业的人都非常贫穷。农夫和农村劳动者则完全不同，他们补偿了全部的费用，还提供了地主的地租。

对于工匠、制造商和商人，可以这样认为，只能靠节俭，即从他们自身生活资料中剥夺一部分资金来增加社会的收入和财富。他们每年只是为了这部分资金而生产，如果不能从自身的享受中节省一部分，社会的收入和财富就不会因为他们的劳动而增加。

相反，农夫和农村劳动者不仅可以完全得到这种享受，同时还能增加社会的收入和财富。因为，他们不但生产自身的生活资料，还提供净产物。正是净产物的增加而使社会财富和收入也产生增加。因此，法国、英国等地主和耕作者占多数的国家，能因劳动和享受而致富。而荷兰等由商人、工匠和制造商构成的国家，就只能依靠节俭和贫困致富了。如此巨大的差异，导致了不同国家国民共性的极为不同。前者国民宽宏、直率、友爱；而后者，狭隘、卑鄙和自私，且缺乏一切社会娱乐和享受。

社会财富和收入的提供者不仅为不生产阶级提供了工作材料和生活资料，还为他们提供了所需的谷物和牲畜，最终还支付了他们的工资和利润。这就有点像主人与佣人的关系。不生产阶级中的雇工和雇主都是地主和耕作者的佣人。他们只是工作的方式不同而已。

不能因为不增加社会的收入和财富就排斥不生产阶级。对于地主和耕作者来说，他们

不同的社会模式

亚当·斯密指出每个国家都由各不相同的劳动构成，而这种构成差异一方面决定了社会财富的增长方式，另一方面也间接地影响到国民的生活态度。图为1737年起时尚的英国人在温泉浴室的饮水处饮水聊天。

有很大的用处。地主可以用自己的劳动产物购买所需的本国和外国商品，这比他们自己试图生产和进口的所付出的劳动要少得多。正是这些不生产阶级，让耕作者能够把心思更多地用于耕作土地，从而可以提高产量。而这些提高的产量，完全可以支付他们自己和地主维持及雇用不生产阶级所需全部费用。尽管商人、工匠和制造商的劳动表面上看是完全不生产的，但这种劳动使生产者更加专心于自己的劳动，提高了他们的生产力，也间接提高了土地的产量。

在任何方面限制或抑制不生产阶级都是不符合生产阶级利益的。更大地享有自由会加剧不生产阶级中各行业的竞争，这对地主和耕作者是有利的——他们能够以更低廉的价格得到外国和本国商品。压迫他们也不符合生产阶级的利益。正是耕作者和地主生产的剩余产物维持并雇佣了不生产阶级。如果剩余产物越多，这一阶级被维持的状况就会越好。确保生产阶级和不生产阶级最高度繁荣的最简单的秘诀正是这种完全的正义、自由和平等。

与其他由不生产阶级构成的商业国家唯一的区别在于，维持和雇佣类似荷兰和汉堡这些国家不生产阶级的地主和耕作者，是其他国家的居民或属民，他们距离遥远，交通不便。其他国家的居民由于政策的原因无法在国内找到商人、工匠和制造商，而这些商业国家恰恰在某种程度上弥补了他们的需求的不足。

如果通过征收高额关税来压制这些商业国家，决不符合由生产阶级构成的

佛罗伦萨商人

尽管工匠、制造商与商人并不创造社会财富，但对他们施加不合理的限制也是不恰当的。在不生产阶级中保持一定的竞争，可以使生产阶级以更低廉的价格购买商品，以及以更高的价格出售商品。16世纪初期的佛罗伦萨是欧洲商业最发达的城市，市民非常富有。

国家的利益。关税使那些商品变得更加昂贵，降低了土地剩余产物的真实价值，反而不利于剩余产物的增加和土地的改良与耕作。所以，给予商业国家最完全的自由贸易是有利于地主和耕作者以及剩余产物最有效的策略。这种完全自由的贸易策略同时对适时满足了他们对商人、工匠和制造商以及某种产品的需求，也是最有效的。

土地剩余产物的持续增加，使地主和耕作者得到了更多的利润。这为国内工匠和制造商获取工作原料和生活资料提供了资金，他们可以立即制造商品，而且价格与那些商业国家所提供商品的价格一样低廉，因为这些国家生产商品的材料和生活资料来自遥远的地方。即使国内的工匠和制造商缺乏技艺和熟练程度不够，在短时间内无法制造与商业国家同样低廉的产品，但他们也可以以同样低廉的价格销售其产品，这同样也是因为商业国距离的遥远。但是，一旦他们的技能和熟练程度获得了提高，国内产品的价格就会降低。所以，以地主和耕作者为主的国家会立即与这些商业国家开展竞争，不仅会迫使他们降低价格，甚至还会将他

什罗普郡的铁厂 油画 1777年

　　劳动构成偏向农业的国家凭借完全自由的贸易，就可以有效地培养本国工匠、制造商和商人。政府不必过多地干预经济，国民经济中需要的商业成分自然会在适当的时机出现。图为一座坐落于什罗普郡农村的一家小铁厂，标志着英国这个素来以农业为中心的国家正在向工业国转变。

们完全赶出市场。当国内工匠的技术和熟练程度提高之后，这些制造品的销售将会超越国内市场，而在外国市场，低廉的价格会以同样的方式将那些商业国的许多制造品淘汰。

当以地主和耕作者为主的国家的资本持续增加时，多余的资本自然会流向对外贸易，将国内多余的产品出口外国。与上面的原因一样，即使他们的航海技术和熟练程度较差，也可以以同样低廉的价格在外国销售他们的商品，但航海技术和熟练程度得到提高之后，商品的价格将会更加低廉。因此，产生的结果就像商业国的产品在国内获得的结果一样——要么降价，要么被淘汰。

所以，完全自由的贸易，是重农主义国家培养本国工匠、制造商和商人的最有效的方法，从而提高本国剩余产物的价值。这种不断积累的价值，在适当的时候就会培养出本国所需的商业。

但是，如果重农主义者抑制了这种贸易关系，必然从两个方面对本国造成损害。首先，提高的外国产品的价格，必然降低本国用于购买这些产品的剩余产物的真实价值；其次，国内的垄断，将提高商业、制造业以及农业的利润率，必然会分散现有农业的资本和劳动，或吸引其他原本想进入农业的资本和劳动。出于自身利益的考虑，资本和劳动都会从前者转移到后者。所以，这样的政策是不利于农业的。农业的利益将会减少，其他行业将会变得更加有利。

同样，这种重农主义政策会过快培养另外一种产业，从而压制原有的产业。对完全不生产性劳动过快地鼓励，就会压制生产性劳动，并减少净产物的产量。

按照这个学说，魁奈用一些数学公式表述了在上述三个阶级中如何分配土地年产物时，不生产阶级为什么丝毫不增加所有年产物的价值，而仅仅补偿其消费的价值。第一个公式被命名为《经济表》，并被给予了特别重视。该公式假定，在最自由、最繁荣的状态下，各阶级在全部年产物中享有适当的份额，当年产物能提供最多的净产物时，如何进行分配。后面几个公式表述了在存在各种限制和管制的前提下，如果地主阶级或不生产阶级比耕作者收获更多，或者他们侵占了生产阶级应得部分，将如何分配。这种侵占，或者违反自由的分配，会造成年产物价值和总产量的逐年降低和社会真实财富和收入的逐渐衰退。这种衰退的进程与上述侵占的程度成比例。最后的公式便表述了这种比例的关系。

重农学派创始人——魁奈

魁奈（1694—1774）出身于地主家庭，他首创了重农主义的所有理论，坚持以自然秩序为最高信条，视农业为财富的唯一来源和社会一切收入的基础，并认为保障财产权利和个人经济自由是社会繁荣的必要因素。

　　就像医生认为人体的健康能够依靠某种养生之道保持，如果违反了就会引发疾病和不适一样，魁奈也认为，只有完全自由和公正的正确体制才能使国家兴旺发达。正如人体似乎存在某种自我修复的机理，国家也同样存在——人们为改善自身境况所付出的不断努力就是这种力量，它能预防和修正国家在许多方面因不公平和压制所引起的不良后果。虽然这样的政策会或多或少地影响一个国家繁荣的进程，但却不能使其停止，更不能使其倒退。如果是那样，世界上就没有繁荣的国家了。正是由于国家存在的自然的智慧有了充分的准备，才能够修正这些愚蠢和不公所造成的影响。这就像人体的自我修复机能一样。

　　把工匠、制造商和商人完全看作不生产阶级，是重农主义学说的主要错误。

　　第一，用不生产阶级对其命名是不恰当的。农夫和农村劳动固然比商人、制造商和工匠的劳动更有生产力，而且还能生产出净产物，但是，后者生产的价值至少能够维持他们继续存在。因此，不能因为一个阶级生产得多就代表另一个阶级无生产或者不生产。

调节能力 佩吉·斯罗塔 摄影

　　魁奈有如此的发现，即国家经济也同个人一样具有自身调节的能力。当一个人感到疲累时，大脑和身体都会向他发出休息的警告，而当国家政策出现不公正的倾向时，大众的自然反应与努力就成为自动修复这种不合理倾向的力量。

其次，将工匠、制造商和商人视为与家仆等同也是不妥的。维持雇用家仆的费用完全由主人承担，而且他们工作的内容由无法确定的服务构成，他们的劳动并不能产生雇用和维持他们的价值。相反，工匠、制造商和商人的劳动却通过销售其生产的商品而实现。

第三，在任何假设下，工匠、制造商和商人的劳动都不增加社会的真实收入的说法，是站不住脚的。例如，假定虽然他们所消费的价值，恰好等于他们在商品中增加的价值，好像他们的劳动并没有给社会的真实收入和劳动年产物的真实价格带来任何增加，但是，他们消费谷物和其他必需品，这些被消费的价值就为土地和劳动年产量增加了相同的价值。例如一个工匠在6个月内完成了价值10镑的工作，同时又消费了同样价值的谷物和必需品，他实际上就为土地和劳动的年产量增加了10镑的价值。但是，他在消费这些必需品的同时，又生产了同样价值的产品，因此，这6个月他生产和消费的价值的总量应该是20镑。

尽管存在的价值只有10镑，但如果谷物和必需品是由士兵和家仆所消费的，那么，6个月之后，存在的价值仍然只有10镑。所以，即使工匠所生产的价值在任何时候都不超过其所消费的价值，但由于他的生产，市场上货物实际存在的价值在任何时候都比他不生产时要少。

重农学说的支持者认为，工匠、制造商和商人的消费等于他们所生产的价值。他们如此说的依据可能是基

制造业工人 阿尔诺特·欧文贝克 摄影

工匠、制造商和商人虽然并不创造新的社会财富，但并不能被完全视为与不生产阶级等同。这也正是重农主义学说的错误之一。即使假定他们消费的价值，恰好等于他们在商品增加的价值，但社会财富的增加却必须要经过他们的消费来完成。图为制造业工人在其生产车间内。

于假设工匠、制造商和商人的收入，即用于消费的资金，等于他们所生产的价值，更确切地说，这个阶级的收入等于其生产的价值。这会让人们理解，那些节省的收入必将多少增加社会的真实财富。但是，如果真由他们的这种假定而引出某种议论，这种议论也极不可能得出定论。

第四，如果农夫和农村劳动者不节俭，不能增加土地和劳动的年产物，就不会增加社会的真实收入。这种年产物的增长方式有两种：提高社会能够雇佣的有用劳动力的生产力；增加有用劳动力的实际雇佣数量。

前一种方式的提高取决于两点：劳动者能力的提高和劳动者工作所用机械的改进。由于分工更细致，因而工匠和制造商的劳动比农夫和农村劳动者的劳动更简单。所以，用上述两种方法可以将前者生产力提到高得多的程度。相比之下，生产者阶级并不具备优势。

正如上述学说所下的结论，只有雇用有用劳动的资本增加了，社会实际雇用的有用劳动量才会增加，而这种资本的增加则来自于收入：包括资本管理人的收入或资本借出人的收入的节省额。那么，如果商人、工匠和制造商本能地比地主和耕作者更趋于节俭和储蓄，他们就会雇佣更多的有用劳动量，从而进一步增加了社会的真实收入即土地和劳动的年产物。

第五，重农主义学说提出，一个国家居民的收入，完全由其劳动所得的生活资料构成，在相同条件下，商业国和工业国的居民的收入最大。但是，如果一个国家通过商业或者工业

杂货商与他经营的小店 亨利·德·泽特尔 摄影

　　判断社会财富是否增长的有效标准之一，是雇用有用劳动的资本是否获得了增加。商人、工匠和制造商如果愿意趋于节俭和储蓄，也可以利用更多的资金雇佣有用劳动量，从而增加社会的真实收入。经营一家小杂货店并不容易，店主须身兼多职，才能有效地节约资本。

的进口，其居民生活资料的数量就多于本国土地所能提供的。这样，没有土地的城市居民只要通过劳动，就能够得到足够的天然产物来维持生活和发展产业。这种状态使城市与邻近的农村的关系更像独立国家之间的关系。例如，荷兰的大部分生活资料就是从其他国家得到的，活牲畜来自霍尔斯廷和日兰德，谷物来自欧洲各国。荷兰用少量的制造品得到了大量的天然产物。可见，工商业国用少量的制造品购买大量的外国天然产物，而无工商业的国家就刚好相反了。一边是用少量出口换取大量进口，另一边却是用大量进口换回少量出口。显然，前者的居民比后者能够享受到更多的生活资料。

重农主义学说也存在着许多缺陷，但是它却比其他众多的政治经济学学说更接近真理。因为，尽管这个学说主张与土地相关的劳动才是唯一的生产性劳动，但这个学说也提出不可消费的货币财富无法构成国家财富，国家财富是由再生产的可消费货物构成，并且使其最大增长的唯一有效办法是完全自然、自由和公正的体制。这个论点的公正性得到了大量追随者的支持，而且支持者的数量还在不断增加，但最大的原因却恐怕是它将制造业劳动定性为不生产劳动。

城乡之间的贸易是任何国家最大和最重要的贸易，这在前面的章节中已经论述过。城市居民通过制造品和半成品从农村得到工作原料和生活资料。这种贸易的最终形式就是天然产物与制造品之间的交换，其带来的结果是制造品越来越昂贵，而天然产物却越来越低廉。但是，无论哪个国家，只要提高制造品的价格，都会降低土地天然产物的价格，从而对农业造

挤奶

重农主义者提出，一个国家国民的收入，是由其劳动所得的生活资料构成，而在相同条件下，商业国和工业国的居民的收入最大。荷兰可以用少量的制造品换得牛、羊等大量天然产物，而无工商业的国家则需要用大量进口制造品。图为荷兰居民正在挤羊奶。

成不利影响。换句话说，如果一定数量的天然产物能够交换的制造品的数量越多，那么，天然产物的交换价值就越大，就会鼓励地主和农夫增加劳动生产。此外，如果减少工匠和制造业工人的数量，会缩小天然产物最重要的市场，也不利于农业的发展。

由此可见，重农主义的矛盾甚至比重商主义的还大，因为它过分重视农业而限制制造业和外贸，它实际上最终不利于它要扶持的产业。

巴黎圣安托瓦大街 版画 18世纪
城乡贸易是国家经济最重要的贸易之一，其最终形式就是自然产物与制造品之间的交换，而结果是制造品越来越昂贵，而天然产物却越来越低廉。在1674年的城市规划中，人们在巴黎的旧城墙下修建了这条林阴路，城市的发展又吸引了更多的人来这里投资赚钱。

重商主义鼓励制造业和外贸的做法，却吸引了社会资本去支持不利的产业，它毕竟最终达到了当初的目的——鼓励了他所要扶持的产业。

所以，无论是重商学说、重农学说，还是其他任何学说，如果对自然自由的制度强加某种鼓励或限制，违反了资本流动的规律，都会有悖于为了促进而制定它们的初衷——阻碍而不是加速社会富强的进程，降低而不是增加年产物的真正价值。

当鼓励或限制被废除，自然和自由就会取而代之。因为，任何人都有充分的自由在不违反正义的法律的前提下，以自己的方式追求利益，并与其他任何人、资本或阶级竞争。摆脱监督、引导产业最符合社会利益是君主的责任，但履行这种责任却充满着困惑，以人类有限的智慧和知识很难完成这种任务。在自然自由的制度下，君主只有三种应尽的职责：保护社会不受其他独立社会的侵犯；保护社会任何成员的利益不受侵犯或压迫，设立完全公正的司法机构；建立和维护某些公共设施和公共机构，它们会使社会的投入得到更多的利益。不过，这些公共设施和机构却不符合个人或小团体的兴趣，因为它们产生的利润无法补偿个人或小团体对此的投入。

碾米 陶器

重农主义过分限制制造业和商业的做法，实际上干预了经济自由运作的规律。它所造成的矛盾甚至比重商主义的还大，农业的生产物无法得到有效的流通，结果只能使农业生产的规模缩小。图中的两个中国工人正在利用工具碾米，这一陶器是在一座汉墓中被发现的。

第五篇
论君主或国家的收入

第1章　论君主或国家的费用

第一节　论国防开支

只有依靠军队，君主才能保护社会不受其他社会的侵犯，而这是君主的首要职责。在不同的社会状态和不同的进化时期，比如和平时期和战争时期，君主们所要动用的军队开支是极为不同的。

在北美的土著居民中，每个人都是猎手，同时也是战士，所以，他们是处于最低级最原始的社会状态中的狩猎民族。在他们所处的社会中，没有君主也没有国家，所以在他们准备战斗和战斗期间，他所属的社会不用为他们承担任何费用。在参加那些为保卫社会或者为社会复仇而进行的战斗中，他们仍然像平时生活在自

蒙古战士

在较原始的土著以及游牧民族之中，酋长或君主并不负担维持军队的费用，这些战士所要求的回报仅仅是家园的安全和掠夺敌人的权利。图为在13世纪，由骁勇灵活的蒙古射手组成的军队在欧洲战场上所向无敌。

己家里那样，用自己的劳动维持自己的生活。

另外，还有一些处于更高级社会状态下的游牧民族，就像鞑靼人和阿拉伯人那样，社会里的每个人既是游牧者还是社会的保卫者。在这样的社会里，人们通常居无定所，在每年不同的季节里，或者遇到突发事件的时候，他们会随时迁移。

鞑靼人或阿拉伯人常常做许多诸如跑步、摔跤、斗棍、投枪、拉弓一类的户外游戏，这让他们看起来像是在作战。这种日常的生活和锻炼，让他们为战争作好了充分的准备。即使在实际参战的时候，他们也像平时一样自带牲畜维持生活。有些种族有酋长或者君主，但是他们并不为训练自己的属下承担任何费用。战士们唯一要求的回报是在作战的时候获得掠夺的机会。

那些狩猎的民族队伍一般都很小，因为狩猎所能提供的生活资料很不稳定，如果很多人生活在一起的话，很难长期维持，所以狩猎民族对邻近的民族来说并不可怕。但是游牧民族则有可能对周围的民族造成威胁，因为他们队伍庞大，有时候可能达到二三十万人。如果在路上遇不到什么阻碍的话，他们可以从一个刚刚被他们扫荡过的地方迁往另外一个水草丰美的地方。这时，他们的队伍往往是十分庞大的，因为很多人可以跟他们一起走。

再来看看更高一级的农业社会。在这样的社会中几乎没有贸易可言，一些粗糙的日用

古罗马战士

罗马人素以英勇善战闻名，他们攻击邻近的部落，并将掠夺其所需要的物品，有一次战役就是由于他们劫掠萨宾部落的妇女而引起的。

品都是人们为自己使用而制造的，所以没有其他的制造业。在这样的社会里，每个人都负担着对社会的保卫职责。务农的人们每天在风雨中工作，随时面对各种恶劣的天气情况，这种艰苦的日常生活，使他们很容易就能适应同样艰苦的战争岁月。在他们平时的工作中，要经常挖一些壕沟，这让他们遇到战争的时候，也能够很轻松地挖掘战壕，建筑营地。相对于游牧民族来说，农民在日常生活中的游戏也像游牧民族那样，类似于作战活动。但是由于农人们日常的工作比较繁忙，他们休闲游戏的时间就比游牧民族要少得多。因此，即便他们可以成为国家的保卫者，他们保卫国家的技能也不是很熟练。不过，从另外一方面来说，他们备战或者作战时需要的费用几乎不需要君主或者国王来承担。

　　与以上几种社会不同的是，在一些更高级的社会里，战士们自己来解决备战的开销是完全不可能的，因为制造业在进步，人类战争的方式也在升级。

　　在农业社会里，战争对农业活动的影响比较小。如果一场远征在播种的后期开始，在农作物收获的前期结束，那么，地里的收成就不会有多少损失，即使农民们不再耕种，大自然也会替人们把剩下的事情完成。可是，对于那些高级社会里的工匠们来说，他们如果离开了自己手头的工作，那么他们就失去了收入。因此，如果他们参加战争的话，必须由国家来维持他们的生活。这也就是那些比较高级的社会为什么需要国家来维持备战和作战时的费用的

进入高级层次的战争 插图 1505年

　　农民投入战争，并不担心失去全部收入，而城市里的工匠与杂货商却必须由国家来承担他们的生活。因此，当人类社会进入较高级的层次，为战争付出的代价也随之愈来愈高。此图下方装有3支枪管的枪由枪手用手扶杆支撑，枪中部装有燃着引信的S型闩门。

原因。

在这样的社会里，战争也在升级，战斗已经不是一个个小战斗，而变成了多次大的战役。这些战役大多持续大半年。因此国家对战争的负担势在必行，因为自己筹资作战对于士兵们来说将是一笔巨大的开支。例如，第二次波斯战争结束后，雅典军队的士兵一部分来自本国，另一部分来自外国人，但是他们都由国家开价，支付工资。自从围困维伊之战结束后，罗马军队的士兵们在战争期间也可以得到军饷。到了一定的阶段以后，那些不服兵役的领主以及他属下的百姓往往要交纳一些钱财，这些钱财要支付给那些代替他们去服兵役的人们。

在更高一级的社会里，士兵几乎完全脱离了日常生活中的劳动，而且，士兵的人数占社会人口的总数的比例，比初级社会里要小得多。因为，在这样的社会里，参加劳动的人除了维持自己的生活需要，加上维持社会的行政司法官员的生活需要之外，已经没有更多的能力去维持庞大的军队开支了。所以，在这样的社会里，军队人数是要受控制的。在古希腊这样的小农业国家中，士兵人数占全社会的人口的四分之一或者五分之一，而在当代欧洲各国中，士兵人数不超过本国人口的百分之一。因为过多的军费开支会危害这个国家的正常运转。

在作战开支完全由君主或者国家承担之后，国家进行备战的开支开始变得庞大起来。在古希腊的每个城市里都有一个供教官们训练青年的公共场所，这些训练要在地方官吏们的监督下进行。这时，军事训练成了国家对百姓们的必要的教育。这种比较简单的公共场所和设施成了古希腊各个城市必须投入的备战开支。和古希腊一样，在古罗马有竞技场，在竞技场上的训练同样也是军事训练。当时的罗马政府曾经颁布命令，市民们必须练习箭术，参加其他的军事训练。大概是那些被委派来训练士兵的官吏对此不感兴趣，所以，古罗马的竞技场没有起到应有的训练作用。以后，随着政府更迭，这些军事训练逐渐废止了。

在古罗马和古希腊时期，士兵都不是一种独立的、被确认的职业，因为从军并不是市民们的主要的唯一的工作。市民们不管平时从事什么职

殖民地中的印度兵

随着战争的升级，战争开支也演变成国民经济很难负荷的沉重包袱。士兵们的军饷由国家支付，而不服兵役的人则要承担相应的赋税。为了减少军备开支，一些国家尽力减少军队中的士兵人数，并试图在殖民地人口中寻找可替代兵力。

业，都始终存在着从军的意识，当国家遇到危难的时候，他们也都有义务为国效力。

因此，国家为了巩固国防，必须采取两种方法。

第一，强迫市民参加军事训练，不管这样做是不是伤害了他们的利益，违背了他们的意愿，还是限制了他们其他的才能。这时，兵役年龄内的所有市民或者其中的一些人，不管当时在从事什么职业，都必须服兵役。

第二，让士兵从整个社会的职业中独立出来，国家出钱雇佣一部分人进行经常的军事训练。

这两种军事力量是有基本区别的。在第一种情况下，国家的部队就是民兵，在第二种情况下，部队就是人们常说的常备军。常备军的主要职业是进行军事训练，国家提供军队的各种开支，给士兵们发薪金。对于民兵来说，军事训练成了他们的业余职业，而他们靠平时从事其他的职业来维持生活。对于民兵来说，他们的主要职业不是士兵而是劳动者、工匠或者商人，对于常备军来说，他们的主要职业就是士兵。

在封建社会里，保卫国家和社会的安全与独立成为君主的第一职责。随着以后社会的进步，君主的这项职责需要越来越多的费用来维持。慢慢地，即使在和平时期君主也必须支付军费开支，而从前君主只要在打仗的时候支付军费就可以了。这种变化也是社会进步的一种表现。

军费的开支越来越大，因为武器和弹药都比从前更贵了。如果说，火药的发明是自然进化不可避免的结果，那么，战争方式的大革命则对这一进化产生了更大的影响。引起这场大革命的只是一个极其偶然的事件，那就是火药的发明。

火器的使用让现代战争产生了巨大的变化，平时训练的费用和士兵作战时的费用也在增

古罗马勇士头盔

为了应付紧急的战争状况，政府必须在和平时期就对一部分国民进行军事训练。古希腊及古罗马都曾设立了相应的训练，同时也使民众了解在战争时期他们有义务为国家出力。

加。战争中使用了短枪，它们的费用比起投枪或者弓箭要大得多。从前使用弩炮或者石炮，而后来慢慢开始使用大炮或者臼炮，它们的开销也比从前大得多。不仅如此，因为大炮或者臼炮很重，制造费用增大的同时，往战场上输送的运费也在增加。为了抵御这种大炮的攻击，人们还要设置更加坚固的设施，这也让战争的消耗增加了许多。在古代，君主或者将军阅兵的时候投掷投枪或者放出弓箭，而后来阅兵时消耗的火药则是有去无回。以上种种情况都是使军费开支增加的原因。

因为只有那些富裕的国家才能负担起像火器这样昂贵的武器，所以，这些国家对穷国就占据了一定的优势。火器的发明似乎对文明的传播和继承有害，可是从更长远的方面看，实际上却可以起到更有利的作用。例如在古代，因为贫穷野蛮国家的人更英勇善战，因此富国很难抵御他们的进攻，而现代则与此不同。因为这些国家的人更有能力置办杀伤力更强的火器。

火药的应用

火药的发明也许仅是一个偶然的事件，但却大大地影响了人类的战争方式，它使人类的战争变得更加精确、更易操纵，同时也造成了更大的破坏。毫无疑问，自火药问世以来，所有国家的备战开支都经历过一段飞速的增长。

第二节 论司法开支

君主还要设立司法机构来保护社会成员的正当权益，使他们之间不能相互欺侮和压迫。为了履行这个职责，君主们在不同的社会阶段要有不同的花费。

在那些以狩猎为生的社会里，社会成员基本上没有财产，因此没有必要设立固定的法官或者常规的司法机关。因为贫穷，人们互相伤害的只有身体或者名誉，因为除此之外，人们几乎一无所有，即使有，也只是一点点可怜的财产，而这些财产至多是两三天的劳动价值而已。所以，在那样的社会里，损害财产的犯罪几乎没有。

在这样的社会里，人们如果要对别人的身体或者名誉造成伤害的话，往往是在嫉妒、怨恨、或者愤怒等等一些情绪的支配下。这时，人们如果杀害、打伤或者诽谤别人的时候，自己并不会从中得到实际的物质上的好处。正因为如此，人们常常采取克制的办法来控制自己的这些不良情绪，即使最坏的人，也只是偶尔冲昏了头脑，才作出那样过激的行动。再者，对于一些人来说，即使那些不良情绪的满足能够带来多么巨大的愉悦，他们也不会实施过激的行为，因为这并不能给他们带来长久的经济利

榴弹炮

类似榴弹炮一类的火器一出现，就革命性地改变了人类的战争。图为第一次世界大战期间，奥地利炮手在检查榴弹炮的仰角。

益。因此，这样的社会是相对安全的社会，社会成员之间因为没有太多利益上的冲突，因此可以相安无事。

哪里有财产，哪里就有不平等。在财产面前，富人变得更加贪婪，更有野心，而穷人们则开始厌恶劳动，贪图享乐。这些都促使人们开始对别人的财产产生据为己有的冲动。这时，司法制度应运而生，因为富人们需要强有力的法律来保护他们。富人的富足，意味着多数人的贫穷，而穷人们往往会因为生活所迫，在嫉妒的驱使之下，去侵犯富人们的财产。这是司法产生的根本原因。在没有财产或者财产非常少的低级社会里，是没有必要建立政府的。

随着财产的增加，政府或者说司法机关建立的必要性也在增加。行政政府要求社会成员服从它的管理，而人们为什么要服从他的管理呢？在政府成立之前，司法机关的人员要具备以下四种优势，才能使他看上去要比大多数人优越。

第一，在个人的自然禀赋上，他要具备一定的优势。也就是说，这个人的力量、容貌、智慧、道德等方面都要显得比一般的人优越。一个强壮有力的人，单凭体力就会让别人服从于他。而精神方面的优势也会让人获得他人的服从，但这种优势往往是无形的，因此也常常引起他人的争议。无论是在过去的野蛮社会还是在当今的文明社会里，这种无形的优越性往往不能作为确认等级或者要求别人服从的根据。社会还是要找到更明显更具体的特质来评判一个人的优势。

第二个根据是年龄的优势。因为年龄的优势是最明显、最具体、最没有争议的。在社会

镶金鼓形饰针

当社会财富的分配不再平均化，贫民开始渴望获得同富人一样多的财产时，国家司法就应运而生了。图为由哥德兰艺人制作、最终却被维京人掠夺走的镶金鼓形饰针。

上，年纪大的人往往更受到人们的尊重，除非他实在过于年迈，已经到了糊涂的程度。例如在北美的土著居民中，决定等级和地位的唯一基础就是年龄。在那里，人们用父亲来称呼上级，用兄弟来称呼同级，用儿子来称呼下级。就是在一些很富裕文明的国家里，也常常会用年龄来划分等级。在兄弟姐妹之中，年长者占据第一位，因此，那些不可分割的遗产，例如头衔、称号之类的名分都要给予长者。

第三个原因是财产的多少决定这个人的优越。富人们在各个社会里都有极大的权威，在财产极不平等的原始社会里更是如此。一个鞑靼酋长拥有的牲畜足以维持一千个人的生活，而且，除了维持一千个人的生活之外，这些牲畜没有任何别的用处。因为他不能把多余的牲畜拿出来去跟别人交换别的东西。那一千个人靠他来养活，因此在遇到战争的时候，必须服从他的指挥，因此，他的统帅权和司法裁决权就由他的财产决定了。另外，即使在比较富裕的文明社会里，财产上的优势也能决定一个人在社会上的地位，这种优势比年龄和一个人的才能上的优势要大得多。而这种财产上决定的优势，也是在财产不平等的社会里，人们普遍存在的不满。狩猎的社会是人类社会的第一阶段，在这样的社会里，人们都没有财产，普遍的贫穷造成了普遍的平等，人们服从的都是那些在年龄或者个人才能上占据优势的人。游牧民族社会属于社会第二阶段。在这个时期里，财产是不平等的，这样，有财产的社会阶层就在社会中占据了权威的地位。在这个阶段里，人们的权威地位是最确定的。

第四种优越感来自于门第的优越，当然，这种优越要建筑在祖先家产优越的前提下。在许多地方，古老的家族更容易受到人们的尊重，因为这意味着他们在往日拥有更多的家产。即便那些暴发户取得了一定财产，往往也受到人们的蔑视，因为他们的祖辈并没有多少钱财。而对于篡权者，人们更是憎恶，因为人们往往更加尊重往日的王族。在军队里也是如此，军官们往往比较心甘情愿地服从那些平日就指挥自己的上级，而对于刚刚升迁的上级，他们就不能容忍了。

奥古斯都 雕像 古罗马 约公元前30年

掌握司法或行政权力的人至少要在以下4个方面之一体现出优势：个人禀赋、年龄、财产或门第出身。奥古斯都这位建立世界上最强大帝国的人，拥有格外突出的个人禀赋，也被世人公认为是一位异常狡猾的统治者。

在狩猎民族里，财产是平等的，因此无所谓门第，因为门第的悬殊是由财产的不平等而来的。也许会有些聪明勇敢者的儿子更受人尊重，但是在才干相同的情况下，狩猎民族的人们很少会考虑他们的父辈祖辈的情况。在这个世界上，显赫的门第总是依赖雄厚的财力来保持家族的声名，而完全依靠智慧和美德维持家族声誉的情况几乎没有。

在社会的第二阶段，也就是游牧时代出现了人们之间财产的不平等，这种不平等也带来人与人在社会地位上的不平等，带来了一部分人对另一部分人的服从或者权威。为了保持这种服从和权威，还产生了政府。对于那些富人来说，他们对维持和保护这种权威显得更感兴趣，因为只有这种秩序才能保护他们的既得利益。在这种社会里，财产少一些的人联合起来保护财产多一些的人的财产，这样可以让那些财产多的人再联合起来保护那些财产少的人的利益。例如，几乎所有小的牧民都能意识到，要想维持自己牲畜的安全，就必须维持大牧民们牲畜的安全。因此，为了维护自己小的权威，他们要维护大牧民们的权威。因此，在游

法王路易十四接见外国使者 克劳德·甘·海利 油画 17世纪

按照社会的习惯，人们更愿意接受来自古老家族或既定权势的指导，而不愿意服从新近崛起的势力。画家所绘的画面为1685年路易十四在凡尔赛宫接见前来晋见的热那亚总督。

牧时代，政府的建立是为了保护财产，实际上是保护大的牧民的财产，防止他们受到穷人们的侵害，因此政府的职责就是保护有产者，防范无产者。

政府赋予君主的司法权使君主们获得了许多长期的收入，因此并不需要他动用自己的财力。那些依靠他的权力来申请裁决的人，愿意付出礼物或者报酬。另外，如果君主们确定了他在这个社会里的权威，那些犯罪者除了要赔偿被害人的损失外，还要向君主们交纳一定数量的罚金。因为犯罪者给君主的统治带来了麻烦和烦恼，扰乱了社会的正常秩序，也破坏了君主的安宁。例如，在亚洲的鞑靼政府，他们推翻了罗马帝国建立的政府之后，司法权开始掌握在君主以及那些在特定的部落或者地盘上执行统治的酋长们的手里。刚开始，这些君主或者酋长都要亲自行使司法权，可是后来，他们普遍感到委任代理人、执事或者法官来代替他们行使司法权更为方便一些。但是，这些替君主或酋长执行公务的人有义务向主人报告司法收入。因此，君主们还是可以行使这项权利获得收入。

因为行使司法权力可以让人获得收入，因此在那样的社会里，难免出现很多弊端。法律可能会偏袒那些出钱更多的人。为了得到更多的收入，司法机关往往要拖延裁决的期限。有时候，为了获得罚金，司法机关往往还要寻找证据论证其有罪，这样难免会出现颠倒事实的情况。在欧洲各国的古代史中，记载了很多这种不公正的事实。

如果是君主或者酋长亲自行使司法行政权力，往往会出现独裁的情况。即使他的判罚有很多弊端，也没有人能够纠正他，因为没有人有更大的权力来责问他。如果有代理人来行使司法权力的话，这种弊端就有可能被纠正。如果，代理人在执行公务的时候以权谋私，那么君主也许会站出来纠正他的错误，如果代理人在执行公务的时候为了君主的利益考虑，或者是为了讨好上级，那么很多时候，并没有人站出来指责他的过失。那些野蛮的国家，例如建立在罗马帝国废墟上的国家，司法行政都非常腐败。即使在英明之主的统治下，这种腐败也不能杜绝，更别说在那些糊涂昏君的统治下了。

在游牧民族中，君主或者酋长和他的属下们一样，靠牲畜的繁衍来维持生活，因为这

早期的蒙古包构造示意图

　　财富的不均使社会人群结成不同的利益团体，在游牧部落中小有产者愿意与大有产者结成同盟，共同面对对他们的财产威胁最大的无产者。图中为典型的蒙古族居住的蒙古包，由柳树杆和格子块与生牛皮捆在一起盖成，外面还要覆上几层油毡。

些君主或者酋长也是部落中的牧民，只不过他们拥有的牲畜最多而已。例如，特洛伊战争时期的希腊各部族和那些最初在西罗马帝国废墟上定居的日耳曼人和塞西亚人，在他们之中，君主或者酋长同样是当地最大的地主。他们的生活要靠私有土地的收入来维持。只有在属民们受到其他属民的压迫，需要君主权力的保护时才会向他们进贡。《荷马史诗》中有一个例子，阿伽门农和阿基里斯是非常要好的朋友，于是赠送他7个希腊城市的主权。但是，除了可以收取这7个城市的人民赠送的礼物外，他无法从那儿的百姓手里获得其他的好处。一旦这种所谓的司法报酬成为君主在其统治中获得的全部经常收入，那么他就不太可能放弃这种收入。也许人们曾经提议甚至希望他完全放弃这种收入，或者曾经提议给他的这种收入划定一个范围，但是，对于一个权力无限的人来说，这也是不太可能的。随着统治的深化，人们赠送的礼物越来越随意和不确定，因此司法腐败不可避免。

由于种种原因，比如为了抵抗外族的侵略，国防开支越来越大，君主们的私有土地也不能维持这些开支。这时，人民往往要交纳各种税收来承担国家的开支。也就是在这种情况下，人们才会规定，君主和他指定的代理人在执行公务的时候不能以任何借口接受礼物。因此，比起确定礼物的

罗马皇帝的接见 *阿尔玛·苔德玛 油画 1879年*

　　各国君主因被赋予了司法权力而获得了稳定的收入，但由此也带来了司法的弊病，权力容易向金钱拜倒而失去公正。古罗马的政体最终由共和制转向君主制，平民们必须以毕恭毕敬的姿态来迎接他们的君主。

范围来说，完全废除礼物似乎更容易一些。这时，司法可以慢慢向免费过度。政府开始向法官们发放固定的薪金，来补偿其从前因接受礼物获得的收入。而这比起人们交给君主的税收来说，要少得多。

世界上没有哪个国家的司法是免费的。如果诉讼双方不向律师和检察官付费的话，那么他们在执行公务的时候就不会公正。因此，人们送给律师和检察官的费用往往高于国家付给法官的薪金。不过，国家还是禁止法官向诉讼的双方收取礼物或者费用，这主要是为了防止腐败。

人们通常很愿意当法官，因为法官受人尊重。很多土财主们也很愿意谋求治安官的职位，即使这个职位要处理很多蝇头小事，而且基本没有收入。因为司法人员的薪金即使在文明先进的国家里，也只是占政府开支的很小一部分。大部分的收入来自办案时，诉讼双方交纳的手续费。

从法院向诉讼双方收取的手续费中提取一部分来支付全部司法费用是简便易行的，因为可以使司法行政摆脱腐败的困扰。这样还不必用国家的收入来负担司法开支，哪怕这笔开支很小。因此，如果一个人的权力极大，他可以把法院的手续费中的一部分据为己有，并且如果这笔钱在他的收入中占很大一部分的话，那么国家就很难控制和规定这笔手续费的多少。如果，这笔手续费大部分都归这个人享用的话，那么这种手续费就比较容易规定。法律虽然很难监督君主的行为，却可以很容易地监督法官的行为。如果人们能很精确地规定办案的手续费，能及时把这些手续费收缴上来交给法院的财务人员，如果这些费用可以在案子裁决之后，而不是裁决之前按照比例分配给法官们的话，那么在这个过程中发生腐败的可能性并不是很大。因为在诉讼结束之前不付给法官手续费，可以促进法官们更迅速地审理结案。这些手续费不会导致诉讼费用的增加，因为它足够支付司法需要的各项开支。

政府一般不必委托行政机构来管理法院的基金或者支付法官的薪金。这些钱如果来自

埃及法老

　　首长及最早的国王所拥有的私产是他持续收入的来源，这包括私有土地的年产物以及奴隶们孕育的后代。至于司法报酬成为君主全部收入中的重要部分，则是后来才出现的现象。法老埃赫那吞是一名宗教狂热者，曾一度颠覆他国家内的信仰体系。

地租，那么这些地产也由法官管理；如果这些钱来自信贷的利息，那么那笔放贷的钱也要由法院负责管理。苏格兰巡回法院的法官们的工资有一部分就是由信贷利息支付的。但是这种资金来源是不稳定的，作为法院这样长期存在的政府机关的经费是不合适的。

由于社会不断进步，社会事物不断增加，司法权开始逐渐从行政权里分离出来。担任行政职务的人无暇处理那些琐碎的私人诉讼，开始寻找另外的人选来代他行使这一职能。例如罗马帝国强盛的时候，执政官政务缠身，难以执行司法行政，于是开始任命民政官来行使这一职能。罗马帝国灭亡以后建立的欧洲各个王国，国王和领主们也都认为自己亲自执法太劳累也有失身份，于是都任命了代表、执行官或者法官来接替自己的这一职能。

当司法权和行政权结合在一起，就很难不被

波斯钱币 公元3世纪

无论如何，由涉及诉论的双方提供手续费的方法可以在一定程度上减轻腐败。这种方法简便易行，而且政府也较容易对法官的行为进行监督。图为波斯萨珊王朝统治期间所铸以历任国王头像为图案的钱币。

世俗干扰，因此经常有失公正。那些代表国家利益的执法者，即使没有腐败的念头，有时也要为了维护国家的利益而牺牲某些个人的利益。但是，每个公民的个人利益，他们的自由权力、维护自己安全的权力需要有公平的司法行政来保障。为了维护个人的利益，司法和行政权力的分离是有必要的，而且，司法还要尽量独立于行政权。法官不能由执政者任意任命，法官的工资也不能由政府来支付或受到他们经济政策的干预。

第三节　论公共工程和公共机构的开支

君主或者国家的第三种义务是建立社会的各项公共机构和公共设施。这些机构和设施对于维持社会的稳定和正常运转是十分有利的。这些机构和设施不能由少数人来办理，如果由少数人来办理的话，那么运营这些机构和设施所得的利润就不能用来偿还其建立时所支付的费用。随着社会的逐渐进步，执行这部分政府职能所需要的费用是不同的。

日益与行政分离的司法权

当司法权和行政权结合在一起，就很难保持法律的公正与独立。为了维护每个人理应享有的利益，司法必须从行政权力中分离出来。图为1929年在海牙国际会议中为制定公约而耗尽心力的各国与会代表。

国家除了要建立执行司法和保护国防的公共机构或者设施之外，还要为社会的商品流通提供支持，要建立社会的教育机构和设施。一个社会的教育机构分为两种，一种是教育年轻人的机构，一种是对全民实行教育的机构。

这些机构费用的支付方式在这一节里要分成三个部分进行探讨和研究。

第一项　论为社会商业提供便利的公共工程和公共机构

为一般商业提供便利的公共工程和公共机构

畅通发达的道路、桥梁、运河和港湾等公共设施为一个社会的商品流通提供了便利的条件。建造和维持这些公共设施在社会的各个时期是不尽相同的。一个国家的建设公路的费用和维护公路的费用要随着土地和劳动的年产量的增加而增加。换句话来说，也就是会随着公路上运载的货物的总量的增加而增加。一座桥梁，要能载得起通过它上面的车辆的数量和重量。运河的深度和过水量也要和通过运河的船只数量以及船只的载重量相适应。而对于一座港口来说，它的广度取决于停泊在港湾的船舶的数量和吨位。

这类工程费用似乎不应该由通常意义的国家财政来支付。它们完全可以依赖自身的特定收入来维持开销，无须给社会财政收入增加负担。

比如，对于车辆船舶征收的小额通行税可以用来弥补公路、桥梁和运河的建设及维护费。对于上货和卸货的船只征收的小额港口税可以用来弥补港口的建设及维护费用。另外，在许多国家，那些铸币机构可以用征收铸币税的方式来支付铸币的费用，除此之外，他们甚

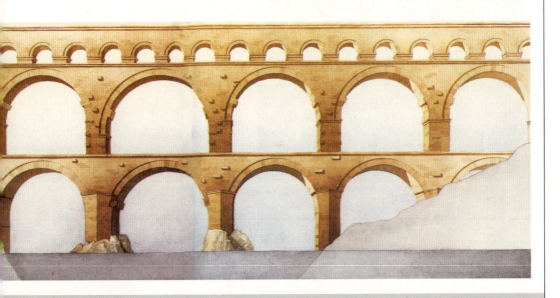

古罗马的高架渠

君主或国家的开支还包括为整个社会建立各项公共机构和公共设施。它们有利于维持社会的正常运转，给人们的生活带来福利。但由于花费巨大，私人无法完成运营，通常只能由君主或国家出资兴建。公元前20年古罗马为了修建尼曼苏斯城而设计的高架引水渠堪称这一领域的典范。

至还可以节余出一部分铸币税上缴和进献给自己的君主。还有一种类似的机构，那就是邮政局，它们除了可以用邮资来维护自己的开支外，还可以上缴给君主一笔不小的收入。

对于维护和建设这些公共设施来说，交纳通行税的方式是极为公平的。车辆和船舶所交纳的通行税一般来说是按照其自身的重量或者吨位来支付的，而这也恰恰是为了建设和维护该工程消耗的财产的量。这些通行税由暂时的承运人垫支，最终要转嫁在货物上，会提高货物的价格，由买主们来承担。因为社会的公共交通设施发达了，货物的运输费用反而逐渐减少，消费者虽然支付了通行税，却能买到更为便宜的货物。所以，消费者为了修建维护公共交通设施而交纳的税金比因为运输畅通而降低的运费来要少，所以，他们仍然是最终的获益者。因此，他们的支出和所得来说是成比例的。也正因为如此，征收通行税的办法是十分公平的。

对于那些奢侈豪华的车辆、大马车和邮递马车按照重量征收的通行税会比一般的车辆要高一些。这样还可以在不知不觉中起到杀富济贫的作用，因为，这样会在不知不觉中减少那些运送笨重货物的车辆的运费。

如果用纯粹的商业手段来修建和维护那些公共交通设施的话，就必须

前往工厂的路上 雅姆·蒂索 油画 1879年

当私人财富的增长完全可以将修建桥梁、港口视为小规模工程时，政府应放弃对它们的经营，而交由私人或社会资金来处理。通常按重量收取的通行费对相对奢侈的交通工具来说较为不利。图为一名工厂主正乘坐豪华马车前往自己的工厂。

在那些适合兴建的地方来建设。建造费用、建造的规模和等级等要与该地区的负担能力相适应。例如，宽敞奢华的大路不能在商品经济不发达的国家建造，也不能为了向州长或者大领主献媚而建造，更不能在没有人通过的地方建造。这种建设必须是实用的。如果修建该设施的费用来自于其他的收入而不来自于车辆的通行税的话，那么这种荒唐的事情就会时有发生。

欧洲许多地方，运河的通行税或者水闸税是属于个人的，这些人出于对自己利益的维护，会极力维护运河的运转。因为如果不好好整饬运河的话，船只无法通行，而他们就无法再收取费用。如果由一个对此没有任何利害关系的官员来征收通行税，那他们一定不会像个人那样注意对运河的维修。但是对于公路来说，通行税不能完全由个人来收取，因为运河如果不维修就无法通航，而公路如果不维修的话，还勉强可以通行。这样，通行税的收取者就会不在意公路的维修，而只关心费用的收取。因此，公路的通行税该由官员或者专门的人来管理和收取。

在人们的心目中，英国收取的道路通行税比道路修理费要大得多。根据官员们的考察，这些多出来的钱如果不乱挥霍的话，可以为应付国家的不时之需提供资金。另外，由政府来收取道路交通费比委托专人管理收的费用要少。因为政府可以用士兵来维修道路，而个人只能雇佣工人来操作。士兵们是有正规薪金的，他们只需要再有些现金的补贴就行了，而那些工人们则完全依靠修路的工资来生活。所以，有人主张政府应当负担起收取费用的职责，因为这样政府自己可以每年增加50万镑的年收入，而不必增加百姓的负担。

政府来管理道路的税收必定

城市运河

根据维修利益的归属，可以容易地判断哪些公共设施应属于政府管辖，哪些又应交由私人管辖。欧洲的运河及水闸可以方便地收税，个人管理者有热情承担维护修整的责任，而如道路及公共博物馆这一类本意是为大众提供服务的公共设施则应由政府负责监管。

可以增加政府的财政收入，但是这样做本身还存在许多重大的缺点。

第一、国家如果把这种税收看作国家应急资金的来源，那么这笔费用往往会无限制地增加下去，因为人们会在想象中增加急需的程度。这样，这笔费用就会大幅度地增加，而政府也会动不动就打这笔收入的主意，因为它来得似乎太轻松了。为了增加收入，政府也许会将税收提高到两倍、三倍或者更高，而这样一大笔钱的征收无须提高任何成本，因为无须再任命一个新的税务官员。这时，弊端就显现出来了，增加的税收势必会减少货物的通行量，人们因为负担不起通行税而尽量避免道路运输，那么此时，修建好的道路却不能起到促进商品贸易的作用。这样，国家的商品经济和贸易必然大大缩小，而国内的许多重要产业部门也说不定会遭到灭顶之灾。

第二、如果按照车辆的重量来收取通行税，如果这笔费用只用来修建和维护道路，这是很公平的，可是，如果这笔钱用来提供国家的急需资金，那么就不公平了。因为这样一来往往会在不知不觉中提高通行税的比例，费用会比道路修建和维修所花的钱多得多。而这笔费用的承担者主要是那些粗笨商品的消费者，他们是国家的穷人而不是富人，那么提高的

道路的管理与税收

公共道路交由政府来管理时，政府可能为了单方面的增加税收而导致货物流通不畅，相反地，地方政府与道路状况有着紧密的利益相关性，所以最好将道路的管理与税收交由地方政府处理。图为1948年3个牙买加移民正在街头研究伦敦的地下铁交通图。

税费就会转嫁到他们的头上，这对于他们来说，是极其不公平的。

第三、政府在征收完通行税之后，往往很难再从其中划出一部分来进行道路的维护和修理。那些以修缮为目的而征收的费用将被吞噬，而用不到该用的地方。即使现在，我们派许多穷人来管理这项税收，他们都很难自觉地交出费用来维修道路，更何况让那些有权有势的人来管理通行税呢。人们恐怕更难纠正他们的错误。

像道路交通这样的公共设施最好由当地的地方政府来维持，因为其便利只局限在某个特定的地方，而且其修建维护可以由其自身的收入来维持，这比由国家来管理，由国家的

收入来维修修建要好得多。例如，伦敦的照明和路政之所以如此完善，就是因为它是由当地政府来执行的，比起国家开支来说，要便利得多，而且费用控制得也很好。另外，如果这项费用不由伦敦当地的居民来提供的话，那么英国其他地方的居民即使享受不到这样的便利设施，也依然要无端地分担这笔开支。

地方政府在管理本地方收入的时候，可能会有很多弊端，但是比起统一由国家来管理地方收入相比，弊端要少得多。由地方财政管理地方收入，即使出现了弊端，也比较容易纠正。例如，在英国，地方政府为让乡下的百姓去修公里，规定每人要服六天的劳役，也许这种做法并不合适，但是从来没有发生过什么太过残酷的压榨和剥削。但是在法国，这项劳役直接由州长管理，在强征勒索之下，往往显得过去残暴。这种强制的劳役最后演变成酷吏们欺压老百姓的工具。如果某个地方成了酷吏们憎恨的对象，那么这个地方的百姓往往就要接受酷吏们的惩罚。

伦敦的公共照明

像公共照明及路政这一类事务，由地方政府进行管理可以更有效地控制费用，并照顾到当地居民的切身利益。

便利特殊商业的公共工程和公共机构

上述的公共机构和设施是为通常的商业行为提供便利，如果为了一些特殊的商业贸易提供便利的话，还要有一些特别的设施，而且还要有一项专门的基金。

例如，同那些野蛮的国家和民族进行贸易往来需要有特殊的保护。在同西非海岸进行交易的时候，普通的客栈或者旅馆的设施就不能保护商人们的货物。这时，客栈不得不建筑防御工事来保存货物，这样可以抵御当地土人的抢劫。即使和温和的印度人做生意，欧洲的商人们也要采取必要的保护和警戒，因为印度当地的政府散漫无序。英法两国的东印度公司最早在印度建立了几个工事来防止暴力抢劫，维护商人的生命安全。在很多国家，只要政府足够强硬，就不会允许外国人在本国建立防御工事，因此，这时就需要政府向这些国家派遣大使、公使或者领事。这些领事或者公使可以依据本国的法律来裁决本国公民间的冲突，如果遇到本国公民和当地的百姓发生争端，他们也可以尽可能地保护本国的国民。有时需要在国外建立使馆不是出于其他的目的，而只是出于商业利益的考虑。本来这些使馆是没有必要建

特殊的保护组织 水彩画

为了保证国外的商业和国民得到有力保护，政府还必须出资设立一些必要的组织，譬如大使馆、殖民地中的防御工事等等，以协调与外国人之间不时出现的利益冲突。图为一队不列颠骑兵正向罗克矿场飞驰，以援助那里的守军，而躺在周围的是在这次冲突中被杀死的南非祖鲁人。

立的。例如英国在君士坦丁堡和俄罗斯派驻大使，都是因为它和这些国家之间存在着商业的关系。欧洲各国即使在平时也要在自己的邻国里一直派驻大使，主要原因就是各国之间不断发生了因为商业利益而产生的冲突。这种制度是在15世纪末16世纪初开始创立的，在此之前它从来没有出现过。而那个时候也是商业贸易开始在欧洲大部分国家之间开始扩展的时候。

通常，国家会从某一商业部门征收适当的税收来弥补为了保护它而花费的费用。例如，商人开始营业的时候，会征收一部分小额的营业税，在进出口贸易的时候，也会征收一定比例的关税。据说，最初设立关税制度就是为了保护进出口的贸易免受海盗的抢劫。为了保护种种比较特殊的贸易要支付许多特别的费用，这些费用要来自对这笔贸易征收的特殊税收。

国家防务的一项重要职责就是保护一般的贸易往来，因此是政府应尽的义务之一。也正因为如此，行政当局要负责征收一般的关税，并且把这些税收用于合理的地方。对于那些特殊贸易的保护也是政府应尽的义务之一，所以，这部分税收也要由行政当局来征收和管理。但是实际情况并不像人们想的那样，许多国家的行动是矛盾的。在许多国家里，一些商业集团往往会说服当地的立法机构把这部分由行政当局应尽的义务，以及跟这项义务相关的权力转交给他们。

这些集团会自己出资来执行这项任务，这对于引进一些类型的商业来说是有好处的。但是政府在这样做的时候往往会有所顾虑，往往不敢贸然尝试，他们最后几乎全都成为政府机关的累赘，失去其作用。在它的经营中，往往政策失当，范围狭窄，存在很多的弊端。

这种公司有两种情况。一种是有限公司，加入公司的人没有共同的资本，只要具备一定的资格，交纳了一定的资金之后，就可加入公司。在经营过程中，每个人自己管理自己的资本，承担各自的贸易风险。在公司里，只要遵守各自的规章制度就可以了。另外一种是股份公司，各个入股的人按比例分摊贸易中的所得或者所失。股份公司或者受管制公司有时可以

美国列克星敦海关

特别保护所需费用通常会以适当征收的税收来弥补，据说，最早的关税制度就是这样出现的，防护的对象是海洋上神出鬼没的海盗。不久，专门为进出口贸易服务的海关也随之出现。

专营，有时不能。

所谓有限公司与欧洲普遍存在的同业公会有相似的地方，它们都是一种扩大了的垄断团体。城市平民若想参加从事同业公会里的某项职业，就必须先从同业公会取得自由的营业资格。与此相同的，一个国家里的公民，如果不先成为某一公司的一员，在法律上来说，他就无权在这个公司里经营任何海外贸易。如果入伙这个公司比较困难，那么相应的也就意味着这个公司的垄断权比较强，意味着公司的董事权力比较大。一开始，这种有限公司的学徒和其他公司的学徒享有一样的特权，凡在公司服务了一定年限的学徒很容易就可以加入该公司，成为公司的正式成员。他们入伙的时候，基本上不用交什么钱或者只要交很少的一部分入伙费。只要法律允许，有限公司就和同业公会的经营精神相一致。一般来说，这种公司会设置许多严格的章程来约束贸易和经营，这样一来，竞争就被限制在一定范围内，而这个范围会尽可能少。如果社会的法律限制它们这样做的话，那么它们就开始变得毫无作用和意义。

对于一个股份公司来说，如果它没有在该行业取得专营权，但仍然可以在这个行业经营成功的话，那它的营业活动一定有非常简约的规章制度可以遵循。这一类的经营活动一般来

星期天的早晨 爱德华·霍珀 油画 1930年

某些进入到高级阶段的商业集团会试图由自己来完成这种保护工作，其中之一就是有限公司，它的意义在某种程度上等同于欧洲普遍存在的同业公会，带有行业内的垄断性质。霍珀在这幅作品中表现了在商业极度发达的条件下，人与人之间刻意保持距离的美国生活。

说有四种：银行业，保险业，修建河道或者运河的行业，城市的供水业。

银行业看上去比较复杂和深奥，但实际上是有章可依的。如果一个行业仅仅为了贪图厚利而抛弃了一定的规则来进行投机的话，那情况是十分危险的。银行常常会因此陷入困境，无法运转。和私人合伙制的公司相比较起来，股份公司似乎更愿意遵守行业的规则。所以，欧洲的银行业大多采取股份制的形式。这些公司里，虽然有的公司并没有取得专营的特权，却有不错的业绩。例如英格兰银行，议会对它的银行组成有所限定，就是其股东不得超过6人以上，但是，它仍然没有什么别的特殊权力。爱丁堡的两家银行也没垄断专营的权力，它们全都是股份公司。

没有特权的股份公司也有可能很好地经营保险

修建苏伊士运河

相形之下，成功的股份公司是以一种非常简化的规章制度操作运行的结果。开凿连接红海和地中海的苏伊士运河的开支是巨大的，仅是隆重奢华的通航典礼（上图）就耗资达200万英镑，但其收入也保持了同样巨大的额度。下图为19世纪一位佚名画家所绘的苏伊土运河水道示意图。

业。因为，天灾或者人祸发生的危害和损失可以进行大概的估计，虽然不可能将损失算到最精确的地步，因此，公司可以在某种程度上制定出一套严密的规则对公司的风险进行规避。比如伦敦保险公司和皇家贸易保险公司等，它们都是没有任何垄断权的公司。

那些修建河道或者疏通运河的公司即使没有取得行业的垄断地位，依然可以获利丰厚。因为这些河道或者运河一旦修建成功，可以非常容易地进行管理。只要制定出严密的规则和法律就可以了。像城市供水的公司也可以采用股份公司的形式，因为也可以制定一定的规章制度来管理公司。

股份公司的经营往往可以十分繁荣，如果说它们的成功只能让一部分商人坐享其成，而其他的人却享受不到繁荣带来的兴旺，那么这也是不合理的。要使股份公司的经营更加合理，除了制定出严格的规章和法则之外，还有其他的两个条件：一、其所从事的行业比一般的行业要大，而且更加普及；二、其公司的资本要雄厚，比一些私人的合伙公司的资本更多。凡是原始资金不够雄厚的公司，即使能产生很大的效益，也不可能成为股份公司。对于上述的四种企业来说，这两个条件是同时具备的。

对于银行业来说，实行股份制是很妥当的，这在前面已经说过了。但是，如果一家公司的设立目的在于维持国家的信用，例如当国家急需的时候，可以替政府垫支一年的全部税收，那么这种银行所需要的资本就不能由私人合伙来筹集。这种银行对国家垫付的税收数目可能达到数百万英镑，而此后又需要一两年才能回收。

保险业能给个人的财产以很大的保障。一个人可能因为某项损失而一蹶不振，但是有了社会保险业之后，他的损失就可能由很多人来

受到注目的女职员 雷纳·伯里 摄影 1960年

银行、保险及其他一系列的行业都可以在无垄断的环境中生存下来，由于自身特殊的性质，它们可以借助一套严谨而详尽的规则实施管理，在庞大的投资和繁复的事务中，仅需少数有能力的事务人员就可达到有效管理。图中两名外表精干的女职员正在男性同事的注目下走过大厅。

承担，这样，让全社会来分担就会显得游刃有余。不过，保险业要想给投保人以保障，自己需要有很大的一笔启动资金。例如伦敦两个保险股份公司在开设以前，检察长曾经开列过一个长达250人的名单。他们都是私人保险者，以前，他们所开设的保险公司刚开业不到几年就败落了。

运河以及河道航运的疏通，还有城市供水业很明显也是很庞大的工程，同时也需要巨额的启动资金，这也不是个人财力所能够负担的。

因此，股份公司的设立必须具备以上三个条件。除了以上的几种行业外，再也没有其他的行业可以满足这三个条件。例如伦敦的英国制铜公司、炼铅公司以及玻璃公司，他们涉及的范围不是很广，开始的费用也并不是十分庞大，因此很多个人也可以出资进行经营。这些公司有没有严密的法规和制度不得而知，它们是不是像他们对外宣传的那样可以有获得丰厚的利润办法也不得而知。

据说，矿山企业公司早就已经破产了。爱丁堡英国麻布公司的股票据说也已经和它的票面价值相差很远。还有很多其他的股份公司，这些公司是基于爱国之心来创建的，是为了促进国家的某些特殊的制造行业而设立的。这些公司往往经营失当，使社会的总资产蒙受损失。即使企业的董事们本心非常正直，但是也不可避免地对一些制造业十分偏爱，这种偏爱会使其他一些制造业受到损失，使其他产业的利润减少。

克虏伯的工厂 摄影 19世纪

亚当·斯密认为不靠垄断成功的股份公司仅在有限的几个行业内存在可能，至于制铜、炼铅等工业则未必能以股份公司的形式取得成功。图为著名德国工业家克虏伯位于埃森的工厂，以制造铸钢铁轨而闻名。

第二项　论青年教育设施的费用

　　对于一个社会青年人进行教育的费用也是由本行业的收入来支付的。这一类型的收入来自学生们向教师交纳的学费或者礼金。

　　即便教师的所有收入不全来自学生们交纳的学费或者礼金，社会也不应当负担教师的薪金。在许多国家，政府部门掌管着这项收入的收取和发放。在欧洲的许多地方，普通大学和专科学校的教育经费不全由社会财政来负担，即使有一部分来自于此，其数额也是十分有限的。教育经费主要来源是地方财政，比如某处房地产的租金或者贷款的利息。这些款项是由君主拨付或者由私人捐助的，有专人来管理。

　　这些捐赠的财产是否能促进教育设施的改进，是否能激励教师们更加勤奋地教育学生，是否可以让教育更加合理先进，然后对社会和个人都能起到好处？这些问题回答起来并不困难。

　　人们从事一种职业是否勤奋，是否努力，往往取决于人们从事一种职业的必要性和迫切性。这种不同是因人而异的。如果，一个人从事一项工作取得的薪金可以满足他预期希望的报酬，或者这种报酬是他生活的唯一来源，那么，他从事这项工作就显得更加迫切。为

巴黎知识分子的聚会

　　亚当·斯密认为教师的收入不应由社会来负担。虽然在许多国家，政府部门或地方财政负责向各所学校拨发教育经费，但学校的教学质量未必会因此提高。17世纪的巴黎成为整个欧洲的中心，追求知识的风气在整个城市内风行，此图表现的正是知识份子在巴黎的亚历山大咖啡馆聚会的情景。

了取得想要的那些报酬，或者为了养家糊口，那么他要定时定量地完成他的工作。在自由竞争的情况下，人与人之间互相排挤和竞争，这会让每个人都更加努力去做他自己的工作。有时，对于某种成功的迫切希望促使一些人树立远大的雄心来努力工作。而有时，这种远大的目标并不是敦促人努力工作的唯一原因，在竞争激烈的情况下，即使一些微不足道的职业，也会促使人为了获胜而野心勃勃。因此，竞争是促进人们努力工作的主要原因。比如，在英国，许多出生于富贵之家的人往往不能在法律行业中获得成功，尽管这种职业能够满足人们实现野心的目标。

一个普通学校或者专科学校如果有了一笔来自捐助的基金，那么就不能很好地激励教师们努力工作。因为这时，教师的生活来源于那笔基金所能支付的薪金，而与教师的教学成绩或者声望无关。而在有些学校，教师的大部分收入来自于学生的谢礼或者学费，而不是来自他的薪金。薪金只占他收入的很小一部分。在这种情况下，教师们往往要以孜孜不倦的教诲来维护自己的名望。除此之外，他们还要以努力工作来博得学生们的敬爱和好感。除此之外，他们就无法获得更多的收入。

在另外一些大学，教师们的薪金就是他们的全部收入，他们被禁止向学生收取谢礼或者薪金。这可能会使教师的权利和义务完全对立起来。他们会尽可能地贪图享乐，而在某种程度上尽量敷衍了事，不尽教师应尽的义务。如果他生性比较勤奋，不安于现状的话，那他有可能随便打发他的职务，而把其他的时间用在其他更有利可图的工作上。

在现在的大学里，大学教授们往往都没怎么好好上课，但是如果没有他们，这些课程也往往无人可教，而这是一个国家教育中的重要部分。

古希腊人和古罗马人的军事才能比起现代的任何一个国家的国民来说都不相上下。我们

伏尔泰像

　　成功的获得一方面取决于机遇，另一方面也取决于人们从事一种职业的必要性和迫切性。如果教师们的薪酬都是由教育机关提供的，他们工作的努力与否就得不到最终的体现。伏尔泰被誉为法国最伟大的作家之一，终其一生都在为宣传自由主义与新科学而努力。

也许常常过高地估计了他们的军事能力。但是在那些古代的国家里，政府除了进行军事训练外，没有别的教育可以提高他们的军事才能。例如，我就看不出古希腊人的音乐教育可以提高那些士兵们的军事才能。但是，它的上流社会的国民们还是需要进行一些必要的教育，这让他们可以拥有在上流社会生活的必要技巧和能力。此外，由于自由竞争，人们在好胜心的支配下，能使这种生存的技巧和能力更加完善。正因为如此，古代的哲学家比起现在的教师来说，更愿意诱发听众的注意，更能控制他们的思想和情绪，因此对学生们产生言传身教的影响。而在近代，公立学校的教师们往往并不太关心他们的业务能力，也不太关心他们的声望和成功。因此，他们往往不如古代的教师们更加勤奋。

在商业社会中，普通老百姓的教育比起富贵者的教育更需要国家的支持。那些有身份的人在十八九岁之前有充分的时间来完成他们的教育，而这些教育足够他们在以后的生活中从事会博得世人尊重的职业。他们的长辈们往往十分情愿为他们的教育买单，即便他们没有获

弗吉尼亚大学

　　政府发放教育经费的结果是，在现在的大学里，大学教授们往往都没怎么好好上课，但是如果不聘用他们，学生们又不知道该去哪里接受教育。图为美国政治家兼建筑师托马斯·杰弗逊设计的以"学院村落"为主题的弗吉尼亚大学中的一座亭楼。

得相应的才能和技巧，那也不是因为教育经费的不足，而是因为这些费用使用不当；不是因为没有老师，而是因为老师们没有尽到应有的责任，或者在现阶段再也找不到更好的老师。另外，这些富有者的职业生涯更加复杂，不像普通老百姓的生活那么单纯。因此，他们大多从事脑力劳动，而很少从事体力劳动。这样，他们的大脑就会因为经常使用而比较灵活。另外，从事这些职业的人，往往会有很多空闲的时间，这样他们就有时间来发挥他们的爱好，钻研他们的爱好。

普通的老百姓就不一样了。他们往往没有受教育的时间。年幼的时候，他们的父母往往无力供养他们，所以到了可以工作的年龄，他们就必须去工作来谋生。他们从事的职业大都是比较单纯的体力劳动。因为终年的劳碌，他们几乎没有时间来做其他的事情，更不用说有时间来发展他们的业余爱好了。

第四节　论维持君主尊严的费用

一个国家君主的日常开支除了那些执行他的职能必需的费用外，还需要一定的费用来维持他的尊严。这笔开支的大小随着时代的发展而有所不同，随着不同的社会政体而有所不同。

在一个富裕发达的社会中，人们的生活趋于奢华。这时的君主们也很难节俭和朴素，如果他们不能支配更多的财物的话，就不能维持他们的尊严。

传诵荷马诗篇的希腊人 阿尔玛·苔德玛爵士

　　在自由竞争的驱使下，古代哲学家更愿意诱发听众的注意，这样更能控制他们的思想和情绪，也因此更能对学生们产生言传身教的影响。近代公立学校的教师们往往并不太关心他们的业务能力，也不太关心他们的学生。图为一群青年男女在一个慵懒的下午一起倾听一位男性诵读荷马的诗篇。

从个人尊严的角度来考虑，君主是凌驾于臣民之上的，普通百姓眼里，他们要显得高不可攀、望尘莫及，比一个国家的元首在其同胞市民面前要更有尊严。所以，他们要花费更多的钱财来维护这种尊严。因此一个国家的皇宫往往要比一个总督或者市长的官邸更加华丽。

法王路易十六 卡兰特

君主们为了表示他们的权威，同时也为了使被统治的民众愿意臣服于他们，必须花费大数额的金钱维持他们在公众前的尊严。在这幅由画家卡兰特专为路易十六绘制的肖像画中，国王本人穿着加冕仪式上的华贵礼服，并佩带着两枚尊贵古老的家族勋章。

本章结论

一个国家的国防开支，一个国家元首的开支都是为了维护整个社会的利益而支付的，因此，这些费用要由全社会来负担。这种负担，要与社会的负担能力相适应。

司法行政开支本来也是为了维护社会的利益，因此也应当由全社会来负担。但是，国家设立司法机关的目的是为了惩治罪犯，保护公民，因此，司法行政的费用要由原告和被告双方或者其中的一方来支付。也就是说，要由法院的手续费来支付，这样最妥当。除了罪犯本身无力支付这项费用外，司法费用无须由社会全体成员负担。

凡是地方政府支付起来比较方便的费用应该由地方政府来支付，而不应该由全社会来支付。为了某个地方的利益而增加全社会的负担是不公平的。

维持良好的社会交通，有利于全体公民，因此其费用也可以由全社会来承担。但是，那些通过道路交通来转运货物的商人和那些购买商品的消费者是道路交通的直接受益人，因此，英国的道路交通税，以及欧洲其他国家的道路交通税都由商人和消费者来承担，这样，社会上其他的人负担就会少了很多。这样是很公平的。

一个国家的教育或者宗教设施一般来说应该由社会一般收入来支付，因为这也是对社会有利的，但是这笔费用如果由那些直接接受了教育或者因为宗教而获益的人来支付的话，会更加合理。这样做也许会更有好处。

对于那些有利于全社会的公共设施和工程，如果不能由那些直接的受益人来支付，或者不能由他们全部支付，那么剩下的金额就要由全社会来负担。因此，社会的财政收入除了支付国防和维护君主的尊严排场之外，还要用来弥补许多部门收入的不足。这种收入来源于何处呢？我将在下一章详细说明。

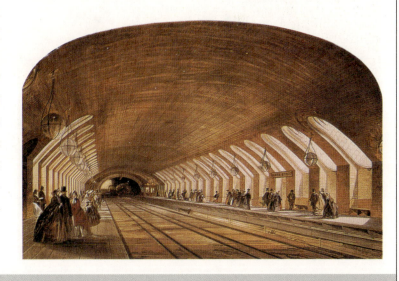

伦敦的第一座地铁站

在国家或君主的开支中，类似公共项目或司法的开支则可以考虑将费用摊开到相关的受益人身上。图为被大型窗户与汽灯照亮的伦敦贝克街地铁站。该站于1863年首先向公众开放，当时并未受到好评，被乘客称为"下水道"。

第2章 论一般收入或公共收入的源泉

一个国家的财政要负担这个国家的国防费用和一些维护君主尊严的费用，而且还要负担其他一些必要的政府开支。这些收入主要来源于两方面：一、君主或者国家的财产，与人民收入无关；二、来自百姓上缴的收入。

第一节 专属于君主或国家的资金或收入源泉

国家或者君主专属的收入包括资本和土地两部分。

君主从资本里获得收入的方式有两种，一种是使用这些资本，这时，资本的收入表现为利润；一种是把资本转借给他人，这时，资本的收入表现为利息。

政府会把资本投向邮政业。在政府的投资下，邮政部门的办公机构建立了，运送邮件的车辆和马匹得以购买。随着邮政业务的开展，这些资本很快就获得丰厚的回报。因为政府在邮政业务上预先投入的资本不是很多，业务也很简单，所以，邮政业是政府经营的业务中最成功的一个。这种回报是确定的、迅速的。

但是各国君主们为了获得私人财产，往往会在某一领域中冒险，从事其他的一些商业项目，其实，他们之中很少有成功的。

商人性格和君主性格是格格不入的。如果，一个君主以东印度公司的贸易精神来治理国家，那么他可能就会成为不合格的君主，如果商

乡间的邮车

国家或君主有两种方式获得收入，一种是使用国有或君主的私人资本得到利润，另一种是把资本转借给他人，收取利息。邮政业曾是使各国政府获利丰厚的机构之一，预先投入的资本不是很多，回报却相当稳定与庞大。图为正将信件及邮包送往乡下的马拉邮车。

人像君主治理国家那样经商，也会成为很差劲的商人。当东印度公司的人只以商人的身份出现的时候，他们可以很好地运转各种交易，获得丰厚的回报来支付股东的红利，这时，他们把自己看作是公司的小伙计。但是，一旦公司的经理成为统治者之后，尽管他每年能有三百万英镑以上的收入，却还要从国家那里获得援助来保证自己的公司不破产，这时，公司的人会把自己当成国王的钦差。

一个国家公共收入也可能来自货币和资本信贷产生的利润，国家会做主将国家积累的一些财富贷给国内外的人们。

例如，伯尔尼联邦曾经将一部分国家财富借贷给其他的国家，比如英国和法国，这样他们就从中获得了很多利息收入。这种投资是比较谨慎的，在借款之前要看借款国的信用度，要看借款国要发放的公债的安全性，其次还要看和债务国之间能否保持长期的和平。如果遇到战争，那么这些贷款恐怕就会有去无回。据说，好像只有伯尔尼联邦政府敢于将本国的资金贷款给外国。

奥地利女皇玛利亚·特利萨

有时，君主们为了获得更多的私人财产，会冒险从事某些商业项目，但事实证明他们很少有人具备商人的天分。统治技巧有时与商人对利润的敏感是格格不入的。女皇玛利亚·特利萨23岁时继承王位，为了加强她的统治，她放弃了许多私人的爱好。

  因为资本和信用的这种不稳定性，它们从来不被当作政府收入的主要来源。凡是超越了游牧阶段的国家和政府都不把它们当作公共收入的主要来源。因为，能够维持政府安全和尊严的，是那些确定的而持久的收入。

  从土地获得地租才是一切超越了游牧阶段国家的公共收入的主要来源。因为土地的收入是比较恒定和持久的。古希腊和意大利的各个共和国负担国家大部分费用和开支的收入很长时间都来自国有土地上的农产品和大部分的地租。另外，从前，欧洲各国君主自己的收入也往往来自于其领地的地租。

  但是，现在欧洲各国的现状并不如此。这些国家的土地管理十分专断，似乎都归集为一人所有。全国的地租收入还没有平时向老百姓征收的税收多。例如在英国，其土地税按照每镑收四先令来计算，还不到200万英镑，而英国每年用于支付必要的开支，用于支付公债利息，用于清偿一部分公债的钱就要有1000万英镑以上。

  因此，公共资本和土地的利息和租金是不足以维持一个国家的必要开支的。因此，公共收入的主要源泉是税收，也就是说，这些国家的老百姓要从自己收入中拿出一部分来上缴国库，以此来维持国家运转所需要的开销。

瓦兹的傍晚 夏尔—弗朗索瓦·杜比尼 油画 1867年

  资本的收入带有强烈的不稳定性，因此从来不被政府当作主要的收入来源。唯有地租才是一切超越了游牧阶段国家的公共收入的主要来源。在欧洲封建主义统治时期，君主的私人收入也往往来自于领地的地租。杜比尼是最早到户外作画的法国画家之一，他的作品总带有一些忧伤的情调。

第二节　论赋税

个人收入一般来说有三种源泉，就是地租、利润和工资，因此，个人上缴给国家的赋税一般来说要从三种个人收入中获得。因此，在这一节里，我要论述的要点如下：第一，从地租中来的税收；第二，从利润中来的税收；第三，从工资中来的税收；第四，从这三项收入来源中取得的混合税收。因为税收有这样四个来源，因此，我把这一节分为四个部分，其中三项还要进一步细分。随着论述的不断深入，我们还会看到，事实上某项税收不像我们想象的那样来自于某项资金或者收入。

现在，我先列举出征收税收的一般原则。

第一、每个公民都必须按照自己的收入尽可能地交纳国家的税收。如果一大批人联合起来承租某个地方的土地，那么每个人要交纳的管理费用要按照他从这些土地中获得利息的比例来分配。每个公民要交纳的税收也可以按照这个标准来计算。如果尊重这一原则，赋税就是平等的，如果不尊重这一原则，赋税就不平等。另外，还必须注意的是，任何赋税都不能只由地租、利润或者工资三者中的一个来承担，如果不考察其他两项收入的话，那赋税一定是不平等的。在以后的文章中，对这种不平等我的论述不会太多，我要把更多的讨论放在由于赋税的不平等而影响的个人收入的不平等上。

乡村乐趣 简·斯坦恩 油画 1600年

税收要根据个人收入按照固定的比例向国家交纳。如果一群人共同使用一大片土地，那么，每个人都要按其收入交纳税款。同样，针对某一产业的税收应由其土地提供者、生产者以及销售者共同分担。斯坦恩描绘了在一家乡村客栈附近上演的、富有感染力与乡村气息的画面。

第二、每个纳税人的税收是确定的，交纳税收的日期、交纳的方式和数额都不能随意更改，要让纳税人心里明明白白。否则的话，每个纳税人就会被那些税务官欺诈，他们会乘机向纳税者加重税赋，或者乘机恐吓勒索，收取贿赂。因此，税收的不确定性是滋长专横和腐化的平台，其危害性非常大。

第三、要合理安排好每项赋税的征收时期和方式。例如地租税和房租税要在交纳地租或者房租的时候一起交纳，因为这时交纳房租或者地租的人最方便拿出钱来。对于那些奢侈的消费品进行征税的时候，要由那些消费者在购买这种商品的时候来交纳。如果他觉得交纳这些税收有些多余，那么他就可以不买这些商品，这时，他有买或者不买的自由，也就是说，他由此可以有交纳或者不交纳这些税的自由。

第四，税收的数额也要合理安排，尽量使从人民那里征收的税款等于国家希望得到的收入。如果征收的实际数目比最后进入国库的多，那么原因主要有以下几点。一，在征税时用的官吏过多，他们侵占税收作为自己的薪金，因此要向百姓征收更多的税。二，税赋的过于沉重使人们不愿意把钱投入到那些关系到国计民生的商业中。本来，人们打算把某些钱用在某些产业上，但是因为要交纳税收，人们就缩减甚至取消了这部分开支。三，人们在税收面前总产生逃税的欲望，因为有很多税收过于繁重。人们越是想逃税，对于逃税的惩罚就越严重。为了惩罚那些逃税的人，国家往往采取很重的惩罚措施，比如将他们的资产充公什么的，这样，要想从他们的投资里获得收益就不可能了。第四，那些收税的官员往往采取烂缠死打的办法来向人们征税，因此纳税人常常会感到十分难堪。这种困扰虽然没有带来经济上的损失，却给那些人带来了极大的心理压力。以上四种条件，就是为什么赋税给百姓造成了很大的负担，却不能让国家的收入增加的原因。

上述的四条原则在很多国家都或多或少地实行着，因为道理是明摆着的。对于这四条原则的注意，会让赋税政策更加公平，方便了纳税人行使自己的义务，并且不能给他们带来额外的负担。其实，各国在实行自己的赋税政策的时候，其成效是不完全一致的，下面我要对不同时代、不同国家的赋税政策作一些简单的评论。

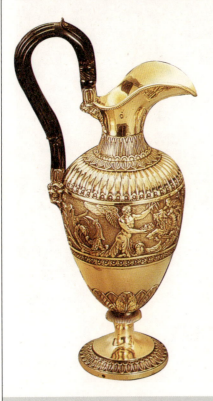

金茶罐

收取赋税时，要合理安排好征收的时间和方式。譬如对奢侈商品征收的赋税，就最好加入商品的售价之中，让消费者在购买时作出明确的判断。这只金茶罐是由拿破仑最欣赏的金匠马丁·贝奈斯制作的，饰有棕榈叶与美丽的花环。

第一项 （一）地租税，即加在土地地租上的赋税

对于地租有两种征税的方法。第一，按照一定的标准按不同区域评定地租的多少，务必使这个标准不再变更；第二，税收依照地租的实际多少变动，在土地耕作条件改变的时候要适当增减。

英国采取的是前一种土地税收办法。各个地区的土地税都有一个固定的标准。这种方法在最初是平等的，但是由于后来耕作的时候土地会获得不同程度的改良或者恶化，时间长了，从前制定的土地税比例就不公平了。

在法国经济学派的学者眼里，土地税应该随着地租的变化而变化，或者按照土地在耕作过程中土地状况的好转或者恶化来增减。因此，他们主张土地税最终应当按照地租的多少，按照一定的比例平等地收取。这本来毫无疑问是最公平的，但是在实际的操作中，地租税往往并不能以实际交纳的地租的多少来交纳。

例如，在威尼斯，那些政府交给农民的可耕地往往要按照地租的1/10来征税。如果土地的所有者自己耕种土地的话，其地租要由政府进行评估，然后可以少交1/5的税，这样一

自由交易的伦敦市场

政府征收赋税时要特别注意额度的合理，过于沉重的赋税会缩减贸易的成交量，同时对于那些想继续扩大生产的人来说，过多的税收也会使得他们无法完成必需的资本积累。该图表现的是在伦敦自由交易的史密斯肉市上，人们正忙碌地进行着交易。

来，土地的所有者交纳的税额就不是地租的10%，而是8%。

用这种办法征税比起英国那种固定税额的土地税看上去要公平得多。但是它是不确定的，对于税额的评估往往让土地所有者心中忐忑不安，在税款的征收上，可能要消耗更多的人力和物力。

我们可以设计一种管理制度，可以改变这种不确定性的存在，也可以减少征税时的费用。

例如，地主和农户要到政府机关登记租约。如果谁有隐匿伪报的情况，要被政府处以罚金。罚金中可以拿出一部分来奖励那些揭发逃税的人，这样可以有效地防止逃税。

这样的管理有两点好处，一是可以减少地租的不确定性，这样也可以减少对于纳税者的压迫和造成的纳税不便；二是也可以促进全国土地的改良，促进耕作方式的改进。

这种随地租变动而变动的税收的征收费用是比较高的。例如当地要增设登记的机关，如果地主自己耕种土地的时候，还要交纳土地地租评估的费用。但是那些多花费的费用和实际征收的税收相比，是微乎其微的。

在另一方面，这种可变的地租还会阻碍土地的改良。在这种制度下，国家往往不承担土地改良的费用，却要收取更高的税收来享受土地改良的好处。这样的话，地主们就不再愿意

评委与牛 摄影 1930年

一些经济学家主张土地税应当按照地租的多少，按照一定的比例同等收取。但在实际操作中，地租税往往并不能以如此简单的方式计算。譬如在威尼斯，政府就要根据农民是否亲自耕种租用的耕地来决定税收的额度。图为在1930年的利物浦国际农业博览会上，专家们正在为一头种牛打分。

进行土地改良。不过，在实际操作的过程中可以采取其他的办法来消除这些阻碍。在地主改良土地之前，可以让他和税务官员们一起，按照其他相同等级的土地标准比较公平地确定一下现有土地的实际价值，在一段时间里，都按照这个标准来收税的话，那么地主们就不必为改良土地而征收更多的税款，这样的话，他就愿意参与土地的改良了。这样做可以让国家注重对土地进行改良。当然，以上为了补偿地主的投入而给的那个期限的时间不能太长，如果时间太长的话，国王们恐怕也就丧失了耐心。当然时间也不能太短，因为地主们更重视对土地改良作出更细致合理的安排，所以，要给他足够的时间来安排。而国王们的考虑往往是大致的、泛泛的，也许不能为地主们进行设身处地的考虑。因此，国王们为了提高对土地的重视，就应该让地主或者农夫们能够独立自主地进行经营，让他们用自己的方式去获得最大的利益，让他们能够有一个安全的环境来收获土地上的粮食。并且，国家还应该设立一定的农贸市场，开拓比较方便快捷的交通方式，这样可以让农产品的交易更加方便。

这些种种的管理制度对促进农业生产是有利的，可以促进土地的改良和农业的交易，那

土地税收的管理

政府应要求地主和农户到政府机关登记租约，并且设立处罚隐匿或伪报的规定。这样一方面可以减少地租的不确定性，另一方面也可以促进全国土地的改良，促进耕作方式的改进。图为一群农夫正在向负责土地管理的官员相互问询。

么地主或者农夫们就有无可争辩的纳税义务。

为此，首先要建立这种比较恒定和统一的制度，可以使任何赋税都能按照一个统一的标准来征收。这种纳税制度可以在任何时期、任何货币标准下进行实施，无论情况怎么变化，都是公正和公平的。

有些国家不采取土地租约登记法，他们不惜花费大量的人力和物力对全国的土地进行丈量。这样做的目的是为了防止地主和佃农之间合伙隐藏租约中的实际土地数量，用这种办法来骗取政府，减少纳税。这样，这些国家就有土地丈量册来记载土地的实际数量。

从前，在普鲁士王国境内，征收土地税的时候要随时丈量土地。按照当时的标准，普通的土地所有者的税率是20%至25%，教士们的税率是40%至45%。据说西里西阿的土地丈量和估价十分精确，是依照国王的现行命令来进行的。按照这些命令，归布勒斯洛主教的土地税率是25%，而新旧两教教士的土地税率则是地租收入的50%。条顿骑士团和马尔顿骑士团的领地税率为40%，另外，贵族土地税率是38.33%，平民土地的税率是35.33%。

刚开始，这种按照丈量得来的土地税是十分公平的，但实际不久以后就显得不那么公平了。因此政府要不断地，充满耐心地关注国内各农场的土地，随时注意土地的变更。不久这种严密和耐心的注意就和政府的职能显得不相符，很难维持下去，即使坚持了下去，时间长了，还给纳税者带来很多麻烦。

德累斯顿的新市集广场

政府或君主为了保证土地税得以顺畅无误的收取，就要提高全国对土地的重视，还应设立一定规模的农贸市场，方便农业从业者之间进行农产品的交易。图为德国在弗雷德里克大帝执政期间修建的新市集广场，后来这些美丽的街道在第二次世界大战中被炸毁。

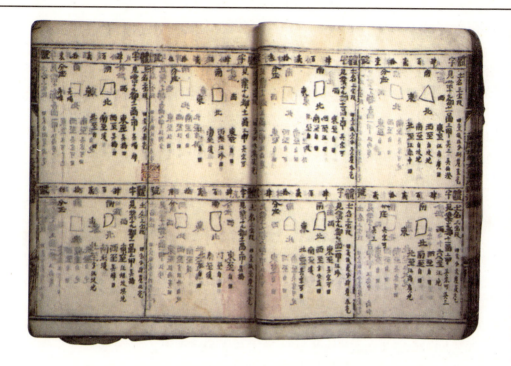

（二）不与地租成比例而与土地农产品成比例的赋税

对农产品收税，其实也就是对地租收税。这种税收刚开始由农民垫付，最终由地主支付。那些向教会支付的什一税就是这种税。当农民用实物形式向地主交租的时候，会尽可能计算出那些应交的土地税的多少，然后折合成实物，以便从地租中扣除。

这种什一税看起来十分公平，实际上却非常不公平。

什一税是加在地租上的一种很不公平的赋税，往往成为地主们改良土地的障碍。当教会不需要任何费用就能够分享到什一税的巨大利润时，一般不会去投入巨额的款项进行土地改良的投资，也不会收到质量更高的谷物。欧洲实施什一税之后，只有荷兰这样长老教会的国家栽培了茜草这样的染料，因为只有荷兰不实行什一税。现在因为议会规定，种茜草的时候每亩征收五先令的税款来代替什一税，所以英国的农民们也开始栽种茜草了。

亚洲的许多国家的财政收入来自和农产品成比例而不是和地租成比例的土地税，这一点和欧洲的许多国家是一样的。例如，中国皇帝的财政收入来自全国农产品价值的1/10。不过，在很多省份，这个比例还不到1/30。印度在东印度公司成立之前，孟加拉政府的土地税是农产品的1/5，古代埃及大概也是这个比例。

《万历九年清丈鱼鳞清册》　明代

建立统一的土地征税制度对任何国家而言都是必需的。一些国家舍弃租约登记的方法，花费大量人力、物力对全国的土地进行丈量，并录成全国土地丈量册。图为明朝洪武年间清丈全国土地时绘制的土地清册，因状似鱼鳞，故名。

这种土地税的收取办法使亚洲的国王们都更关心土地的改良。据说这些国王们为了增加土地的产量和质量，都十分用心于建设道路和运河，这样农产品才能畅通无阻地在国内运输。可是，欧洲实施什一税的教会就不同了，因为教会获得的什一税数量有限，因此并不十分关心土地的改良，也就是不关心土地的产量。那些牧师们也不怎么关心农产品的运输，因此不会在偏僻的地方修建运河或者公路。因此，如果用这种方式获得财政收入，那么在收获与所带来的麻烦之间，或许还可以稍有平衡，可是如果用它来维持教会的收入的话，那么基本上就只有麻烦，而没有利益了。

（三）房租税

房租有两部分，一种是建筑物的房租，一种是地皮租。

建筑物的房租是建筑房屋的时候投入资本的利息或者利润。为了建筑业可以获得像其他行业一样的发展，房租就必须满足两个条件。一要能给建筑业从业者足够多的利息，这笔钱相当于他建筑房屋时使用的资本借贷出去后能获得的利息，二要保证这笔钱足够他进行房屋的维修，也就是说能让他在一定的年限里收回建筑房屋的投资。因此，房屋房租的高低一般来说会经常受到货币利息高低的影响。例如，在市场利率为4%的地方，如果除去地皮租之后，还能获得相当于当初投资的6%或者6.5%的建筑物房租的话，那么开发商的利润就已经很丰厚了。在任何地方，如果建筑业的利润比其他行业的利润高的话，都会吸引其他行业将

农产品的什一税

收取农产品的什一税，其实也就是变相对地租收税。什一税先由农民垫付，但最终需地主从收取的地租中扣除。因此，过高的什一税往往会成为地主们改良土地的障碍。图为大约公元前1500年印度中部地区制作的一件单人驾马车的青铜饰件。印度的土地税也是根据农产品产量而按比例收取的。

资本转移到建筑业上，一直到建筑业的利润减少到和其他行业一样的水平。反之也会让建筑业的资金投入减少，转移到其他的行业上。

那些超过了合理利润的地租可以被看作地皮租。当地皮不归建筑商的时候，这笔钱属于地皮的所有者所有。这种剩余地租是由地理位置的好坏决定的，在那些远离都市的偏远地方，可以供人们选择的房屋很多，因此地皮租就不存在，或者基本上等同于把地皮用于农业生产的所得。大都市附近的地皮租十分昂贵，那些位于优美风景区或者交通十分便利的地方，地皮租就更贵了。

如果这种对房租征收的税由住户来支付，如果这种税收和每间房屋的租金成一定比例的话，这样建筑物税在一段时间里就可以保持恒定。建筑商如果觉得无利可图，就会离开建筑业，这样不久以后，建筑物就会供不应求，这样利润也会重新上升，恢复到原来的水平。一般来说，这种对房租征收的税款不全来自于地皮租，一般会自然地分成两部分：一是由住户承担的部分，一是由地皮所有者承担的部分。

我们来举一个例子。例如，一个人想拿每年60镑来租一处房子，假定他要负担的房租税是每镑4先令或者是全部租金的1/5，那么他就要交12镑的税款。可是，这12镑的税款在他看来是自己不愿意承担的，因此，就会选择便宜一些但是条件稍微差一些的房子来居住。例

美国根堡住宅

从事房产投资的投资人会根据两个主要因素来选择是否投资：一是是否能从中获得相当的利息，至少是相当于他把建筑房屋所用的资本借贷出去后所获的利息，二是是否能在一定的年限里收回投资。根堡住宅由格林兄弟设计，深受英国工艺美术运动的影响，与周围自然环境亲密交融。

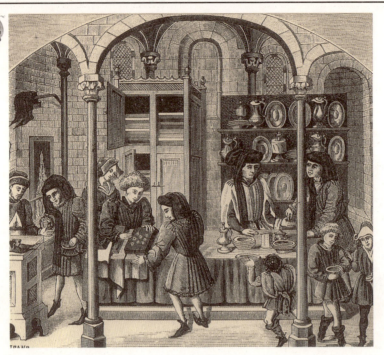

如，他会选择每年50镑的房子，加上房租税，他要承受的全部款项是每年60镑。这对于他来说是可以承担的。也正因为如此，每年能拿出50镑的人，就自愿退出了和这个人的竞争，许多原来想租每年50镑的房子的住户都选择了其他更便宜的房子。这样，年租50镑的房子的竞争就减少了，依次类推，其他年租40镑、30镑、20镑的房屋的竞争者也随着减少。除了那些租金不能再低的房子的竞争会有所增加外，其他房子的竞争都会相应减少。这样一来，由于市场竞争的减弱，整个房地产租赁行业的租金都会相应减少。由于这种租金的下降在短时间里不会影响建筑物房租，因此，必然是从地皮租里扣除的。因此，到最后，这种征收的房屋租赁税必然会由两部分人来承担，一是住户，他们不得不为了租房而分担这一税款；二是地皮的所有者，他们不得不为了分担这项税款而降低地皮出租的收入。他们两者之间究竟以什么样的比例来承担这些税款是一个比较复杂的问题，在不同的情况下，比例是不同的。

上述的分别承担给地皮所有者带来了必须交纳的税金，这显得不太平等，但这种不平等是偶然的。对于住户来说，因为这项税收带来的不平等却有许多其他的原因。房租与一家人的全部生活费中的比例与其财产的多少有关。一般来说，财产最多的时候，这个比例最大，财产减少，这个比例也会减少。例如，一个穷人总是最先考虑他生活必需品的花费，而最后考虑他的住房花费。对于一个富人来说，他会把他的主要收入都花费在生活奢侈品的购买和房屋的装饰上。这样一来，富人总是要承担更多的房租税。按照这样的分析，这种不平等是合理的。

房租在某些方面和土地地租的性质一样。但是，在有些情况下，却和地租不尽相同。

生意兴隆的铜具商店

通常意义上的房租实际由两个部分构成：一是建筑物的房租；二是地皮租。大都市中心的房租都十分昂贵，就是由于该处地皮租也相对较高的缘故。图为位于法国北部的一家铜具商店，交通便利的位置使这家店的生意蒸蒸日上，但也由此每年都要付出大笔的房租租金。

土地是一种有生产力的资源，可以从土地中生产农产品，而地租可以从这种收入中支付。但是，房屋却是一种没有生产力的资源，房屋和地皮都不会再生出什么产品。因此，交纳房租的人要从他的其他收入中提取一些来支付租金。这样房租税也必然从他的其他收入来承担。因此，住户负担的房租税就会无区别地来源于多种收入，这和其他消费品税具有相同的性质。一般来说，房租是衡量一个人奢侈或者节俭的尺度，而房租税会比国家获得的其他各类税收都多。不过，房租税不能太高，如果太高超出了人的承受能力的话，人们就会减少开支，租比较小的房子，这样很多支出就转移到其他的方面了。

要想比较准确地确定房租，可以采用确定普通地租的办法来确定房租。那些没人居住的房屋是不需要交税的，即使要对它征税，税收也要由房主来负担。如果房东自己居住房屋，税款就不能以建筑费为标准来上缴，因为如果这样的话，按照每镑3先令或者4先令的标准，再加上其他一些赋税的话，就几乎可以让很多富人们濒临破产。所以，对于这些房子，应该按照房屋租出去之后，公认的平均租金为标准上缴。观察一下那些建筑在城市或者乡村的别墅，我们不难发现，如果按照这些房屋建筑费用的6.5%或者7%来征税的话，这笔费用就等于这些地产出租出去的租金。因此，对这些房屋所征收的房租税要比其投入的资金小得多。

伯爵夫人清晨的梳妆 威廉·霍加斯 油画 1743—1745年

正确的衡量房租的方式是以普通地租为标准，未出租或房主自己居住的房屋不能与正常出租的情况同等征税。霍加斯这幅油画以讽刺没落贵族家庭与富裕商人之间的刻意联姻为主题，一些贵族看上去风光体面，实际上却可能深受其豪宅及奢华生活带来的种种赋税的困扰。

和房租相比更应该对地皮租收税，因为对地皮租征税不会抬高房租。这笔税收应该由地皮的所有者来承担。地皮的所有者对一块地皮的拥有是排他的，地皮的租金取决于那些竞争这块地皮的人是否有钱。也就是说，取决于那些想使用这块地皮的人究竟愿意出多少钱来占有它。一般来说，在一个国家里，首都的地皮最贵。不过，地皮税是由地皮的所有者来垫付，还是由住户们垫付都无关紧要。因为地皮税的收取不会增加他们中任何一方的财产。一般来说，地皮税最后还是要落在地皮所有者的身上，因为如果住户交纳了地皮税的话，那么他们愿意支付的地皮租就少了。对于那些无人居住的房屋就不应该再交纳地皮税了。

地皮租和其他普通土地的地租是最适合向国家交纳税金的。因为这些地租的取得是那么地轻而易举。如果从这笔收入中收取税金去弥补国家财政的话，不会妨害社会任何产业的利益。而且，这项税收收取之后，不会影响土地和社会劳动的年产量，也不会影响社会中大部分人的收入。

和普通土地的地租相比，地皮租更适合交税。因为，一块土地的租金多少，往往取决于地主对自己土地的经营和改良。也就是说，土质好的地租金就高。如果对于那些租金高的土地征收过于沉重的地租税，就会妨害土地所有者对土地的改良和管理。但是地皮租的情况就不同了。地皮租的多少往往取决于国家对地皮的管理，这种良好的管理可以让国家更好地保

牛奶节的圆圈舞 恩斯特·布罗诺 摄影 1939年

相形之下，对地皮租征税比对房租征税更合理。地皮租与其他普通土地的地租是最适合作为国家财政收入的主要成份的，收取地租不仅能够充实国家财政，而且不会妨害社会任何产业的利益。图中瑞士乡间的农民们在兴高采烈地跳着圆圈舞，庆祝牛奶节的到来。

护全体国民的产业，还可以保护一些特殊的产业。也正是这些管理，使一些地皮所有者获得了更多的租金。因此，地皮所有者之所以能够获得这些租金完全仰仗国家的支持和管理，因此，他们理应从自己的租金收入里上缴税金，这是无可争辩的道理。

现在的情况是，欧洲很多国家都对房租进行征税，却很少有一个国家把地皮租列为征税对象。也许想要确定房租中里地皮租和建筑物租的比例对于那些税法的设计者来说显得有些困难。但是，只要我们耐心来研究，这个困难是可以解决的。

第二项 （一）利润税，即加在资本收入上的赋税

资本投资获得的收益在实际生活中被分成了两个部分：一是支付利息，这部分归资本所有者；二是支付利息后的剩余。

显然，国家不能对后一部分收益征税，因为这是对投资者的合理补偿。投资者在投资时要遇到风险，面对困难，因此获得这些收益是合理的，如果得不到这些报酬，他们就不会有兴趣继续投资。另外，如果国家按照全部利润的一定比例来征税的话，那么投资者就会想方设法提高利润率或者少付利息。为了提高利润率，他上缴的那些税金就不得不由两部分人来替他负担。假设他将资本用于农业资本，那么他就必须少上缴地租或者提高农产品的价格，这样一来，到最后承担这部分税金的实际就是

机车"阿奇隆"

　　如何就随着产业规模不断膨胀的资本收入征税，成为政府面临的新难题。直接根据投资者获得的利润收税会打击投资的热情，投资者也可能通过提升商品价格将赋税转嫁给消费者。在图中，机车"阿奇隆"正喷着烟雾从隧道深处开来，蒸汽动力技术的应用标志着工业时代的到来。

地主。如果他把资本用于商业或者制造业，那么他要提高利润率就必须提高货物的价格。在这种情况下，最终这些税款就转嫁到了消费者的身上。另外，他还可以用少付利息的办法来减少自己的税赋，这样这些税款最终就由货币利息来支付。

从表面上看，国家可以直接向货币利息征税，因为货币利息看起来就像土地的地租一样。货币利息是扣除了对于投资风险和困难的种种补偿之后，资本借贷商的纯收入。如果对这部分收入收货币利息税的话，就像地租税不能抬高地租一样，也不会抬高货币的利息率。在本书的第一篇中我们曾经说过，一般利润率是受可供使用的资本量和已经使用的资本量之间的比例影响的，也就是说是受可供使用的资本量与使用这些资本进行经营的收入之间的比例影响的。在实际生活中，资本的使用量或者使用资本的经营收入与利息税的多少无关。因此，如果社会可供使用的资本没有增减，那么一般利润率也不会有什么变化。如果投资风险没有变的话，那么，利润中用来弥补投资风险的那部分比例也不会变。这样，利润中剩余的那部分，也就是资本所有者应该得到的货币利息也必然保持不变。这就是为什么国家可以直接向货币利息征税。

然而和土地租金相比，向利息征税有两个不同的方面，这也决定了货币利息不应该成为税收的对象。

第一，个人拥有的土地是公开的，可以获得丈量和正确的估量，而一个人到底有多少钱却是比较秘密的，要想正确估量几乎不可能。另外，资本量经常发生变动。为了正确征税，就需要对每个人的资本数进行调查，而这不会得到任何人的支持和允许。

第二，土地无法转移而资本很容易被转移。土地所有者是一个国家的固定公民，而资本的所有者却可能来自世界各地。为了逃避一个国家的税收，他可能会放弃这个国家的税

交易 手抄本

从理论上来说，货币利息税与地皮税、地租一样可以成为国家财政收入的合理来源。但由于投资者货币的拥有量不像地主的土地拥有量那样不容易考量，同时过高的货币利息税会使大量的国内资本转移到国外。因此征收货币利息税仍存在着技术上的难度。图为两名佛罗伦萨的放债人正在柜台上做着交易。

收，并且将自己的财产向其他国家转移。这种资本转移，可以让他终止在一个国家经营的所有业务。另外，资本在运营过程中，不仅耕作土地，还会雇佣劳动者，如果一个国家的税收迫使该国资本外移的话，必然是国内投资减少，也必然使国家的财政收入降低。这样，整个国家和资本投资有关的资本利润、土地地租以及劳工的工资都会因此缩减。

正因为以上特点，很多国家对于利息收税向来都不采取严厉的监管措施，利息税的税率也总是很低。虽然很不公平也很不确定，但是也只能如此。

（二）特定营业的利润税

有些国家向投入到特殊商业部门或者农业部门的资本利润征收特别税。

在英国，前一类税包括向商人、小贩和行商所征收的税，向那些出租马车以及挑夫们也会征收此类税款。那些酒店主为了得到经营麦酒或者火酒的零售执照也会交纳这样的税款。最近，由于战争爆发，也有人曾经提议向店铺征收这样的税，据说可以在战时保护本国的商业，因此商人们理应负担战争的费用。

不过，这些税款最终都落到了消费者的头上。商人们通过抬高商品价格让消费者替他们

绅士们聚饮的小酒馆

　　政府向商人、小贩等特定行业征收的税额，绝大部分都转移到了消费者身上。譬如在这家绅士们聚饮的小酒馆里，无论政府收取多少行业特别税，酒馆的主人转眼间就会把每杯葡萄酒提高到能够弥补其损失的相应价格。

垫付了那部分税款。而且，商人们在定价的时候，还会把价格定得再高一些。

当这种税收和商人的营业额成比例的时候，消费者就承担了这些税赋，因此，这些税对商人基本上没有什么影响。当税收和商人的营业额不成比例的时候，就会不利于小的商贩，而有利于大的商人。尽管税款最后都由消费者来承担。

如果国家向一些商业部门征税的话，那么商人们就会采取必要的措施来减少税款的支付。他们往往会从经营中撤出一部分资本，使市场上资本供应量减少，这样，商品的价格上涨，最后，税赋落在消费者的身上。如果政府向农民这样的小生产者征税的话，农民们要想向商人们那样撤出自己的资本，一定收不到预期的效果。因为，农民要拥有一定数量的土地来支付地租，为了维持这些地租，他们就必须拥有一定数量的资本来运转。这样，他不能采取减少农作物产量的办法来逃避税款，更不能抬高农作物的价格，从而把税赋转嫁到消费者头上。和其他的产业一样，农民在进行农业经营的时候，要获得相应的利润，如果因为要支付商业税而减少了他的利润的话，他就会以减少地租的方式来减少他的负担。这样，租约未满的时候向农民征税的话，农民们就会陷入困境之中，甚至有可能破产，只有在租约到期的时候，他才可能把税赋转嫁到地主的头上。

在那些按人头交税的国家里，农民的纳税额通常和他投入的资本量成正比。为了逃避税款，他会放弃使用好马和好车，甚至经常使用一些最笨拙的农具，甚至，他们还会经常假装贫困来蒙骗税务员。这种不理性的逃税方式是弊大于利的。因为投入减少，相应

乡村音乐会 阿德里安·范·奥斯塔德 油画 1638年

农业从业者的资本运作无法像商人那样灵活，如果政府向农民征税，农民们就不可能像商人那样以撤出资本来保护自身的利益。无论什么情况下，他都要预先付出地租，才能拥有土地并维持生产。奥斯塔德是荷兰著名的风俗画画家，这场在简陋茅屋下举行的乡村音乐会使人们直接感受到了贫困。

地减少了农产品的产量，从而引起农产品价格轻微上涨。但是，这也无法补偿因为农产品产量减少而带来的损失。这样他向地主交纳的地租也会相应减少。这样一来，国家、农民、地主都会因为投入的减少而获得损失。因此，我认为按人头交纳税赋会使社会各个方面的利益都获得损失，会使国家财力逐渐枯竭。

特定行业营业资本的利润税不会影响货币的利息。如果国家只对其中的一些项目征税的话，那么将资本用于有税项目的人在借款的时候，必然比那些将资本用于无税项目的人要多交纳利息。可是，一个国家如果要想按照比较精确的比例统一向所有资本征收税赋的话，这些税款最后都会落在货币利息上。在法兰西，国家对货币利息实行1/20的税收政策，它是针对一切年金来征收的，并没有使年金，也就是货币利息率提高。

第一项和第二项的附录

（三）加在土地、房屋、资本上的资本价值的税

如果一项财产由一个人拥有的时候，对这些财产征收的税款不是来自财产本身，而是来自财产所产生的收入。如果财产的主人变了，这时，就要对这种财产主人的转移征收一定的

棉农 尤恩·瓦卡斯 摄影 1960年

征收人头税，大概是前述各种税收中最不合理的一种，对农业的影响尤其巨大。由于农民的纳税额通常与他投入的资本量成正比，为了逃避税款，一些农民会相应地减少投入，使农产品的产量受到影响，向地主交纳的地租也会相减少。图为一群棉花采摘者正在观望和品评着田地中棉花的长势。

税，而这种税收必然来自其财产本身的价值。

　　财产转移的情况有很多。例如由死者转移给生者，由生者转移给另一个生者的土地、房屋等不动产，这时，转移是公开的，是很容易就被别人知道的。因此，政府可以直接向他们征税。然而，有些财产的转移是很秘密的，例如生者之间用借贷关系发生的资本和动产的转移。对此征税是很困难的，因此，可以采取两种比较间接的方式：一、规定这种借贷或者财产转移要使用那些已经支付一定数额印花税的纸张或者羊皮纸，否则就不受法律保护。第二、规定这种财产转移要在一个公开或者秘密的册子上登记，要对这种注册征收一定数额的税款，否则就不受法律保护。对于那些比较明显的财产转移，也可以征收这样的印花税和注册税。

　　以上这些交易可以用印花税或者注册税的形式间接征收，这种税收可以转移的财产价值成正比，也可以不和转移的财产价值成正比。

　　利用印花税或者注册税的方式来收取税款的是最近一百年的发明，但是在欧洲十分普遍。对于这种向人民索取钱财的方式，各国政府之间学得总是很快。

　　死者财产转移给生者，财产转移税最终要落在接受财产的人身上，但是变卖土地的人要交的税最终要落在卖家身上。人们一般不会轻易出售土地，一旦要出售的话，价格就不能由他本人说了算。买者在

被捐赠的流水别墅

　　当私人财产发生转移时，政府通常会针对该财产的转移征收税款。这种转移有时是生者之间的馈赠，有时则属于遗产的归属，政府收取税款的方式则采取了印花税、注册税以及遗产税等不同方式。流水别墅是由著名建筑大师赖特为考夫曼家族设计的，1963年被该家族捐献给美国宾州政府。

购买土地的时候，一般不是非买不可，这样他就会考虑他要出的税款，将赋税也包含在价格里面去。因此，这种土地转让的税经常要由那些要出卖土地的经济困难的弱势群体来承担，显得十分残酷。

对于建筑行业来说，在不出售地皮的情况下，新修房产的买卖税一般要由买主承担。因为建筑商必须保证自己一定的利润空间，否则他就要改行。即便在刚开始这个税由建筑商来承担，建筑商以后也要要求买主来补偿他的损失。对于那些要转卖出去的房屋来说，这些税一般要由卖者承担，因为不到万不得已，他不会出售自己的房子，这点和出卖自己的土地一样。每年出售新房的多少受市场调节，如果建筑商没有利润，就不会继续从事这个行业。而每年出售旧房的数量则是偶然的，和市场需求没有直接关系，这样其价格就没有选择的余地，买家能够给卖者多少钱，卖者就只能接受这个价格。另外，和出售土地的理

中华民国时期的印花税单据

文件上贴有印花或盖有红印，即表示它具有法定效力。而按照文件收取的印花税一经出现，便很快在各国流行开来。

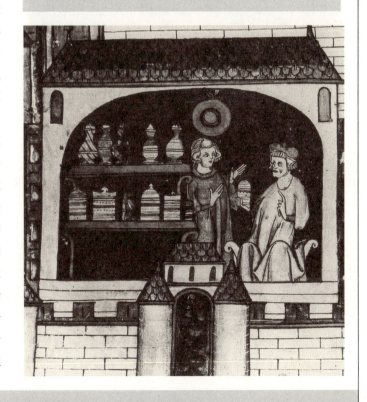

法国药剂师经营的药店

财产在相互转移的过程中并不产生更多的价值，所以印花税的收取无形中减少了国民手中可以用作投资的资本。但是民众对此的抱怨并不大，特别是法国人，他们所讨厌的仅有那些数额不明确的税收。一个药剂师在打算经营药店时，就会特别担心当地官吏将向他勒索过高的注册税。

由一样，出售建筑地皮要交的税要由出售者来负担；借贷双方签订的借贷字据契约所要上缴的印花税或者注册税要由借方承担；向诉讼事件征收印花费或者注册费要由诉讼者负担，这样一定会减少双方要争夺的某项财产的价值。

财产转移要交纳的税赋一般都会使财产的净价值减少，这意味着老百姓资本价值的减少，也就是减少社会中维持生产运行的资源。因此财产转移时交纳的税赋是一种资源的浪费，它会增加君主的收入，而君主的收入往往是用来消费的。

相同价值的财产在人与人之间转移的次数是不确定的，因此，那种按照财产价值的比例征税的做法是不公平的。但是，如果像很多印花税或者注册税那样不按照价值比例征税的话，是更不平等的。这种税赋一般来说十分明确，在交纳的时候也比较方便，参与财产转移的人在进行财产转移的时候，总是会事先考虑好这些税赋，因此，在政府需要征收的时候，他们也总能准备出现钱来。除了要纳税这件事本身不可避免之外，它不会给纳税人带来其他的不方便。

在法国，人们一般都很容易接受印花税，却不能够接受注册税。因为注册税加大了税务官员对百姓的随意的和不确定的勒索。不过这种税收本身却是明确和固定的，那些抱怨针对的不是税赋本身的性质，而是征税时采取的方式和法规的不明朗和不确定。

对于买卖双方来说，抵押契据和不动产权利的注册都是对双方利益的一种保障，因此是有利的。其他一些契约的注册却很不方便，因此并不是十分有利的。一般来说，有些注册并不十分保密，因为这种保密建立在下级税收官员的正直和良心之上，而这种保障又是

爱弥儿·左拉先生 马内 油画

印花税在其发展过程中又衍生出许多新的名目，譬如说向印刷物、纸牌等收取印花税，或者酒类经营者获得执照时须付的印花税等等。这些印花税有着相同的名称，但实际的来源和性质却是完全不同的。英国国内像左拉先生这样喜爱阅读的人，无形中为他们的读物付出了相当数额的印花税。

十分薄弱的。另外，当注册手续费成为君主收入的一个源泉的时候，许多应当注册的契约被注册，而许多不应当注册的契约也被注册了，注册机关被不断增设。这种弊端的出现是注册税出现之后自然而然产生的结果。

英国在纸牌、骰子、报纸以及一些定期印刷物上征收的印花税是消费税，其税收的最终负担者是消费或者使用它们的人。对于麦酒、葡萄酒及火酒零卖执照所征收的税来自这些零售者的利润，但最后还是同样由消费者负担。这类税也被称为印花税，虽然与上述财产转移所征收的印花税一样都是由同一收税人员用同一方法征收，但性质是完全不同的，来源也是完全不同的。

第三项 （一）劳动工资税

我曾在本书第一篇中特别地说明过，低级劳动者的工资始终受到对劳动的需要和食物的一般或平均价格的影响。劳动的需要，是由人口的增减情况决定的，食物的一般或者平均价格是由支配劳动者的生活资料是丰裕、一般或是短缺到什么程度决定的。食物的平均价格决定了资本所有者必须支付给劳动者多少货币，以便使得他们每年能购买满足自己一定生活水平的生活资料。当劳动需要及食物价格没有变动时，对劳动工资直接征税会让劳动者的工资有所提高，但是提高的幅度不大，也就是刚刚超过那些税额。

在裁缝店中忙碌的工人们

劳动工资税的收取最终会使劳动价格在市场中具有相同劳动需要量的情况下上涨一些，并且，上涨的价格和垫付此价格的额外利润最终要由地主和消费者来负担。由图中可以看出，裁缝店中工作的大多数工人都衣着寒酸，他们的工资仅够维持生活所用，因此对工资征收的税款最终会被转移出去。

在课税后劳动需要及食物价格仍保持不变情况下，劳动工资所征收的税虽然由劳动者付出，但严格地说，最终支付这笔钱的却并不是他们。这时，工资税以及超过此税额的其他的税收其实都是由雇主垫付的。最后的承担者，在不同的场合是不同的。制造业的劳动工资垫付者为制造业业主，因此，制造业业主会把垫支的数额以及因此应得的利润转嫁到货物价格上。因为他们有这样做的权利，而且也不得不这样做。因此，这笔税款以及利润的增加，最终由消费者负担。在乡村，劳动工资的课税由农场主垫付。为维持以前相同的劳动力，农场主必须投入较多的资本，为收回资本和维持自己的一般利润，他必须留下更多的土地农产品，或更多农产品的价值。这样的结果是，他不得不少付土地主地租。所以，地主是最后劳动工资税以及利润增加额的负担者。因此，可以征收一种与该税收入数额相等的税，一部分课于地租，一部分课于消费品。因为从长远来看，无论什么时候对劳动工资课税都将会使地租缩减，也会使制造品价格上涨。

有时，劳动需要的大规模缩减使直接对工资征收的税并没有使工资相应增高。这种税的结果还会造成农业的衰退，穷人就业的减少，一个国家土地年产品的下降。由于此税的存在，劳动价格会比在相同劳动需要量的情况下高一些，并且，上涨的价格和垫付此价格的额外利润最终要由地主和消费者来负担。

对乡村劳动工资所征收的税不会相应地提高土地农产品的价格，这与农场主利润税不会相应地提高农产品价格一样。

政府官吏的工资不像普通职业者的工资那样受自由竞争的影响，所以这种性质工作的工资往往不是很恰当。在很多国家，这种工资往往都比这种职业性质所要求的限度高。当政者往往会给自己以及下属们提供更多的报酬。因此，在很多情况下，可以向官吏的报酬课税。另外，对这些人的报酬课税，即使比对其他人的工资收入所征收的税高，也是一件大快人心的事情。因为这些官员，尤其是那些担任报酬较丰厚的官职的人，在各国都会遭人嫉恨。比

道貌岸然的官员们

征收劳动工资税不会对整个产业造成太大的影响，但是对于那些拿着高薪却只知横征暴敛的官员们征收相对较高的工资税，却是在整个社会内人人都为此欢欣鼓舞的事情。图为一位衣着光鲜的法国官员正要走入一家奢华的沙龙。

如在英国，没有对劳动工资征收其他的直接税，只是对各种一般收入依照土地税法每镑征4先令。可是却要对那些每年薪俸在百镑以上官吏的薪水征收每镑5先令6便士的税，这种高额税是并非常得人心的。

第四项 打算无区别地施加在各种收入上的税

人头税和消费品税是无区别地加于各种收入上的税。这种税会不分彼此地从纳税者的土地地租、资本利润以及劳动工资中征收。

人头税

按照各个纳税者的财富或收入比例征收人头税是很随意的。一个人的财富状况随时变动，在实际操作中，这种税收只能用来推测，因为不能对纳税者加以令人感到厌烦的调查，也不能每年至少重新修订一次。因此，很多时候，税额的评定要依赖估税员一时的好恶，这也必然是随意的和不确定的。

去往市场的路上 卡特·布列松 摄影 1952年

正如前面所说，人头税是最不合理的税种之一，不同纳税者的收入大不相同，税额的评估只能依赖估税员一时的好恶。即使人头税可以作为国家一项极其稳定的收入，但常因无法做到公正而引起矛盾。图为一位意大利老妇人正带着她这几个月来的全部劳动成果前往市场。

相同身份的人的富裕程度经常不一样，所以如果不按照每个纳税人所推定的财富的比例征收人头税，而只按照每个纳税人的身份征收这种税，那更不公平了。

因此，要想使人头税公平，那就会流于随意和不确定。如果试图使其确定而不流于随意，那就会不公平。不论税率是重或轻，这种不确定总会产生不满。轻税还好一些，那些比较重的税如果稍有不公，就会引起人们的不满。

向劳动人民征收人头税是一种对劳动工资的直接税，征收这种税会产生种种不便。

在这种人头税能够得到严格执行的国家里，它必然会为国家提供一项极稳定的收入，因为征收人头税所消耗的支出不多。因此，在那些不为劳动者利益着想的社会中，政府往往会征收人头税。不过，在一个普通的大帝国里，这种税收收入不过是其财政收入的一小部分，而且还有其他更便利的方法来征收这种税。

消费品税

要按照人民收入的比例来征收人头税是不可能的，这引出了消费品税的出现。这是一种间接税，当国家不知道如何直接并按比例地对人们的收入课税，就试图间接地对他们的支出加以课税。这些税与人们的收入大致保持一定比例，是加在相对应的消费品上的。

消费品分为必需品和奢侈品两种。

劳动工资受劳动需要和生活必需品平均价格的支配，因此，凡提高平均价格都必然会提高工资。这样，不管那时候劳动需要情况怎样，劳动者才有能力购买各种必需品。对这些必需品所

烤鱼的老妇人 17世纪

对生活必需品征收的消费税，将使必需品的价格高于劳动者的承受力，使劳动者无法维持基本的生活，在市场调节的作用下，雇主必然要相应地提高劳动工资。如此，所收的税款最终被转移到了雇主的身上。图中的德国老妇人正在用炭火烤鱼，为家人准备晚餐。

征收的税必然会使其价格提高，并且要略高于税额，因为垫付此税的商人一定要收回其投资，额外要加上由此应得的利润。因此，这种必需品税必定使劳动工资按照一定的比例提高。

这样，对生活必需品课税和对劳动工资直接课税会产生相同的效果。劳动者虽然要自己支付此税，但最终总是通过所增加的工资通过雇主返还给他。如果雇主是制造业者，他将把税收和相应要增加的利润都转嫁到货物价格上，支付税款以及支付增加利润的将是消费者。如果雇主是农场主，则此税将由地主负担。

对奢侈品课税，则是另一种情况。课税商品价格的上升并不一定会引起劳动工资的提高。例如，在英国，劳动工资就没有因此而受到影响，尽管香烟税达到香烟原价的3倍。在法国也是这种情况，虽然香烟的税率已经达到原价的15倍。

这类商品的高价格不会影响下层老百姓养育家庭的能力。对穷人而言，向这些商品课税会让他们放弃或者少使用那些奢侈的消费品。这样一来，他们养家的能力不但不因此税而降低，反而往往会因此税而提高，因为有这种制约，他们就不会再想买那些奢侈的消费品。一般来说，养活大家庭及提供劳动力的人主要都是这些朴实勤劳的穷人。也许，穷人中也不都是朴实勤劳的，但那些生活奢侈腐化的穷人往往不能养育大家庭，他们的孩子大都因为不合理的照料，因为食物的缺乏与不卫生而夭折。即使孩子身体健壮，也会因为双亲不当行为

咖啡馆中抽烟的女子

政府对奢侈品课税，则完全是另一种情况。奢侈品的商品价格一般都远远超出了底层劳动者的承受范围，只要拒绝购买，他们的基本生活就不会因此受到影响，劳动工资也不会出现波动。购买并享受奢侈品的人多半是家境宽裕的人，有足够能力承担这部分商品的税额。

而在品德上失当。这些孩子长大了会成为社会的累赘和负担，而不能用其辛勤的劳动为社会创造价值。尽管穷人的奢侈品价格的上升会增加这种家庭的困苦，这样也降低了其养家的能力，但不会减少一个国家里有效的劳动力的数量。

不管社会需要状况如何，增加、不增不减还是减少，生活必需品平均价格的上升都必然会降低穷人养家糊口的能力，这样都会降低社会有效劳动的能力。

对奢侈品课税不会引起任何其他商品价格的提高。可是对必需品课税会提高劳动工资，从而提高一切制造品的价格，这样就会减少它们的销量。奢侈品税最终由消费者来负担和支付，最后将落在土地地租、资本利润及劳动工资等收入上。说到它对于穷人的影响，最终有一部分必需品税由地主以减少地租的方式来负担，另一部分则在制造品价格提高的过程中，由富人、地主或其他人为其支付。另外，他们还要负担穷人的生活所必需品，例如，粗制毛织物的价格如果上升，那么必然要提高贫民的工资，这样他们才能得到补偿。这笔开销是巨大的。那些富裕的中产阶级或者上流社会的人如果想维护自己的利益，就应该一

巡视土地的农场主 高登·帕克斯 摄影 1945年

　　上流社会的人们应该意识到他们最应反对的就是对生活必需品征收的消费税，因为这一切必将最终转移到他们自己头上，而其中损失最大的又要数地主。地主一方面要照顾农民的承受能力而减少地租，另一方面又作为消费者而被迫购买高价格的必需品。

直反对生活必需品税，反对劳动工资直接税，因为最后负担这两笔沉重的开销的，还是他们自己。地主的负担最重，他常常通过两种身份支付此类税：一是以地主的身份减少地租；一是以消费者的身份来增加费用。马太·德克尔关于生活必需品税的论断就十分正确。他认为，某种商品的价格往往要负担多种税收，也许会重复累积四次或五次。比如皮革的价格，消费者不但要支付自己所穿的鞋所用皮革的税，还须支付制鞋工人以及制革工人所穿的鞋所用皮革的税的一部分。另外，这些工匠在为你服务期间要消费盐、肥皂及蜡烛等的税，甚至连制盐

者、制肥皂者、制蜡烛者工作期间所消费皮革的税，都需要由你付出。

可以用两种方法对必需品或是奢侈品课税。其一，根据消费者每年曾经使用或者消费某种商品的即往经验，要求其每年上缴一定数额的税。那些不能立即用完，可持续很长时间消费的商品，最适合采用这种种方法征收税；其二，当商品还没有销售出去之前，即由商人来负担这笔税额。那些可以立即消费掉或消费较快的商品，则最适合采用这种方法课税。马车税及金银器皿税，就是前一种课税；国内其他大部分的消费税及关税，则采用后一种方法。

关税是远古沿用下来的一种惯例，比其他任何一种消费税都更早实行。它最初是对商人利润所征收的税。在封建的无政府的野蛮时代，商人总是受到轻视的一类人，他们获得的利润也被其他人忌妒。那时，大贵族们同意国王对其佃农的利润加以课税，基于同样的理由，

坐在钢琴前的少女 雷诺阿 油画 1892年

对奢侈品征税有两种常用的方法：一种是在商品售出以前由商人承担税额，适用于易被快速消费的商品；另一种则面向消费者征收，譬如钢琴这一类能够多年使用的奢侈品。在雷诺阿笔下，两名少女正兴奋地对着琴谱在刚买回的钢琴上演奏着。

他们也不会保护商人的利益，也支持国王对商人们征税。因为，在他们眼里商人在利益上与自己没有关系。在那些愚昧时代，他们不懂得无法对商人的利润直接课税的道理，所以，最后，所有的这种税都落在消费者的身上，他们自己要增加一项额外负担。

与英国本国商人相比，外国商人要受到更大的歧视。因此，在那些蒙昧的时代里，后者比前者缴纳更重的税。以后，由于垄断思想的存在，国家为了使本国商人在外国市场及本国市场占据有利地位，就允许这种情形存续下来。

古代的关税是平等课税，对一切商品，不管是必需品或奢侈品，也不管是进口商品或出口商品。为什么某种商品的商人要比其他种商品的商人享有更多优惠呢？为什么出口的商人要比进口的商人享有更多优惠呢？在那时的人眼里，一切都是平等的。

后来，商业逐渐受到重视，商品流通逐渐增多。旧补助税对出口商品及进口商品一律课税，是没有差别的。针对进口商品，除若干特殊的税外，后来还产生了4种补助税以及其他一些对一些特定商品所课的各种税。与此同时，对本国产品及国内制造品的出口则大部分减轻税收或者完全废除税收。被废除税收的商品所占比例还比较大，政府甚至还向出口的这些商品的商人发放奖金。对于那些进口然后又出口的外国商品，政府有时退还进口时所缴纳的全部税金，或者退还其中的一部分。在商品出口的时候，一般来说，其进口时所征收的税金只退还一半；但对大部分商品的出口而言，进口时所征收的税金要全部返还。这种对出口的

莱茵河畔的美茵兹城

关税的实行要比任何一种消费税都更早。最早的关税是平等的，不管是对必需品或是对奢侈品，也不管其是进口商品还是出口商品。但商业很快出现了联盟与垄断，1254年，一些莱茵河畔的城镇结成了贸易同盟，美茵兹城正是其中之一。

鼓励以及对进口的限制，使大部分原材料都受到影响，只有两三种原材料没有受到影响。本国的商人及制造业者都希望这些原料价格尽量便宜，而销售给国外的竞争者的时候则尽量昂贵。因此，有时政府会允许若干外国原料免税进口，例如西班牙的羊毛、大麻及粗制亚麻纱线；有时则对国内原料及殖民地特产原料的出口加以禁止，或者收取重税。比如，英国禁止出口羊毛，出口海狸皮、海狸毛及远志树胶则要收取较重的税。

我在本书第四篇说过，重商学说不会增加民众的收入，不会增加一国土地劳动的年产量，也不会增加君主的收入。

另外，由于这种学说流行，一些商品的进口被完全禁止。于是，进口商被迫走私，使这种禁令发挥不到任何作用。而在其他情况下，这些商品的进口大大减少了。例如，外国毛织品的进口完全被阻止了；外国丝绒的进口也大大减少。因此，政府几乎不能从这些商品的进口中获得任何关税。

因此为阻止英国消费，许多国外进口商品而实施的重税只是鼓励了走私，却极大地减少了关税收入。斯威弗特博士说，在关税的计算中，二加二并不等于四，有时只能得到一，他的这种评论是十分恰当的。因此，如果重商学说在多种情况下把课税当作获得垄断的手段，

被禁止出口的羊毛 路易·赛何约斯 摄影

一度流行的重商主义认为贸易进出口的差额会影响国内金银的贮备量，因此大多数关税是鼓励出口限制进口的，但唯独对原材料是例外。政府愿意对国外的廉价原料进行免税的进口，而对国内原料的出口则以重税加以限制，例如英国的羊毛。

而不是获得收入的手段，那么，那种重税就会被人废弃。

有时这些关税制度还引起了许多欺诈行为。对国内商品及制造品出口所给予的奖励，对大部分外国商品再出口时所退还的税金，这都给一些不法分子提供了可乘之机，也助长了走私行为的出现。大家都知道，有时为了得到奖励或退税，很多商人往往把商品装到船上，驶出港口，然后再从本国其他沿海地方登陆。由于奖励及退税导致关税收入大量减少，其中的大部分落到了欺诈者手中。到1755年1月5日为止，英国本年度的关税总收入是506.8万镑。而从中支付的奖励（虽然该年度对谷物还没有发给奖励）达16.78万镑。按照退税凭证及其他证明书所支付的退税金就有215.68万镑。这两笔合计232.46万镑。扣除这两项支出，关税收入就只有274.34万镑。这一年，官员的薪俸及其他开支在内的关税行政费用28.79万镑，扣除这些开支，那么该年度关税纯收入就只有245.55万镑了。这样，关税的行政费用相当于扣除奖励及退税后的剩余部分的10%以上。

国家征收消费税是按照每个人各自费用的比例来征收的，因此没有必要对费用所对应的每项商品征税。国内消费税与关税看起来都由消费者来负担，但国内消费税，只针对用途极广消费极多的物品。于是，许多人认为如果管理适当，关税也同样可以这样征收，不至于减

文西斯劳斯一世半身像 银制雕像 波西米亚 1471年

　　过于严苛的关税制度反而使一些商人看到了风险中的巨大商业利润，大量的走私和欺诈使得统治者与政府官员疲于应付，最终反而导致了关税收入的降低。文西斯劳斯一世信奉重商主义理论，在位时以各种政策对此理论进行推动，使国库里堆满了金银。

少公家的收入，还能从对外贸易中获得更多的好处。

对一种商品实施重税会减少对该商品的消费，也会鼓励走私。这样，重税往往起不到增加政府财政收入的目的。

当消费减少影响了收入的时候，要用降低税率的方法来解决这个问题。

当走私出现使政府财政收入减少的时候，可以用两种方式来解决这个问题，一是降低走私对人们的诱惑力，二是增加走私的难度。因此，可以采取降低关税和设立阻止走私的税收制度两种方式来解决。

我主张用消费税的方式来抑制走私，而不是采用关税的方式。如果把消费税的税政制度引入到关税里，可以增加走私难度。

有人认为，进口那些应缴纳关税的商品的进口商可以将这些商品搬进自己的仓库或者存放在由其自己支付或由国家支付费用的仓库里。仓库的保管权归海关人员所有。只有海关人员在场的时候才可以开启仓库。如果这些商人将商品运出仓库拿到自己的货栈进行交易，那他就应当立即缴纳税金。另外，海关人员可以随时检查仓库中商品的数量，确保出库的商品都交纳税金。如果他将商品存放在国家的仓库里，在国内开始买卖之前这些商品不需要缴纳税金；如果出口到国外，只要他提供适当的保证以担保其商品一定出口，这些商品则完全免

玻璃盏 詹姆斯·阿莫斯 摄影 1993年

消费税与关税同样最终由消费者承担，但需加以巧妙的组合运用，才能达到最佳的效果。消费税无法达成的目的，可以换用关税来协调，而关税的缺陷，也可以通过换用消费税的方式来规避。图为19世纪出产的含铀玻璃盏，其古典优雅的韵味为世界各地的收藏爱好者所厚爱。

税。此外，不论是批发商或零售商，都要随时接受海关人员的检查，并且还要提供适当的凭证，来证明其商铺中或仓库中的全部商品都已缴纳了关税。现在英国对进口蔗糖、酒征收的消费税就是按照这种方法实施的。只要这些税与消费税同样只针对少数使用最广且消费最多的商品上，这种管理制度就可以扩大到一切进口商品的关税上。但是这种课税方法也是有弊端的，如果所有种类的商品都改用这种方法缴纳税金，恐怕无法设立这么大的货栈，另外，商人们也不会同意将一些比较珍贵的商品存放在别人的仓库里。

如果采用这种税收管理制度，即使关税很高，走私也可以大大减少；如果税收总是被用作获取收入的手段，而不是用作获得垄断的手段，如果各种赋税的比例都以向国家提供最多的收入为目的来加以提高或降低，那么只对使用和消费最多的少数商品征收关税，就可以获得与现在相等的关税纯收入。而且，这样收取的关税还可以变得和消费税同样纯粹、明晰和公正。在这种制度下，那种出口退税让国家蒙受的损失就可完全免除，而节省下来的这项费用是十分巨大的。另外，国家还可以取消对国产商品出口给予奖励，结果，在制度变更以后，关税纯收入至少可以和未变更以前大致持平。

十字街口的杂货店 多萝西娅·朗格 摄影 1937年

政府实施的关税制度必须建立在对市场中进出口的货物流量有着清晰认识的基础上，才可能取得成功。尽管明确的货物流通的过程是征收关税的过程中所迫切需要的，但商品种类的繁多与交易规模的多档次使得这一基础无法成为完全的现实。

对从国外进口的奢侈品征税，很少会落在贫民的身上，主要还是由中产及中产阶级以上的人承担。如针对外国葡萄酒、咖啡、巧克力糖、茶、砂糖等的关税都是这样的。

贫民要为其消费的麦芽、酒花、啤酒、麦酒缴税；富者则为其及其奴仆所消费的各种商品缴税。因此，对于那些国内生产且在国内消费的比较便宜的奢侈品所征的税，是按照每个人费用的比例由每个消费者来承担。

在任何国家，贫民全部消费的数量和价值都要比富人们的全部消费大得多。第一，各国的全部资本几乎都被用于生产性劳动的工资，并分配给下层阶级的人。第二，社会的大部分收入包括土地地租和资本利润都被用作奴仆和其他非生产性劳动的工资及维持费用，因此属于这个阶级所有。第三，很多小零售商每年挣得的利润总额很大，在年收入中占有很高的比例。这部分的资本利润是下层人民使用自有资本所得的收入，因此属于他们。第四，一部分的土地地租也会属于这个阶级所有。其中的一大部分为比中层阶级略低的人所有，一小部分为最下层阶级人民所有，因为普通的劳动者有时也拥有一两亩土地。

一个国家农产品中，如果除去下层阶级所消费的部分，剩下的拿来供给上层阶级消费，尽管上层阶级的人每人平均占有的消费品多，下层人民在总价值消费

洗衣女 奥诺雷·杜米埃 油画 约1860年

在任何一个国家，底层人民的消费总量都要远远超出富人们的消费量，因此一个国家的全部资本绝大部分都将用于生产性劳动的工资，并分配给下层阶级的劳动者。《洗衣女》是画家杜米埃的代表作之一，体现了画家对劳动人民在悲苦境遇中勇敢生活的精神的赞誉。

的仍要比上层阶级的人多。因此，主要针对上层阶级的费用而征收的税，比对所有阶级的费用征收的税要少得多，甚至比对下层阶级的费用征收的税也少得多。换言之，针对年产品中较小部分征收的税，比不分彼此地以全部年产品为对象而征收的税少得多，甚至与主要以较大部分的年产品为对象而征收的税相比也是如此。所以，在消费税中，提供收入最多的是针对国产酒类及其所用原料而征收的消费税，而消费税主要是由普通百姓负担。截止到1775年7月5日，这一年，这类消费税的总收入总共达到3341837镑9先令9便士。

　　不过，还有一件事需要特别提醒，那就是需要对下层阶级人的奢侈品消费征税，而不是对他们的必需品消费征税。如果对他们的必需品消费征税的话，税赋最后落在上层阶级人身上，这样也就是由年农产品中较小部分承担，而不是年农产品中较大的部分负担。因此必然会提高劳动工资，减少对劳动的需求。这样一国土地劳动的年产品也会减少，而这也正是一

乔治铁桥 1777—1779年

　　除了上述的关税及消费税之外，一种向在运送途中的商品征收的通行税也会间接影响市场上商品的价格。乔治铁桥是英国工业革命后建造的第一座铁桥，洛波夏郡为当地货物的运送作出了不小的贡献。

切赋税的最终源泉。

除上述关税及消费税外，还有一些更加不公平、更间接影响商品价格的税。例如，法国有一种路捐桥捐税。在萨克逊时代，这种税叫做通行税，最初其开征的目的是用来维护道路与水路，大概和我国道路通行税及运河与通航河流通行税相同。

一些小国对经过水路或陆路通过其领土的商品征收与此相类似的税，这在一些国家被称为通过税。位于波河及各支流沿岸的一些意大利小国家就利用这项税取得部分收入。这项收入也许是唯一的由一国向他国人民征收的税，因为它完全出自国外而不妨害本国工商业。丹麦国王对一切通过波罗的海海峡的商船所征收的税是世界上一项重要的通过税。

奢侈品税从来不会平等地或按比例地施加在每个人的收入上，尽管它完全不分彼此地由各种收入一起负担，或者没有任何报偿，而且最终由消费该种商品的人承担。在实际生活中，每个人性情操纵了他的消费程度，因此他纳税的多少不是以他收入多少为基础，而是以其性情为转移。所以，奢侈浪费的人所缴纳的税超过其收入的比例，节约者所缴纳的税没有达到收入的比例。

这种税是完全确定的，即缴纳的数量及日期都能确定，不会存在任何疑问。英国关税或他国类似的税有时会表现出不确定性，这些都不是因为这些税的性质，而是由于税法的措辞含糊不清或是由于税法不够灵活造成的。

奢侈品税是在纳税者购买奢侈品的时候交纳的，因此大都零零碎碎地缴纳。在缴纳时间与方法上，这种税是最方便的。总的来说，这

尚未开始的晚宴 比尔·布兰特 摄影 约1936年

奢侈品税是依据消费者固有的消费习惯来征收的，与其他的税种相比，它的内容非常清晰明白，缴纳的数量及日期都可作出明确规定。图为两名训练有素的女仆与一桌丰盛的酒席正在等待着主角——一位钟情于奢侈品的上层人士——上场。

种税符合前述课税四原则的前三条原则，但它违反了第四条原则。

对于这种税的征收而言，人们所缴纳的税比实际归入国库的税数目要多，而且这种差额比其他税收的差额都大。引起此弊端的原因有四个：

第一，征收此税会消耗更大的人力或者物力，需要安排许多税务部门和税收人员。他们的薪水与津贴最后还要由人民的税收承担。

第二，课税会对某种产业产生阻碍。被课税商品价格提高，所以常常会抑制消费，从而限制了生产。

第三，走私逃税常常会招致财产被没收及其他的惩罚，并使走私者破产，但这些违法者也许在所有方面都表现比较好，除了逃避关税这一点。他不会触犯那些关于违反正义的法律，因此在本质上不是罪犯。

第四，实行这种税会使商人要服从税收官员的频繁拜访和令人讨厌的检查，增加了商人们的精神负担。为了减少这些精神负担，他们往往愿意支付一定费用，而这也加重了他们的经济负担。就其设定的目的说，消费税法是比较公正和有效的，可是从这个角度看，它却比关税更惹人厌烦。

只要有消费品税存在，人民的不便就不可避免。但是比起其他国家来说，我们英国人民所感受的这种不便并不是很大。因此，虽然我们的国家并非完美，但与众多邻国相比，却要好得多。

一些国家认为消费品税是对商人利润所课的税，所以每销售一次商品就要缴纳一次税。正因为如此，也需要对介于他们和消费者之间的中间商人的利润课税才公平。

精致的灯

从另一个角度说，消费者税也存在着一些缺陷，譬如影响商品的市场价格，给人们进行贸易的过程带来许多困扰，以及征税过程复杂，耗费人力物力过多等等。图中两盏灯为远古时期的精美艺术品，较高的一盏是公元前4世纪希腊的灯，而较矮的则是古罗马的油灯。

第3章 论公债

　　一个国家在和平时期没有力行节约，国库中除了用于和平时期所必须支付的一些日常资金外，没有其他资金，这时，它就会债务缠身。战时的收入也应是和平时期的三四倍，因为战时支付国防设施的费用是和平时期费用的三四倍。在危险来临之时，政府随时都会急需一大笔费用，而这笔费用不能等待慢慢地从税收中获得，因为税款的收入大约要十至十二个月，才能进到国库。军队必须扩充，舰队必须整装待发，军队驻扎的城市必须进入防御状态，而且必须供给这些军队、舰队以及有驻军的城市武器、枪支、弹药和粮食。这些都是迫在眉睫的开销，在这种紧急情况下，除了借债，政府别无选择。

　　政府如果急需借款，民众会在道德的作用下贷款给自己的政府。同时，正是这种商业社

路易十四的大典 油画 17世纪

　　当一个国家的国库内仅余一些必备的日常资金，或面临紧急战争时，它会被迫向国民举债。而在商业发达的社会中，政府也会因资金充足，而倾向于以相对较高的利息来向国民征集所需的款项。图为以作风奢华而著称的法王路易十四在王宫前为其王储举行盛大的生日典礼。

会状态为借款提供了便捷。

商业国家的人具有贷款能力。一个商业和制造也比较发达的国家，很多人的手中不仅有他们自己的资本，还有其他人的资本，一些人愿意借给他们钱或将货物委托他们。他们手中的资金流动次数和那些以自己收入为生的私有者的资金流动次数至少相同，甚至次数要多一些。以自己收入为生的私有者的资金每年流动的次数是一次，但对于一个商人来说这种资金流动次数大概是两三次或者三四次，因为他们从事的是本利迅速回收的商业。也正因为如此，一个拥有众多商人和制造商的国家，必然有很多人有能力随时借贷巨资给政府。

商业和制造业不可能在一个对政府没有一定信任度的国家里长久发展。如果不具备正规的司法行政制度，在这样的国家里，人们会对自己拥有财产没有安全感，也对人们能否遵守契约心存怀疑。因为，政府是否会依法行使其权力，强制所有有支付能力者偿还债务是不能确定的。这种国民对国家的信任会使得商人和制造商平时愿意将自己的财产委托政府保护，

查理曼大帝与萨克森人的战争 手抄本 公元8世纪

　　古代社会中不存在大量的商业资本，各国之间又频频发生战乱，政府不具备足够的公信力，因此无力发行公债。

到了非常时期也敢把财产借贷给自己的政府。因为把款借给政府，会增强政府对商业和制造业的保护，因此也会增强他们进行商业及制造业的能力。国有急需，政府大多会以有利于借款人的条件向人民借款。政府给债权人的抵押物是可以自由转移的，由于人民普遍信任政府的公正，抵押物在市场上的卖价通常高于原价。这样一来，商人或有钱人就可以通过把钱借给政府赚钱。如果政府允许他最先应募新借

款，他就会认为这是一种优惠，所以，商业国家的人愿意把钱借给政府。

因此，这种国家的政府在平时会放弃节约，因为它觉得在非常时期，向人民借款是很方便的。

在古代，社会上没有大的商业资本，也没有大的制造业。很多人不相信政府的公正，因此就会把所节省下来的货币储藏起来，另外他们还担心万一他们藏匿的货币被发现会被政府抢走。因此，在危机关头，几乎没有人愿意，也几乎没有人有能力贷款给政府。也正因为如此，政府在平时就十分注意节约。

欧洲各大国政府，差不多都积累了巨额债务。目前，各大国的国民都感受到了它的压力，久而久之，这些国家很可能因此灭亡。与个人借款相同，国家在开始借款时，通常凭借个人信用借款，无须有任何财产抵押或者财产保证金。如果这种信用失效，政府会继续以委托或特定资金作抵押向人民借款。

威尔士的选举日 保罗·斯恩 摄影 1934年

国家向民众借款时，最开始仅需凭借统治者或政府的信誉。随着欧洲各大国逐渐陷入债务缠身的窘境，它们一方面要以委托或抵押特定资金的方式继续向人民借款，另一方面要通过对自身的修正，提高人民对政府的信心。图为一名威尔士的青年选民正在投出自己的选票。

英国的短期公债就是按信用方法借入的。这类公债有两部分：一部分是无利息或假定是无利息的债务，类似于个人记账债务；一部分是有利息的债务，类似于个人用期票或汇票借入的债务。

当这种做法行不通的时候，政府为了从人民那里借款，就会抵押国家的某种收入来担保债务的偿还，而这种抵押和委托是短期的，只有一年或者几年，而有些抵押却是永久的。在不同时期，政府会使用两种不同的方法来抵押或者委托。一种情况下，这笔钱在一定的期限内足够支付借款的本金和利息。这种借款被称为预支款项。另一种情况下，这笔抵押出去的收入只够支付利息或者相当于利息的永久年金。政府在偿还本金之前，随时可以把许诺的年金赎回。这种方法借入的款项被称为永久付息款项或者息债。

假如政府只用预支办法筹款，要想数年之内就从债务中解放出来只要注意两点就可以了：第一，不要使该基金在规定的年限里超额负担债务；第二，在第一次预支未还清以前，不要做第二次预支。但欧洲大多数国家的政府都做不到这两点。他们往往在第一次预支时，就超过了基金所能负担的金额，即便不超过，也往往在第一次预支未还清以前，就进行了第二次和第三次的预支。这样下去，该基金就不够支付所借款项的本金和利息，于是就不得不只支付利息，或等于利息的永久年金，而无力偿还借款的本金。像这样盲目的预支，就会导致政府采用破坏性更大的永久付息的办法。一旦采取这一办法，国家收入的负担就无限期延长，因此就很难有国家收入负担解放的那一天。不过，由这种新方法筹到的款项金额，要比由旧的预支方法筹到的款项金额大。所以，人们经常会使用这种方法。政府在处理国事时总想先解燃眉之急，而把沉重的负担甩给继任者。

近代各国政府平时的财政收入多半等于其正常支出。所以一旦发生战争，政府不情愿也无法增加财政收入。他们之所以不愿，是因为害怕突然增加的赋税伤害人民的感情，使人们产生反战情绪。他们之所以不能，是因为不十分清楚增加多少赋税才能满足所需开支。国债使各国政府摆脱了上述烦恼。借债使他们只要增加少许赋税，就可逐年筹得战争所需的费用；另外，通过永久息债，他们还可以最低限度地增税，从而逐年筹得最大的款额。在大帝国内，那些住在首都以及那些远离战场的人，大都不会感到战争带来不便，反而可以自得其乐地去阅读报纸上那些本国陆海军的功勋。这种享乐，是对他们所纳赋税额略超出平时所纳赋税额的补偿。这些人通常不愿意战争结束，因为他们的那种享乐生活会随着战争结束而结束，并且他们还希望通过战争实现自己征服的光荣与梦想。

实际上，战争的结束并没有把人们从因战争而加重的赋税负担下解脱出来。因为这些赋税都转成为偿还战争债券利息的担保。如果旧税和新税一起支付战争债券利息，负担政府的经常费用后还有剩余，那么，这些剩余也许会转作偿还债务的减债基金。不过，这种减债基金通常远远不够在和平时期偿付全部战争债券，更何况还经常被挪用。

征收新税的唯一目的是为了偿付以此为担保的借款利息。剩余的部分通常是计划之外的，所以数额通常都不会很大。通常由于后来应付利息的减少，而不是由于所收到的税额超过或高于应付利息或年金的数额，产生了减债基金。1655年的荷兰减债基金和1685年教皇领地的减债基金，都是由利息减少而形成的。所以，以这种基金往往不足以偿还债务。

当国家平安无事的时候如果需要有什么特别开支，政府往往会挪用减债基金而不是开

科威特的油井火光 *斯蒂夫·麦克里 摄影 1991年*

近代各国政府相较以前更加注意对财政赤字的控制，但公债的出现使得政府官员更加从容且乐于发动一场战争。过去只能靠突然加重赋税来筹得的战争费用，现在可以平缓地逐年获得。图为海湾战争期间，科威特土地上的油井被伊拉克炸开，喷出火焰。

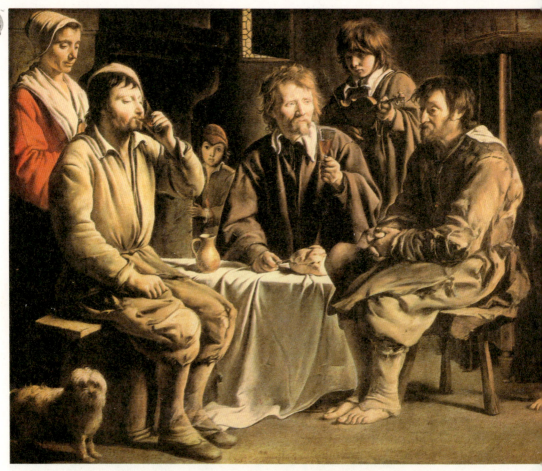

征新税的方式来增加收入。因为政府觉得开征新税会让老百姓有怨言，因此会招到百姓的反对。于是，政府无论是另课新税或加重旧税，都会变得越加困难。可是百姓们对于政府停止偿还债务虽然有所埋怨，但不至于有什么太大的恐慌，所以挪用减债基金常常是政府走出经济困境的比较简捷的方式。不过，从另一方面看，政府的公债越积越多，就越有必要考虑一下该如何缩减公债。如果总这样滥用减债基金，那么公债减少的速度就会放慢，那么国家就越有可能挪用减债基金来应付和平时期种种特别开支。当一国国民已经负担了过度的赋税，就不可能再忍受新的税赋，因此减债基金经常会被滥用。

　　有一研究者曾指出，作为一项大的资本积累，欧洲各债务国的公债，特别是英国的公债，增加了这个国家的其他资本，这样，国家的商业得以振兴，制造业得以发展，土地得以

农民的一餐 路易·勒·拿 油画 1642年

　　各国政府习惯于在战后继续实行战时的赋税政策，并以此项收入作为偿还公债利息的基金，实际上是依旧将沉重的赋税压在了底层民众身上。法国画家路易·勒·拿素以表现普通人生活主题的画作闻名，在此他以朴实的手法再现了被沉重赋税剥夺得几乎赤贫的农民的境遇。

开发和改良。因此，这比只靠其他资本的投资取得了更大的成就。可是这个人没有注意到，最初，公债的债权人在将自己的资金贷与政府的同时，其资金中部分比例的年金已经由资本功能转化为收入，这意味着，那些用以维持生产性劳动者的资本，转为用以维持非生产性劳动者的资本。一般来说，政府在借入这一资本的当年，就把它浪费了，更不指望将来它能带来什么利润。在另一方面，国债的债权人，不仅能收到和该资本等价的公债年金来弥补他们的资金损失，偿还他们的借款，还让他们可以用这笔钱来进行新的或者更大规模的投资。也就是说，他们可以凭借此年金作担保向他人借入新的资本，或还可以将此年金卖给他人，使他们自己得到新的资本，这一资本不少于他们贷与政府的资本。然而，这些资金对于转让公债的人来说似乎是一笔新的资本，但对该国家而言并不是新的资本，而只不过是从某种用途转作其他用途的罢了。因此，就整个国家来说，资本量是不变的。

政府为了维持开支，把当年未作抵押的赋税变成公债来筹措收入。这样，一部分私人收入，被转来维持另一种非生产性劳动。这样，私人那笔本来要上缴税收的钱本来可以由国家储蓄起来变成资本，但是，这笔钱大部分可能都要被国家消费掉了，用来维持非生产性劳动。不过，以这种方式支付的国家费用虽然或多或少地阻碍了新资本的积累，却不会破坏和减少现存的资本。

卡迪夫码头附近的火车站 莱昂内尔·韦登 油画 1894年

各国政府经常以发展某一产业的名义发行公债，由此也产生公债扩大了国内资本总量的假象。实际上，公债只是使资本在国家内部发生了转移，由一种服务用途转变成另一种用途，并未使资本总量得以增长。韦登笔下的工业产品，铁轨、火车、货船、标志灯都流露着一种忧郁不安的

以举债方式支付国家费用会使一个国家的原资本逐年受到破坏，那些用以维持生产性劳动的收入，会被转用以来维持非生产性的劳动。国家要想对百姓征收比举债更少的税赋的话，就必须在当年筹集到足以支付这一费用的款项。这样一来，百姓们的个人收入负担就会少一些，可是，这也必将大大削弱人们节约部分收入并将其转成资本的能力。相比以本年度税收支付本年度费用的方法，如果举债在较大程度上破坏了旧资本，它也会使新资本的获得或积蓄更容易一些。在举债制度下，人民可以用自己的节俭和勤劳来弥补政府的奢侈和浪费。

举债制度在战争情况下才优于增加税收的制度。一般来说，战争时期征收特殊税赋的时间不会很长，最起码不会比战争持续的时间更长。与举债制度相比，私人在和平时期蓄积资本的能力比较大，而在战争时期则比较小。战争不一定会破坏旧资本，但在和平时期，新的资本积蓄一定会增加。人们总是希望战争尽可能地快速结束，甚至希望不会随便开战。因为，战争期间人民会因为战争的沉重负担而感到厌倦，政府为了迎合民心，也不会拖延战事，除非万不得已。如果没有实际的不可避免的原因，由于战争会给国家和百姓带来沉重负担，人们便不肯盲目开战。因此，那种使人民丧失了积蓄能力的战争时期总是要少得多，而且持续时间不会很长。相反，积蓄能力强的和平时期要长久得多。

人民的债务一旦增加，由于赋税的成倍增加，即使在和平时期也会损害人民的蓄积能

制造炮弹的妇女 戴维·麦克利伦 摄影 1915年

发行公债的制度只有在战争情况下才优于增加税收，这一时期大部分私人收入被转化为维持战争这种非生产性劳动的费用，长此以往，必然会使一个国家原资本逐年受到破坏。在战争中为了支持本国军队，大量妇女替代男子加入从事制造炮弹外壳的工厂工作。

　　力。这和在战争时期实行沉重的赋税制度对人民积蓄能力的损害是相同的。目前，英国和平时期的收入，每年达一千万英镑以上。这种雄厚的国家财力使政府即使免去税收和抵押，在管理得当的情况下，即便战争十分激烈，也无须再借新债。如果英国从未采用有害的举债制度，那么，在战争时期，居民的个人收入和居民蓄积能力就不会受到影响。

　　有这样一种说法，支付公债利息，犹如把钱从右手转到左手，不过是把本国一个阶层居民的部分收入，转移为另一个阶层居民的收入罢了，国家的收入没有流失。这一说法是重商学说的诡辩。本书的作者对该学说已经作了详细的讨论，也许无须再在这里赘述。另外，持这种主张的人还认为全部公债都来自本国国民，这一说法和事实不符，因为，我国的公债里有很大一部分来自荷兰人及其他外国人的投资。公债的弊端是无法避免的，即使全部公债都由本国公民来承担。

　　土地及股本是国家财政收入的两个源泉。股本支付了各个行业的生产性劳动的工

战争结束后

　　公债的发行损害了国民的储蓄能力，在有国外资本参预的情况下，还会导致本国资本的外流。各国政府在战争中应采取得力措施，尽量避免发行新债，以期国民经济的尽快恢复。图为一名德国妇女在恢复了平静的柏林街道旁栽种蔬菜。

资。土地所有者和股本的所有者或使用者支配了这两项收入。

但如果土地税过于沉重，那么就减少了土地所有者的收入。在这种情况下，地主就不会有过多的财力和物力进行种种土地的改良和维护。另外，由于生活必需品和便利品的税赋沉重，地主会感到自己本来就已经减少了的收入实际上所剩不多。这样地主的困难日益增加，他也就不会想办法再进行土地的耕种或者维护，该国的农业就会趋于没落。

政府一旦征收各种生活必需品税和生活便利品税，股本的所有者及使用者就会觉得他们资本所得的收入贬值，就会想到把他们的资本转往其他国家。如果此类赋税的征收使大部分或全部商人及制造业者感到极大的不便，那么资金的转移可能就会成为事实。资本一旦转移，那么，本国的商业和制造业也会随之走向没落。

如果把土地和股本从具有直接利益关系的人手中，也就是土地拥有者和股本拥有者手中，移转到没有直接利益的人（例如国家的债权人）的手中，必定会导致土地的荒芜和资本的浪费或转移。因为土地和股本的收入是国家收入的主要源泉。虽然，国家的债权通常会关心该国的农业、制造业及商业的繁荣，因为如果这三者中的任何一个遭遇全面失败或衰退，各种税收的收入就不够支付他到期应得的年金或利息。但是，土地和资本的所有者是具有直接利益关系的人，只有他们才对每块土地耕作状态的好坏以及一笔资金的良好经营更加关

阿戎堆的帆船 古斯塔夫·加里波特 油画 约1888年

公债会损害到财政收入的两个主要源泉，一方面土地所有者因承担赋税而减少改良投入，使土地年产物减少，另一方面资本持有者感到过高的赋税挤压了利润空间，而试图将资本转至国外。资本一旦转移，该国的商业和制造业也会随之走向没落。加里波特以最精锐的觉察力，描绘了阿戎堆一带欣欣向荣的船运业。

心。而国家的债权者只是国家的债权者而已，他们对于某块特定土地的耕作状态，对于某笔资本的运营是不感兴趣的。因为，某块土地或者资本对于他来说显得太遥远，以至他无法直接感觉到它们对自己收入的影响。

发放国债的方法曾经使很多国家慢慢衰落。意大利各共和国是首先采用这种财政政策的。意大利各共和国中唯一两个独立的共和国——热那亚和威尼斯，都因举债而走向衰落。西班牙从意大利各共和国那里学得这种财政政策，然而，久而久之，西班牙变得比意大利更加没落。早在16世纪末叶以前，西班牙政府就曾经背负了沉重的国债，而此时，英格兰还未借一个先令的公债。尽管法国自然资源丰富，也同样苦于负债。荷兰共和国的情况也是如此。因此，可以说，由举债而衰弱、荒废的国家，比比皆是。

如果公债额一旦增大到某种程度，它就不可能被公正地进行偿还。国家的债务通常通过宣布破产予以勾销，但这些破产有的是政府坦白承认的，而有些虚假的还款也意味着实际上的破产。

政府常常借口提高货币的名义价值，也就是提高价格的办法来偿还公债。而其实，在这种情况下，国家已经破产了。例如，国家会依照议会或者皇家的公告，将6便士的银币或20枚6便士的银币的名义价值提高为1先令或1英镑。那么，一位按旧的名义价值借入20先令或约4盎司银的人，以新的名义价值计算，只须20枚6便士的银币或略少于2盎司的银，

15世纪的佛罗伦萨城

从历史上不难看出，许多曾经兴旺一时的国家最终都因发放国债的方法而慢慢走向衰退。作为托斯卡纳的首都，佛罗伦萨在15世纪时也曾空前繁荣，是富商云集的所在地。

便可偿还其债务。英国
有大约1.28亿英镑的国
债，如照此方法偿还，
只须约为现币的6400万
英镑就行了。类似这样
的偿还，只不过是有名
无实的偿还罢了。每个
债券者的收入都被打了
折扣。同时，所有的私
人债权者，也都遭受了
相应的损失。也许国家
的债权者对他人也应承
担巨额债务，他们依此
偿还，这样他们的损失
也许可以得到些须弥
补。但是，在多数国家
中公债的债权人多半是
富人。他们多半只会借
钱给他人，而不会向他
人借钱。因此，这种名
不副实的偿还办法，就
会让公债的债券者损失
惨重。国家没有得到一
点利益，而众多无辜的

人民却要蒙受损失。这种办法使勤劳、节俭的债权者吃亏，而使那些懒惰、负债累累的欠款
人得到好处。这样，国家的大部分资本就有可能从那些可能使资本良好运营的人手里转移到
那些不善于经营，可能使资本继续亏损的人手里。因此，国家不得不宣布破产的时候，公
开、公正和坦白承认地破产，会尽可能地保全债务者的名誉，也能尽可能地保护债权者的利
益。当国家为了隐瞒实际破产的尴尬，采用这种欺瞒百姓的政策的时候，则会极大伤害人民
对政府的信任度，也会极大地破坏这个国家的荣誉。

　　采用这种方法将使所有国家货币的价值减少。即使同一价值下的银币中的含银量也会比

国民的愁容 1997年

　　不谨慎的举债有可能导致政府无力偿还，这时一些政府会选择在货币价格中取巧的方式来减
轻债务危机。然而这种做法必然会极大地伤害人民对政府的信任度。1997年韩国在金融风暴冲击
下出现危机，一名韩国工人举着一张身躯庞大的钞票愁眉难展。

原来的含银量减少。

为了达到这个目的，国家有时要在铸币中搀杂较大量的合金以降低铸币的标准成色。例如，照现行法定标准，每重1镑的银币，只能搀入18本尼威特的合金，若搀入8盎司的合金，这种银币的1英镑或20先令的实际价值，就等于现在的6先令8便士。也就是说，现币6先令8便士所含的银量，则几乎提高到1英镑的名义价值。法国人所谓的增大价值或直接提高货币的名义价值的做法也是这个道理。

这种增大价值或直接提高货币名义价值的做法总是公开的。用这种方法，使从前重量较轻的货币，有了与从前重量较大的铸币一样的名义价值。相反，那种降低货币标准成色的做法，则大都十分秘密。造币局竭力设法使新币在重量、体积及外貌上保持旧观，不易辨认，但其实际价值却比从前的钱币相去甚远。例如，法国国王约翰为了偿还债务，降低铸币标准成色。那时，所有造币局的官吏都得发誓保守秘密。以上两种做法，都是不正当的。只不过一种相对来说光明磊落一些，而另一种做法却更阴险更狡诈而已。事实上，后者这种做法的秘密从未被长久地保守，一旦被发觉，往往引起人们更大的反感。铸币在大大增加了名义价值以后，很少恢复到以前的水平，而人民一旦发现货币的标准成色被降低以后，国家就常常得恢复到以前的成色。

列车的动力

过度发行公债，最终将使政府陷入无可挽回的困境，可以想见，最终把巨额债务以各种手法转嫁给国民的政府，将很快失去它的公信力，像一列失去原动力的火车，难以继续前进。

图书在版编目（CIP）数据

　　国富论 / (英) 斯密 (Smith,A.) 著 ; 陈星译. --

北京 : 北京联合出版公司, 2013.8（2022.2重印）

　　ISBN 978-7-5502-1820-8

　　Ⅰ. ①国… Ⅱ. ①斯… ②陈… Ⅲ. ①古典资产阶级

政治经济学 Ⅳ. ①F091.33

　　中国版本图书馆CIP数据核字(2013)第182473号

国富论

作　者	[英] 亚当·斯密
译　者	陈星
责任编辑	丰雪飞
项目策划	紫图图书 ZITO®
监　制	黄利 万夏
营销支持	曹莉丽
装帧设计	紫图装帧

北京联合出版公司出版

（北京市西城区德外大街83号楼9层　100088）

艺堂印刷（天津）有限公司印刷　新华书店经销

字数290千字　787毫米×1092毫米　1/16　22.5印张

2013年8月第1版　2022年2月第12次印刷

ISBN 978-7-5502-1820-8

定价：49.90元